中國歷代名著全譯叢書

列子全译

（修订版）

王强模 译注

贵州出版集团
贵州人民出版社

再版说明

出版的境界是:为饥作浆,为旱作润,为冥作光,为往圣继绝学。《中国历代名著全译丛书》担当这一历史的重托,挟着春风走到了学人和国学爱好者的面前。

书似青山常乱叠,眼光如炬淘金来。《中国历代名著全译丛书》自上个世纪九十年代推出,即以权威、精到、普及的面貌风靡整个书界。本套丛书曾获中宣部精神文明建设五个一工程奖及中华人民共和国出版规划重点项目。但多年断档,令人怀恋。上个世纪九十年代的名著全译,多以三五本的规模推出,而今天的《中国历代名著全译丛书》,出手尽显大家气度,一次集中推出五十种,满足眼睛与心灵的饕餮。

中华民族有数千年的文明历史,产生了辉煌灿烂的古代文化。浩如烟海的历代名著,就是中国古代文化遗产的重要组成部分。这些文字不仅记录了中国古代各个方面的历史与人文,物质与精神,成为后来人的精神家园,而且对中华民族的成长提供了丰富的营养,对中华民族的形成和发展产生了巨大的凝聚力和感召力。

但古人留下的典籍,由于时代的变异,语言的古奥,当下人已难识其庐山真面目。且以往坊间的不少古籍今译的读物,大都难尽人意:

——选译本。如《国语选译》《诗经选译》等。了解中国古代文学批评史的人知道,“选”是一种评论的方式。鲁迅先生曾指出,如果对陶渊明只选“采菊东篱下,悠然见南山”,而不选“刑天舞干戚,猛志固常在”这类“金刚怒目”式的作品,那就很难使读者对陶渊明的“全人”有完整的认识,若“再加抑扬”,就“更离真实”了。所以说选译本的缺陷是显而易见的。

——白话本。如《白话史记》《白话搜神记》之类。这类今译本有的置原文于不顾,随意增删敷衍,从严格意义上已不是原书;有的译文尚称严谨,但无原文对照核查,欲引用古人文句还要另觅原书,难称人意。

——单译本。这类书最多，译文之外附有原文、注释，其中也不乏质量较高者。遗憾的是见木不见林，缺乏学术系统性，读者买到一本算一本，对中华民族传统文化的了解很难达到全面。

本丛书在策划之初就考虑到避免以上各种译本之不足，本着推陈出新、汇聚英华、弘扬传统、振兴华夏之宗旨，化艰深为浅显，融译注为一炉，俾使社会各界广大读者了解我国古代各名著之完整原貌，有利于当下人文精神建设，又利于中外文化之交流译介，乃延聘海内学界通人，精选史有定评之夏商迄晚清经史子集四部，以全注全译形式重新装帧、重新校勘整理出版。所选各书前言对该名著之时代、作者、内容、成就、文献版本皆有详赡说明，各篇各卷前有简明扼要的题解，原文选用业经整理的善本，注释采用学术界公认的成果，译文强调忠实原文、通达流畅。

书行天下，道亦随之，既有品味，又有普及，为大家营造出一片文化底蕴深厚、知识境界广博、思想空间深邃的精神沃土，是《中国历代名著全译丛书》的孜孜追求。此次修订是在前辈学人呕心沥血的基础上，重新进行认真的审读和勘校，是在“国学热”基础上的一次新的提升，在强调通俗性的同时，亦重视学术性与资料性。今日重现书界，必将旋起一种新的阅读风暴。

我们相信，这套丛书的问世，对传播中华民族优秀的传统文化，提升我们国家的软实力，形成当代的人文精神有着重要意义，在现代化人文化的进程中对开启今人智慧、滋养今人心灵都有着不可估量的意义。

经典不腐更不朽，它是源远流长的活水，天光云影，亘古永在。

贵州人民出版社
2008 年 9 月

目　录

前言

《列子》是一部奇书。

它之奇，一是不明作者，甚至有人根本怀疑有无列子其人。说此书为列子本人所撰者有之，说此书为秦汉时老庄之徒所撰者有之，说此书为汉代人、为魏晋人假托列子之名而撰者有之，说此书就是作注者张湛所伪造者有之。二是内容较为驳杂。有人认为它倾向于道家，有人认为它思想颓废、放纵情欲，有人认为它对黑暗丑恶的社会进行了抨击，有人则认为它思想体系混乱，诡谲荒诞。三是寓言故事特别多，全书有寓言故事 102 个，这在诸子中是少见的。

下面谈谈对这部书的一些看法。

列子考略

列子其人究竟有无，是“列学”争论的一个焦点。

怀疑列子是虚构的人物，有下列三条主要根据：

其一，列子既然活跃在春秋末战国初，学术上为道家流派，显然是道家极为重要的人物，然而，我国汉代最著名的史学典籍《史记》，却只字未提到列子。司马迁不提列子，证明史学家的谨慎，证明史学家已经怀疑列子的有无。

其二，在《庄子》一书中有一篇重要的学术论文《天下》，也没有提到列子。为什么在评述各学术流派时，庄周恰恰把列子忽略了呢？荀子的《非十二子》，列举先秦学术流派中十二人，同样没有提到列子，这些都说明列子的存在值得怀疑。

其三，西汉著名文人刘向，曾为《列子》作序，称“列子者，郑人也，与郑缪公同时，盖有道者也”。一句“与郑缪公同时”，引来许多非议。唐代柳宗元首先指出其时代的错讹，认为刘向宏博精审，错讹不可能发生，只因列子无考所致。而且，在《列子》一书中，还有“杀子阳”之言。若如此，列子与郑子阳同时。子阳被杀，时在周安王(姬骄)四年

(公元前398年)。但是,书中又言公孙龙之事。公孙龙出生于子阳后百余年。书中又言宋康王事,宋康王又后于公孙龙十多年。列子当然不可能知道公孙龙和宋康王之事,而《列子》却写了,可见列子其人的存在值得怀疑。

列子是否确有其人呢?

列子确有其人,而且是先秦道家学派的重要人物。其理由如下:

虽然《史记》《庄子·天下》《荀子·非十二子》等重要书籍和文章未提列子,但是,在《吕氏春秋》一书中却提到,而且有精要的评述:

> 老聃贵柔,孔子贵仁,墨翟贵廉,关尹贵清,子列子贵虚,陈骈贵齐,阳生贵己,孙膑贵势,王廖贵先,儿良贵后。
>
> ——《审分览·不二》

"子列子"即为列子。在《吕氏春秋》中是肯定列子存在的。《吕氏春秋》内容之可信,已为学术界所肯定。而且"子列子贵虚"一句,恰到好处地指出了列子学术思想的精髓,这又证明,《不二》篇的作者,看到过或听闻过、学习过或研讨过列子的思想和论著,要不然是不能凭空概括出这么重要的观点的。

《战国策》上亦载有关于列子的情况:

> 史疾为韩使楚,楚王问曰:"客何方所循?"曰:"治列子圉寇之言。"曰:"何贵?"曰:"贵正。"
>
> ——《韩策·史疾为韩使楚》

《战国策》记载战国时期各国策士的言行,西汉时经刘向进行整理,其中虽有策士辩人游说时的浮华夸饰之词,但基本上是一部信史。《韩策》所载列子事,与《吕氏春秋》对列子的评价接近。

《庄子》中的《天下篇》虽不单独提列子,但是全书若干篇章都记述了列子的行迹、性格和思想,有的固然是寓言,如《逍遥游》,有的却是客观记载,如《应帝王》《让王》;寓言描述的情形,可视为虚拟和假托,而客观记载的行历,尤其是"内篇"的记载则无可怀疑。

持论较为慎重的《四库提要》则说:"当时实有列子,非庄周之寓名。”又,《四库提要》据《尔雅疏》引《尸子·广泽篇》曰:“墨子贵廉,孔子贵公,皇子贵衷,田子贵均,列子贵虚,料子贵别囿……”,所引《尸子》语,正与《吕氏春秋》对列子的评述相同。

此外,班固的《汉书》在《艺文志》中,载有“列子八篇”;唐人颜师古注:“名圄寇,先庄子,庄子称之。”班固所指的“列子”,显然指的是其人,与“老子”、“关尹子”相并称,这说明列子之存在无可怀疑。颜师古据史料注列子,亦可相信。

据此可以断言,列子决非“列缺、鸿蒙”之属,而是实有其人。

列子生活于什么时代?根据《庄子》的记载,列子曾问道于关尹,那么至少与关尹同时或稍晚。而关尹又师老子,关尹与老子同时或稍晚。《史记》说:老子“与孔子同时”。这样一推测,孔子生于周灵王二十一年(公元前551年),卒于周敬王四十一年(公元前479年),这正是春秋末,只差3年进入战国时期。可知,列子当活动于春秋末到战国初期,下限至多到周安王二十六年(公元前376年)。又据《吕氏春秋》:“子列子常射中矣,请之于关尹子。”说的仍与关尹子同时,即春秋末到战国初。这是推测列子活动时期的又一有力的佐证。

既然列子实有其人,又确实活动在春秋末至战国初期,为什么《史记》《庄子·天下》和《荀子·非十二子》等不记载呢?

这原因不难理解。

就《史记》而言,司马迁显然读过《吕氏春秋》,因为司马迁曾为《吕氏春秋》的组织者编纂者吕不韦作过传,即《吕不韦列传》。对于该书编纂、写作的过程,基本内容和大旨,成书后的情况,司马迁都是知道的,这就是说,作为先秦道家的重要人物列子,司马迁同样是知道的,虽不记载,但也未曾在《史记》的任何一篇中否定过;同时也说明,不载列子,并非司马迁的疏忽,只能认为是司马迁明知而有意不载。之所以会如此,或者由于司马迁没有搜集到列子更确凿更完备的材料,以致未加传述;或者由于在《史记》中对老子和庄子已经列传,只让道家最具有代表性的人物出现即可,因而不专述列子;再有,司马迁主要活动期为汉武帝刘彻的时代,这时社会上独尊儒术,对于西汉初年倡行的黄老(黄帝、老子)之学已经势力大减,几至学术界较少提及,加之司马迁时以及西汉初,人们没有或极少称引列子,因而司马迁不为列子作传也就可以理解了。

何以庄、荀的重要篇章也不提列子呢?《庄子》一书提到列子(称“子列子”、“列子”、“御寇”)达10多次,而唯独《天下》不提,则有以下原因:首先,《天下篇》经学术界认定,为庄子后学所附益,非庄子本人之观点,所以对于学派代表人物的取舍,已与庄子本意不谋;其次,对于学派代表人物只取主要的,认为不是最主要的则不取,即使不提列子,文中提到了关尹、老子,又有专段提庄子(这是后学附益的根据之一),有了三个代表人物也就够了,事实上,《天下篇》对于每派代表人物也至多提三人,少则提二人,这样写体例上是一致的,不提列子也并不奇怪;再次,不提列子,并不说明《庄子》一书否定列子的存在、事迹和观点,正如《天下篇》未提孔子,也不说明对孔子的否定。

荀子的《非十二子》中未提到列子就更不足为怪了。其一,它是非难它嚣、魏牟、陈仲、史鰌、墨翟、宋钘、慎到、田骈、施惠、邓析、子思、孟子等十二子,并非对任何人都要指责一番,其中的孔子、老子、庄子等人就没有列入被非难之人里面。其二,对于学术流派可以有不同的看法,对其代表人物可以有取舍的不同标准,不能用某一观点强求荀子只能提这个,不能提那个,正如不能强求《天下篇》一定还要提管子、商鞅等人一样,所以荀子不提列子也是可以理解的。其三,不提某某,同样不意味着此人不存在;列子是存在过的,只不过荀子不把他同道家一齐加以非难罢了。

《列子》的真伪

关于《列子》的真伪,历来是学术界聚讼不休的问题。

《列子》这一书名,先秦时代典籍所未见,直到东汉初的班固(公元32—92年)修撰《汉书》,才在《艺文志》中载有仅4字的一个条目——“列子八篇”。“列子”系指称其人,“八篇”系指称其文。这证明,信史所载列子者有八篇文章,是确凿无疑的,而《列子》一书千真万确曾流行于世。

在班固之前,西汉晚期的刘向(约公元前77—公元前6年),曾对《列子》一书加以整理编纂,取名为《列子书录》,共八章(即今所见八章篇名)。成书时间为汉成帝永始三年(公元前14年)八月壬寅。这是最早对《列子》一书的记载。在《列子书录》中还有刘向写的一篇“序”。其中写道:“所校中书《列子》五篇,臣向谨与长社尉臣参(参,人名）校雠太常书三篇，太史书四篇，臣向书六篇，臣参书二篇，内外书凡二十篇，以校除复重十二篇，定著八篇。中书多，外书少，章乱布在诸篇中。或字误，以尽为进，以贤为形，如此者众。及在新书有栈（意为虫蛀断灭），校雠从中书已定，皆以杀青，书可缮写"云云。"序"里记载成书过程，似可相信。但是，不少学者却认为刘向的所谓《列子书录》以及"序"均为伪造，实不可信。

至晋代，出现一个张湛，并著有《列子注》一书，即今刊行于世的《列子》通行本。对于《列子注》为张湛所著无人怀疑；人们怀疑这本《列子》是否可靠，许多学者认定张湛注的《列子》为赝品，绝非先秦列子所撰之真品，也绝非刘向、班固所见到或经整理过的书稿。

《列子》一书，绝非先秦之列子所撰，这在学术界已成为定论。

证明《列子》非列子所撰的主要根据有以下几个方面：

甲，西汉刘向的"序"就已经提出了疑问。

乙，唐代柳宗元在《辨列子》一文中曾明确指出"其书亦多增窜非其实"。

丙，宋代黄震认为"其书八篇，虽与刘向校雠之数合，实则典午氏渡江后方杂出于诸家"（《东发日钞》）。所谓"典午氏"即司马氏，晋之司马昭；"渡江"指统一中国。就是说，《列子》是在晋王朝建立以后出现的，尽管篇目与刘向校雠的相符合，已非刘向时的原著。

丁，明代宋濂在其《诸子辨》中断言："书本黄、老言，决非御寇所自著，必后人会粹而成者。"

戊，清代姚鼐在《惜抱轩文后集·跋列子》一文中提出"《列子》皆非尽本书，有后人所附益"。

己，清代《四库全书总目提要》在谈到《列子》之伪时说："今考第五卷《汤问篇》中并有邹衍吹律事，……其不出御寇之手更无疑义。"又说："凡称子某子者，乃弟子之称师，非所自称，此书皆称子列子，则决为传其学者所追记，非御寇自著。"

庚，清代梁启超说："按理列御寇乃庄周前辈，其学说当然不带后代色彩，但《列子》中多两晋间之佛教思想，并杂以佛家神话，显系后人伪托无疑。"

辛，胡适在他的《中国哲学史大纲》中举出《列子》最不可信的重要依据是"杨朱大概不及见梁称王"。时间上的差错，证明《列子》系后人撰著。

壬,马叙伦在《列子伪书考》中,列举二十条理由,证明《列子》为伪书。

癸,杨伯峻《列子著述年代考》一文,从汉语史的角度鉴别《列子》成书的年代,断言"《列子》是魏晋人的赝品"。

此外,任继愈主编的《中国哲学发展史》补充《列子》为伪托的几条证据,确认《列子》为西晋中期作品。

以上仅是其有代表性的辨伪观点和根据。据此可以认定,《列子》确系赝品,决非列子所自著,也决非先秦时代列子之徒所记述。虽然是赝品,却又并非完全作伪,仍然保留了相当部分列子的思想和春秋战国时杨朱学派的思想,这是十分可贵的。作伪者是谁?出于什么时代呢?有的学者认为作伪人就是注释《列子》的张湛。这个论断,不敢苟同。张湛的《列子序》是可信的。他在整理断简残帙的时候,不可能不加入自己的观点,不可能没有他的编次体系。张湛在注释中不止一次地指出《列子》中的矛盾、失实、不明、重复和诬贤的地方,倘若是他自己作伪,何以要这样做呢?我认为,作伪者,可能是西晋中期,善于清谈、崇尚黄老、兼容各家、葆有玄风、放荡形骸的知识分子;究竟是谁,却无从确考。仅从内容和语句等方面进行考察,可以看出其思想乃汉末或晋代清议、玄风煽起时的知识分子所独有。书中广采博收,许多地方写得楚楚动人,且观点明快、文采朴质、风格统一,非一般学者所能为,乃饱览群书、融通古今、笔墨酣畅之士才能写得出。尽管《列子》是赝品,却仍有较高的学术价值,它的一系列寓言、故事特别精美,甚至在语言表达的某些方面超过《庄子》,有着较强的艺术魅力,因此,人们不愿抛弃它,并进而阅读、研究它,以致成为近两千年来传世的不朽著作。

《列子》的学术价值

《列子》是一部学术著作。

这部著作曾经显赫一时,并直接为封建帝王所推崇。西汉刘向说过,汉景帝刘启之时,贵黄老之术,《列子》"颇行于世"。因为《列子》的哲学思想,正是老子哲学思想的继承和发展,对于刘汉王朝的巩固有实际意义,于是《列子》在孝景时"颇行于世",也就没有什么值得怀疑的。到了李唐王朝，高宗乾封二年（公元 667 年），追尊老子为太上玄元皇帝，并以老子姓“李”，同李氏一族而引以为荣。玄宗开元二十五年（公元 737 年），置崇玄学于玄元庙，习诵《老子》《庄子》《文子》《列子》（号称“四玄”），并于天宝元年（公元 741 年）追封《列子》为“冲虚真经”。《列子》被抬举到空前的地位。宋代也曾倡行道家哲学。宋真宗赵恒，在“冲虚”二字下再加“至德”二字，名为“冲虚至德真经”。徽宗赵佶政和六年（公元 1116 年），立道学，诏太学辟雍，置《内经》《道德经》《庄子》《列子》博士，并以《内经》和《道德经》为大经，《庄子》和《列子》为小经。唐宋时，《列子》尽管受其崇敬，但它的哲学思想，却被封建统治阶级曲解、利用了，被披上神学迷信的外衣，亵渎了它的质朴和纯洁。现在是应该廓清并让其学术思想取得应有的历史地位的时候了。

《列子》具有较高的学术价值，这主要表现在以下几方面：

一、对老庄学派的继承和发展

老庄学派对我国的哲学发展有着巨大而深远的影响。发展到汉末魏晋时期，出现伪《列子》一书，从道家学派的哲学观来看，则是老庄学派的直接继承。

《列子》的宇宙观，完全建立在老庄哲学的基础上，同时又吸收汉魏各家的观点，综合成自己的宇宙观。

首先，《列子》坚持“道”是万物始祖，又是实体事物的朴素唯物观点。在《天瑞》中，明确地说，“道”就是“天地之根”；它产生万物，它自己却不生不化，其功能是“绵绵若存，用之不勤”。这“天地之根”，同老子所说的“天地之母”是一个概念，相等的涵义。“道”，是实体物质，虽然它被视为玄而又玄的东西，但是它却是“气”所形成，天地万物均“积气之成”。这与庄子的“道气”说完全一致。这可见《列子》对《老子》和《庄子》继承的主导方面。

其次，《列子》吸取了《周易》中的某些观点，提出宇宙生成和发展的阶段论。《周易·系辞上》说：“易有太极，是生两仪，两仪生四象，四象生八卦。”这是“道”的变化发展阶段。《列子》坚持这种发展阶段论，却不生硬套用，而是提出了新颖的见解。《天瑞》说：“有太易，有太初，有太始，有太素”，从“太素”以后，物质世界便开始形成。有了物质世界，宇宙仍然发展，“易变而为一，一变而为七，七变而为九”。

《列子》比老庄进一步揭示这几个发展变化阶段，均由阴阳制约，各阶段互不孤立，是“未相离”而有着内在联系的。

再其次，《列子》还吸取了魏晋时人王弼等关于宇宙本体论的思想成果，以自己的见解，加入到玄学的论辩之中，把各家学说熔为一炉，而成为一种创新的见解。

此外，《列子》还提出关于物的先后巨细长短、物存在的形态、物的增减、时间空间有无极限等带根本性的哲学问题。《列子》对这些问题的回答，基本上立足于老庄学说，同时也融合了其它学派的一些观点，显得新颖而有意义。许多见解，在《列子》以前很少看到，这不能不说是对老庄哲学思想的一个发展。

二、在魏晋哲学史上，《列子》是整个玄学的有机组成部分

东汉后期兴起士人的清议之风，品题人物，发表政见，议论朝政，士人以此为清高，乐于清议，甚至结为小团体。这种清议，往往与黄老、佛释相结合，或者说是用道、释的一些观点来议论时事，品评人物，逐渐地走向“玄”的道路。加之东汉晚期两次“党锢之祸”的沉重打击，使相当一部分士人不再敢于大胆议论时政和人物，便把自己的不满和愤激，用老庄思想包裹起来，埋头去探讨“三玄”(《黄帝内经》《老子》《庄子》)哲学，表达自己对宇宙生成、物质本体、自然人事等的基本观点，这就形成魏晋时期玄风炽烈的局面。而《列子》一书，就是在这样的背景下诞生出来，并加入了“玄言”的时代大合唱。

按照笔者的观点，《列子》一书写成于西晋中叶以前。从成书的时代说，《列子》是从何晏、王弼“贵无”论发展到郭象“独化”论的一个组成部分。而《列子》学说的建立，并没有抛开以前的思想成果，它是以善于吸取思想养料，综合融化，建构自己思想殿堂而著称的。而《列子》的哲学大厦，就正是建立在“贵无”的基础之上。《天瑞》一再强调的“未尝终”、“未尝有”、“未尝发”、“未尝显”，显示的就是“无”的情形；而“无不知”、“无不能”，强调的则是“无”的功用，它能产生一切、制约一切，这就是“贵无”的基本观点。但是，《列子》并未到此为止，它还吸收了“独化”论的思想，变为自己的哲学观点。认为万事万物可以自由地生，自由地化，受一种盲目的自然规律所支配，任何人力都无法抗御。《力命》中说的“自寿自夭，自穷自达，自贵自贱，自富自贫……”，“自生自死，自厚自薄”等等，都是“独化”的表述。这样，《列

子》便从天道到人事、从宇宙观到社会观,展开它的思辨玄理,成为魏晋玄学发展第三阶段“独化”论的有机组成部分。

三、独特的社会人生观,较为完善的社会人生理论体系

《列子》的社会人生观,仍然有承袭老庄、何王的一面。老子的政治观是“无为而无不为”。王弼指出,这就是“崇本以息末”(《老子注》)的表现。全部《列子》的政治观,完全是老子、王弼政治观的翻版。

这种政治观的思想内涵是“无为而治”,但是根本问题在于“怎样”无为,方能达到大治的目的。这里,《列子》确定了以君王、圣贤为核心,由他们施以“无为而无不为”的措施来实现治国与治民。

在人生观方面,《列子》取阮籍、嵇康等人放达肆情的态度,对礼义名教,基本上加以嘲弄和否定。

《列子》的人生观,在学术界引起最大非议的是《杨朱》一篇。认为《杨朱》反映了魏晋封建门阀士族的荒淫无耻的生活方式,露骨地宣扬腐朽的纵欲享乐思想,是一剂腐蚀人们心灵的毒药。

这个观点有其正确的方面,也有其偏颇的方面。说它正确,因为《杨朱》宣扬的就是纵欲和享乐,教人们不要“苦其身,燋其心”,“徒失当年之至乐,不能自肆于一时”。说它有偏颇,是因为对《杨朱》乃至对整部《列子》尚未作全面具体地研究,未能深刻说明它的享乐纵欲与魏晋门阀士族的淫乐虽有相同之处,却又有很大差别,这就是它独特的人生观和理论体系之所在。

《杨朱》宣扬的享乐主义,有一条明显的思想线索——任其自然。这是有积极意义的。首先,是继阮籍、嵇康之后,举起的又一面反名教、反传统的旗帜。《列子》的作者大约属于不得志的士子,面对着“上品无寒门,下品无势族”(刘毅《疏》)的现实,加之连年的残酷战争,关中连年的饥荒,士人朝不保夕,便只好任性而为,反对人为的束缚和压迫。这种与封建当权者不合作,反对礼教传统的思想,其积极意义也就十分明显。其次,享乐和纵情的人生态度,核心是“为我”。这直接同魏晋时期的宗法制度,同道德仁义的说教相对抗,让人们重视自身,维护个人利益,尊重独立人格,这已经是人的初步觉醒时期的人生态度和理论形态,无疑地有着历史积极意义。再其次,是保护心灵的健康、纯洁而坚持的人生态度。《杨朱》宣扬的享乐纵欲,是以

"全性保真"为前提的。只有这样做,才是个人修养的根本,是善于"治内者";只有这样做,才是"不违自然之所好",因而也就没有任何牵累;只有这样做,才是真情而不是"矫情",心灵不受闭塞,不掺杂质。《杨朱》也并不主张纵欲无度,并没有达到荒淫无耻的程度。它明确地指出,"无厌之性,阴阳之蠹也。"贪得无厌,逸乐失度,就走向反面,成为害人虫了。

《列子》的寓言艺术

《列子》不仅有较高的学术价值,其寓言故事也有着较高的艺术水准。

整部书,共有寓言故事102个,可谓丰富多采。这里,有表达理想追求的,如《终北之国》等;有说明深刻哲理的,如《愚公移山》等;有讲养身治世的,如《黄帝神游》等;有反映高超技艺的,如《偃师造人》等;有探索自然奥秘的,如《两小儿辩日》等;有论证符验的,如《黑牛生白犊》等;有神灵幻象的,如《西极化人》等;有讽刺批判现实的,如《华子病忘》等;有生活小趣闻的,如《齐人攫金》等;还有其他一些难以归类的寓言故事。有的寓言故事,可以说是《列子》的杰出作品,影响极其深远,如《愚公移山》;有的寓言故事发人深省,意味隽永,如《景公游牛山》等;有的表现技艺精微,顿觉艺无止境,如《纪昌学射》等。但是,有的寓言故事也平淡无奇,仅仅是一般的说教,如《力命相辩》;还有一些寓言故事,或者照抄以前的书籍,或者只作适当改写,或者掐头去尾为我所用。不过,从总体上说,《列子》的寓言故事是有其创造性,有其思想价值和艺术价值的,在我国寓言故事发展过程中是有其重要地位的。

一、高度的创造性,把寓言故事形式推向精美的发展阶段

具有高度创造性的寓言故事,无疑地是指《愚公移山》《杞人忧天》等。为什么这样说呢?其一,体现了真理的美。寓言故事固然有许多方面令人赞美,但是它的真理光辉却是美的核心和本质。《愚公移山》,表达了劳动者坚韧不拔、矢志不移、团结胜利的崇高品德,读了以后让人精神振奋。《杞人忧天》,则表现人们探索宇宙奥秘、追求真理的美好情操,让读者理解远古时候人们就已经在建立朴素的唯物的宇宙观了。其实杞人不应该是被讽刺的对象,恰好是大胆设疑,勇于

求知的人物。其二,有一个矛盾展开和获释的过程。矛盾处于对立状态:愚公与自然的对立,愚公与智叟的对立,忧者与晓者的对立,人与宇宙的对立等,对立面的双方经过一定的发展过程,开始转化,并导致满意的结果。这正是辩证法的美的形象表达。其三,有着完整的情节,有着合理的结构布局,有着独立的寓意深刻的哲理内容。这样的寓言故事,几乎可以成为脱离《列子》的母体而独立成篇,使寓言故事走向更加完整和成熟,成为有别于其他文章体裁的样式。这对于先秦两汉魏晋的寓言故事多为设喻、警诫、不离母体来说,无疑是更富于创造精神的。

二、既有积极的浪漫精神,又有强烈的现实精神

它的浪漫精神,不仅吸取先秦两汉典籍中关于神话传说、幻想寓言的养料,而且有其独立的人格力量,有其超越现实的理想追求,有其瑰丽奇谲的想象和夸张。《黄帝梦游华胥国》,这当然是从远古神话传说演变而来的,但是却展示了与远古神话传说不同的品格,主要的就表现在塑造了一个具有独立人格力量的黄帝形象。他已经不同于神话传说中的人物,乃是灌注道家思想,以道家法则治国的"黄老"典型了。他摆脱了现实给予的烦恼和憔悴,而以自己的行动超越于现实,完成了自己独立的理想追求。这样的人物,是想象的夸张的,也是美好的理想的。其浪漫精神就这样体现出来。

同时,《列子》寓言故事又是现实的,不少是对现实的虚构和概括,有着强烈的现实主义精神。《逢氏之子病迷》与《华子病忘》有异曲同工之妙。后篇利用寓言最需要警诫之语的特殊形式,以老聃的一番言论,广泛而深刻地概括出当时社会现实的极端不合理。人们患迷惘症,这已让人觉得痛惜了;然而,迷惘症却能让人摆脱烦恼,减去痛苦,这更令人心酸、惊讶。不仅一人患迷惘症,几乎一乡、一国、普天下的人都颠倒黑白、混淆是非患有迷惘症,这是世界的最大不幸。更有甚者,不能医治,因为医治者比患者更加迷惘,说明社会已不能根治,坏到了极点,这更使人产生无限的悲痛。不是一人的悲剧,是天下的悲剧。作者对社会现实的认识,何等清醒,又何等深刻!

积极的浪漫精神与强烈的现实精神,在《列子》中是结合的交融的,这成为《列子》寓言故事的又一成就和特色。

三、塑造了"列子"自我形象,展示了人物的内心世界

用较多的篇幅，以近10篇寓言故事着力描写自己，刻画自己多方面的性格，这在先秦魏晋典籍中是不多见的。

在《说符》中的《列子穷不受粟》，写列子家境贫困，"容貌有饥色"。郑子阳命令官吏送粟给列子，他却拒绝接受，表现了列子的气节和远见。果然，郑子阳并非出以真心，人民"作难而杀子阳"。《仲尼》中的《列子师老商》，表现列子专心致志、苦心磨砺的品德。列子在老商氏那里学习达三年，"始得老商一眄而已"。五年，"老商始解颜一笑"。七年，"夫子始一引吾并席而坐"。九年，这才修炼到掌握道家之理。这种艰苦、忍耐、追求的精神相当突出。《说符》中的《列子观影》和《列子学射》，写出了列子善于学习、聪慧敏捷、虚心求教、勤奋努力的良好品德。老师壶丘子林告诉列子，要知道"持后"、"持身"的道理，"顾若影，则知之"。列子看了影子后，立即悟出"持后而处先"的道家哲理。列子向关尹子学射箭，达三年之久，对于射箭的技巧才真正领会，掌握住"所以然"。最能表现列子青年时天真烂熳、尊敬师长、富于同情性格的，是《黄帝》中的《神巫季咸》（有几篇均与《庄子》重出）。神巫来了，"列子见而心醉"，那种好奇之心溢于言表。神巫说老师壶子要死了，列子立即"涕泣沾衿"，显现出对老师万分痛惜之情。后来，老师壶子反而使法术让神巫莫展其技，神巫只好逃走。列子尊师命，"追"，却"追之而不及"，天真活泼的形象跃然纸上。

用较多的篇幅，以寓言故事形式描写自我，能让读者感到亲切。尽管口气、立足点是客观的第三人称的，可是写的却是作者自己，让作者充当一个重要角色，就使人感到写在作品里的人、事、物、景，都是作者所经历、所耳闻目睹的，增强了作品的真实性和可信度。这种写法是直接承袭《庄子》而来的，许多寓言故事庄周也把自己摆进去，充当一名角色，但是《庄子》中的庄子形象和性格，限于成年得道以后，未能从家境、从少年时、与师从学以及对人对事的性格特点，较系统较完整地表现出来。其他的先秦两汉魏晋寓言故事，写作者自己就较少了。《列子》这样写，也就是寓言故事在形式上的一个重要突破，是寓言故事表达方式上的新成就。

四、语言质朴简劲，为有识之士所称道

唐代大文学家、诗人柳宗元指出："其文辞类《庄子》，而尤质厚，少伪作，好文者可废耶？"（《辨列子》）

明代宋濂说:“御寇先庄周,周著书多取其说;若书事简劲宏妙,则似胜于周”。(《诸子辨》)

清代姚际恒说:《列子》语言“明媚近人”,“叙事,简净有法,是名作家耳!”《列子》用的多是魏晋语言,很少有先秦时那种古朴、深奥的语言词汇和句式,所以“明媚近人”。叙述事件、描写人物,干净利落,明白畅达,显出较高的语言表现力,所以“简净有法”。但是,姚氏只能称《列子》语言为名家所作,这当然也是评价很高的;他认为与《庄子》比就“气脉降矣”。《庄子》为大家,《列子》只为名家,其差别就在这里。

《列子》以其众多的并有艺术特色的寓言故事,丰富着我国的文学宝库,在散文史上是有着重要价值和应有地位的。

张湛及《列子注》

《列子》之所以能够传于后世,张湛有着不可磨灭的功劳。是张湛挽救了我国重要文化遗产《列子》,没有张湛的努力也就不会有今世之《列子》。张湛在“列学”中占着奠基的重要地位。

张湛,字度处,高平(在今山西省)人。生平事迹不详,只在《晋书》和《世说新语》中有片断的记载。张氏出身于世宦家庭,自己也身任要职。他精通医术,尤其精于眼科。《隋书·经籍志》还开列张湛的医学书名为《养生要集》。《新唐书·艺文志》说:“张湛《延年祕录》十二卷。”《延年祕录》即为《养生要集》。据今人汤用彤先生考证,张湛曾注《庄子》;文廷式考证,张湛曾注《文子》。这些考证不管是否完全符合张湛实际,至少可以知道,张湛博学多才,著作丰富,深明道家哲理。而且,从《列子注》中又可以知道,张湛非常熟悉魏晋玄学,曾多次引用何晏、王弼、向秀、郭象等玄学家的言论。“注”的要旨,也在于阐述玄学,又可知,张湛也是玄学家。

张湛生活的时代当在东晋。确切的生卒年代虽不可考,但是从与范宁同时的记载推测,约为西晋末到东晋中叶。范宁生活在公元339—401年,张湛能为宁治目,精于医术,大约生卒稍早于宁。这样的推测不会有大的出入。

张湛注《列子》的经过,在他写的《列子序》中讲述得非常清楚:

湛闻之先父曰：吾先君与刘正舆、傅颖根，皆王氏之甥也，并少游外家。舅始周，始周从兄正宗、辅嗣，皆好集文籍。先并得仲宣家书，几将万卷。傅氏亦世为学门。三君总角，竞录奇书。及长，遭永嘉之乱，与颖根同避难南行；车重各称力，并有所载。而寇虏弥盛，前途尚远。张谓傅曰："今将不能尽全所载，且共料简世所希有者，各各保录，令无遗弃。"颖根于是唯赍其祖玄、父咸《子集》。先君所录书中有《列子》八篇。及至江南，仅有存者。《列子》唯余《杨朱》《说符》、目录三卷。比乱，正舆为扬州刺史，先来过江，复在其家得四卷。寻从辅嗣女婿赵季子家得六卷。参校有无，始得全备。

这个"序"，有的学者怀疑其真实性，认为《列子》就是由张湛伪撰，"序"不过是"此地无银三百两"罢了。其实，这种怀疑和论断，根据并不充分。张湛之"序"，仍为老实态度，看不出虚矫痕迹。首先，他的家学渊源，是令人相信的；其次，他的家族保存有《列子》版本，也并不值得奇怪；再其次，先君等人渡江后《列子》散佚，仅存《杨朱》《说符》和目录，也在情理之中；最后，东寻西找，"始得全备"，也是可能的。据此，我认为《列子》仅是张湛搜集、整理、编次、补全的一部书，他还下了很大工夫为之作"注"；找不到更充分的理由认定《列子》一书是张湛伪撰的。

在张湛的"注"中，曾经指出《列子》一书的不少问题：其一，《天瑞》中引晏子语，张湛不知出处，认为"假托所称耳"。其二，《天瑞》讲"盗天"和"盗私"，张湛不同意这说法，说"公私之名既废，盗与不盗，理无差也。"其三，《列子师壶丘子林》一段，在《黄帝》与《仲尼》中重复出现，又《吕梁济水》在《黄帝》与《说符》中重复出现，张湛正确地指出"重出"情况。其四，对于《仲尼》中"孤犊未尝有母"的话语，张湛注："不详此义"。其五，《汤问》中说："无极之外复无无极，无尽之中复无无尽"，张湛有意曲解原文，注释为"所谓无无极无无尽，乃真极真尽矣。"其六，张湛《汤问》注曾指斥儒墨，说"刳斫儒、墨"，与原意不符。其七，《汤问》有夷坚人名，张注："夷坚未闻"。其八，《力命》说："不骇外祸，不喜内福"，张湛对此持否定态度，注云："祸福岂有内外，皆理之玄定者也。"其九，《杨朱》讲到伯夷、展季之事，张湛注："此诬贤负实之言”。其十，对于《杨朱》中“子产相郑，专国之政”一段，张湛注：“此一篇辞义太迳挺抑抗，不似君子之音气。”还不仅止十条。如果说《列子》为张湛所伪撰，那么就不可能利用“注”来指斥原文中的不实、不确、难解之处，就不可能有与原意相违、相反乃至有意曲解的观点，就不可能对于两个地方重复的节段而不删去，就不可能指斥原文“诬贤负实”，“不似君子之音气”。正因为如此，笔者才可以肯定，《列子》并非张湛伪撰。在张湛整理编次的过程中，加进自己的一些言论，窜入自己的观点，都是会有的，但是，不能因此而认为他就是作伪者。

《列子注》虽然只以注解的形式出现，但是却仍然系统地表述了张湛的哲学观点、人生态度。《列子注》被公认为是魏晋时代与王弼《老子注》、郭象《庄子注》并列的三家最好、影响最大的注本。

《列子注》的学术价值主要有以下几方面：

一、独立地提出哲学上的一个重要观点“至虚”，并把这一观点贯穿于全部注解之中。“至虚”，有别于王弼的“贵无”。“贵无”的实质，是以绝对的精神实体“包统”万物，这是从先秦两汉的“生成论”发展到“本体论”的标志，同时也与“独化”有区别。“独化”的实质，是以理想与现实结合、名教与自然结合来解释宇宙。而张湛的《列子注》，却以“至虚”来认识、把握一切，认为“无”是“虚”的客观精神；认为“独化”仍然有其实体本原存在，不符合最大的哲学抽象原则。所以，张湛提出《列子》“以至虚为宗”，这“至虚”正是张湛哲学思想的准确表达。从“贵无”到“自然”、到“崇有”、到“独化”，再到张湛的“至虚”，完成了魏晋玄学的最后一个发展阶段。

二、成为魏晋玄学向南北朝佛学玄言发展的过渡环节。魏晋玄学是以黄老哲学思想为本，阐发其玄言奥秘的，发展到了东晋，佛学势力逐渐强大，而佛学哲理更其细致深刻，思维方式更其开阔和严密，玄言便开始与佛学结合起来，以佛释玄，以玄释佛，玄佛合流，便成为历史的必然。而《列子注》正是这一思潮的产物，并成为此后佛教哲学深入发展的一个纽带或桥梁。

三、提出自己的社会理想和人生理想。东汉晚期和魏晋时期，社会动荡，阶级矛盾和民族矛盾尖锐，以地主庄园为主要形式的经济结构普遍出现，门阀士族势力空前加强，封建大一统王朝业已变为陈迹。在这样的形势下，人们提出了各自对社会现实的认识和人生理想。在

“注”中，张湛强调应实行“内圣外王”的开明政治统治，应当顺应自然，力主“无为而治”，但是又需要纲常名教来规范人们的言行，让人们不能“失心之本”。对于劳动人民的苦难有着深切的同情，对于黑暗现实有着强烈的义愤，认识到饥寒穷困，人民也就“不顾刑戮”。人的正常情欲是应当满足的，不能过多的限制，但是又不能无度，认为“尽骄奢之极，恣无厌之性，虽养以四海，未始惬其心。此乃忧苦穷年也”。对于“终北之国”，张湛高度赞美为“彼国之巨伟”，而这正是他所追求的理想国度。应该说，张湛的宇宙观、社会人生观，反映了东晋偏安后当朝的名士心理状态以及理想追求。

四、“注”言简意赅，准确畅达，发挥适当，观点鲜明。《列子注》是一部具有可读性、耐读性和研究性的玄学著作。

《列子》的版本及其他

《列子全译》采用《诸子集成》本（上海书店影印，1986 年 7 月版）。即使“集成本”文字有错讹，亦悉加抄录。

杨伯峻先生的《列子集释》（中华书局 1979 年 10 月版），是目前所看到的最好的校勘本种集释本。《列子全译》以《列子集释》为最重要的参考书，多有所引用，获益最大。

严北溟、严捷二位先生的《列子译注》（上海古籍出版社 1986 年 9 月版），是《列子全译》的又一重要参考书。

《道藏》（文物出版社、上海书店、天津古籍出版社）第十四册的《冲虚至德真经鬳斋口义》《冲虚至德真经解》《冲虚至德真经义解》，第十五册的《冲虚至德真经四解》（张湛注、卢重玄解、范致虚解）、《列子冲虚至德真经释文》（殷敬顺撰、陈景元补遗），亦据以参校和参考。

清代汪继培有《湖海楼丛书·列子》本，采用宋代《列子》版本、明代世德堂版本、虞九章与王震亨同订版本等，校勘补遗，成为《列子》之善本。汪本之重要成果，均反映在《列子集释》中，《列子全译》多有吸收。

《北堂书钞》《群书治要》《艺文类聚》《初学记》《太平御览》《白孔六帖》《锦绣万花谷》《事文类聚》等书，征引《列子》正文与张湛注，不下二三千条（见《列子集释·例略》），《集释》从善录用，这对于《列子全译》亦有助益。

蒋伯潜先生的《诸子通考》、黄云眉先生的《古今伪书通考补证》、张心澂先生的《伪书通考》、任继愈主编的《中国哲学发展史》等，对于列子其人、《列子》其书考证和征引详实，论述精到；对于《列子全译》的注释和前言，均有启发，有的观点和材料已经吸收，不一一注明。

有关《列子》的专著极少，系统论述的论文也不多，前贤对于此书的见解分歧较大，而且青年学者和青年朋友也不易把握它的思想内容、学术价值、寓言艺术，考虑到这些因素，便著以长文作为《前言》，企图较为全面地、脉络明晰地介绍《列子》，并阐述个人的一些学术观点。

《列子全译》得到贵州教育学院曹文星和程在福同志、贵州民族学院杨启孝同志的帮助，谨致谢忱！

王强模

1992 年 1 月

天　瑞

第　一

【题解】

什么叫“天瑞”？所谓“瑞”，《说文》：“以玉为信。”段玉裁解说：“瑞，节信也。”又说，“引伸为祥瑞者，亦谓感召若符节也。”这说明，“天瑞”，就是天（自然）的符号，即天的信物。

《天瑞》涉及几个问题。关于自然的本原。这里指的是所谓“玄牝之门”、“天地之根”——“道”，用《天瑞》的范畴就是“太易”，即宇宙尚未由气形成之前的迷蒙、浑沌情形。关于自然形成的阶段性。《天瑞》分为四个阶段：一为“太易”，其特征是“未见气也”；二为“太初”，其特征是“气之始也”；三为“太始”，其特征是“形之始也”；四为“太素”，其特征是“质之始也”。四个阶段由阴阳统制，万物“未相离”，有着紧密的联系。关于变化发展。强调几点：其一，变化发展都出于“机”和入于“机”；其二，均有穷尽，顶点为“九”，九以后“复变而为一”，是循环往复的变化发展；其三，不变者为“道”，道能促使万物“生者不能不生，化者不能不化”；其四，基本态度是顺其自然，任何强制都只能适得其反。

《天瑞》的人生观是从自然观建立和发展起来的。万物“损于彼者盈于此，成于此者亏于彼”，所以基本的人生态度应该是“乐天知命”。又认为社会人生不可能全备，不可能尽善尽美，这就应该能乐则乐，不应“营营而求生”，否则只能忧苦终老。对于个体生命，以“处常得终”为基本原则，必须按照常规常情生活，然后随着客观规律以尽天年。所以，人应该保持“静”和“虚”的态度。《天瑞》认为人生有四个阶段，“婴孩、少壮、老耄、死亡”；以“婴孩”阶段最为完美，乃“和之至也”。

【原文】

子列子居郑圃①，四十年人无识者。国君卿大夫眎之②，犹众庶也。国不足③，将嫁于卫④。弟子曰：“先生往无反期，弟子敢有所谒；先生将何以教？先生不闻壶丘子林之言乎⑤？”子列子笑曰：“壶子何言哉？虽然，夫子尝语伯昏瞀人⑥，吾侧闻之，试以告女⑦。其言曰：有生不生，有化不化。不生者能生生，不化者能化化。生者不能不生，化者不能不化，故常生常化。常生常化者，无时不生，无时不化。阴阳尔，四时尔⑧，不生者疑独⑨，不化者往复。其际不可终，疑独其道不可穷。《黄帝书》曰⑩：‘谷神不死⑪，是谓玄牝⑫。玄牝之门⑬，是谓天地之根⑭。绵绵若存，用之不勤⑮。’故生物者不生，化物者不化。自生自化，自形自色，自智自力，自消自息。谓之生化、形色、智力、消息者，非也。”

注释

①子列子：前一“子”字，古代弟子对自己老师的尊称。列子，生卒年不详。相传为春秋末或战国初之道家，名御（yù 玉）寇，亦作圄寇、圉寇，郑人。郑，周朝国名，在今河南一带。

②眎（shì 示）：“视”的异体字。

③不足：指饥荒之年。

④嫁：自己出走。与“嫁娶”的“嫁”有别。卫：国名，在今河南一带。

⑤壶丘子林：壶丘，复姓。实则为“壶丘林”，“子”为尊称。相传为列子的老师，春秋郑国人。一说壶丘林为虚拟人物，并无其人。

⑥伯昏瞀（mào 冒）人：伯昏，复姓；瞀人，愚人。列子之友，同学于壶丘林。

⑦女（rǔ 乳）：同“汝”。

⑧阴阳尔，四时尔：阴阳两气和春夏秋冬四时，是让万事万物发生变化的母体，而又让万事万物寄存于生命的一定范围，都由于离不开阴阳相交和四时变化的规律，所以万物的变化不会止息，四时的变化也不会停顿。

⑨疑独：疑，通“凝”，即凝结独立。

⑩《黄帝书》:据清代学者惠栋《松崖笔记》称,此老子所述。老子之学盖本黄帝,故汉世称“黄老”。《汉书·艺文志》载有《黄帝书》四篇,《黄帝君臣》一篇,《黄帝铭》六篇。班固自注:起六国时,与老子相似。又有《杂黄帝》五十八篇,班固自注:六国时贤者所作。今本《汉书·艺文志·黄帝书》为《黄帝四经》《黄帝君臣》十篇。

⑪谷神:谷,山谷,空旷;神,神秘莫测,非神灵之神。谷神,空虚莫测的奇妙作用。

⑫玄牝(pìn 聘):玄,幽深微妙;牝,雌性的。玄牝,微妙的雌性生殖器。这里的“玄牝”应视为与“谷神”同义的东西,实质是指微妙的“道”或指“道”的微妙莫测的作用。

⑬玄牝之门:这里是说“道”产生万物的门户(途径)。王弼《老子注》:“门,玄牝之所由也。”

⑭天地之根:根,根本,本原。天地万物的本原在于“道”。王弼《老子注》:“本其所由,与太极同体,故谓天地之根也。”

⑮勤:劳,不怠。《论语》:“四体不勤,五谷不分。”这里引伸作停息讲。

【今译】

列子居住在郑圃,四十年没有人能理解他。君王以及公卿大夫看待列子,就像看待普通民众一样。郑国发生饥荒,列子准备到卫国去。他的学生说:“先生这一去难以预料什么时候回来,学生大胆地向您请教,先生将用什么来教导我们呢?先生没有听到过壶丘子林的言论么?”列子笑了笑,说:“壶子哪里说过什么呢?即使这样,壶子曾经向伯昏瞀人讲述的时候,我在旁边听着,现在暂且告诉你们。他这样说:有一种东西即“道,产生万物而它自己不为其他事物所产生,让万物发展变化而自己不为其他事物控制着变化发展。不为外物所产生的能够产生万物,不为外物所控制着变化发展的能够使万物变化发展。产生万物的不可能不产生,让万物变化发展的不可能不让其变化发展,所以万物经常都在产生,经常都在变化发展。经常产生经常变化发展,也就是无时无刻不在产生,无时无刻不在变化发展。阴与阳这二气,春夏秋冬这四时,不为外物产生出来的便凝固而独立,不为外物变化发展的便循环往复地运行。循环往复,它的时间没有完结;凝固独立,它的深奥道理没法穷究。《黄帝书》说:‘谷神之妙永恒存在,这就叫做“玄牝”。玄牝的门户,这就叫做天地的根本。它绵绵不绝,似有似无，发挥的作用不会消歇。’可见，产生万物的，自己不为外物所生；让万物变化发展的，自己不受外物控制而变化发展。事物总是自然而然地产生，自然而然地变化发展，自然而然地显出形态，自然而然地着上颜色，自然而然地运用智慧，自然而然地使用力量，自然而然地消亡，自然而然地生长。把这种情况说成是有意识地产生、变化发展，有意识地显出形态、着上颜色，有意识地运用智慧、使用力量，有意识地消亡、生长，是不对的。”

【原文】

子列子曰："昔者圣人因阴阳以统天地。夫有形者生于无形，则天地安从生[①]？故曰：有太易[②]，有太初[③]，有太始[④]，有太素[⑤]。太易者，未见气也；太初者，气之始也；太始者，形之始也；太素者，质之始也。气形质具而未相离，故曰浑沦[⑥]。浑沦者，言万物相浑沦而未相离也。视之不见，听之不闻，循之不得，故曰易也。易无形埒[⑦]，易变而为一[⑧]，一变而为七[⑨]，七变而为九[⑩]。九变者，究也，乃复变而为一。一者，形变之始也。清轻者上为天，浊重者下为地，冲和气者为人[⑪]；故天地含精，万物化生。"

注释

①天地安从生：天地没有固定的地方产生，便自自然然地产生。

②太易：太，极至；易，生而又生，不断更新之意。《易·系辞上》："生生之谓易。"太易，这里指万物的本原。

③太初：初，元初，原始。太初，指天地元气萌发时的状态。

④太始：元气业已形成，有了形态之时。

⑤太素：形成了物质特性。

⑥浑沦：浑吞，天地万物没有界限，混合为一体。

⑦埒（liè 列）：界域。

⑧一：这里指形态变化的最初情况。

⑨七：七为阳数，六为阴数。单言阳数，如七、九，而不言阴数，如六、八，表示阳为先而阴相随，所以阴数从略。

⑩九：极数。下一句之"九变"，指阳气变化的最大限度。古代以"九"为极限。

⑪冲和气：冲，通"中"，即中和之气。

【今译】

列子说："从前，圣人用阴与阳来统摄天地。有外观形态的事物（天地）产生于没有外观形态的事物（阴阳），否则天地从什么地方产生出来呢？所以说：有太易，有太初，有太始，有太素。所谓太易，乃是尚未形成元气的那种状态；所谓太初，乃是开始形成元气的那种状态；所谓太始，乃是整个形体开始出现的那种状态；所谓太素，乃是性质开始确定的那种状态。元气、形体、性质都已完备并且不可分离，这就称之为'浑沦'。所谓浑沦，是说万物浑然一统并且不可分离。想看它看不见，想听它听不到，想找它找不着，所以叫它为'易'。易没有形体没有边域。易经过变化成为元气形态的'一'，一再变化而成为'七'，七继续变化发展成为'九'。九变化发展到了极限，于是又循环变成'一'。'一'这个东西，就是万物各种变化发展的萌始状态。这时候，元气清新轻盈的上浮为天宇，元气浑浊沉重的下凝为大地，元气中和平允的促成人的出现；所以天宇大地充溢着精气，万物便得以化育滋生。"

【原文】

子列子曰："天地无全功[①]，圣人无全能，万物无全用。故天职生覆[②]，地职形载[③]，圣职教化，物职所宜。然则天有所短，地有所长，圣有所否[④]，物有所通。何则？生覆者不能形载，形载者不能教化，教化者不能违所宜，宜定者不出所位[⑤]。故天地之道[⑥]，非阴则阳；圣人之教，非仁则义；万物之宜，非柔则刚：此皆随所宜而不能出所位者也。故有生者，有生生者；有形者，有形形者；有声者，有声声者；有色者，有色色者；有味者，有味味者[⑦]。生之所生者死矣，而生生者未尝终；形之所形者实矣，而形形者未尝有；声之所声者闻矣，而声声者未尝发；色之所色者彰矣，而色色者未尝显；味之所味者尝矣，而味味者未尝呈：皆无为之职也[⑧]。能阴能阳，能柔能刚，能短能长，能圆能方，能生能死，能暑能凉，能浮能沉，能宫能商，能出能没，能玄能黄[⑨]，能甘能苦，能羶能香[⑩]。无知也，无能也；而无不知也，而无不能也。"

注释

①全：齐备。

②职:专主,职责。生覆:覆育生命。覆,庇护。《礼记·乐记》:“天地䜣合,阴阳相得,煦妪覆育万物。”

③形载:形体负载(万物)。

④否(pǐ 匹):六十四卦中的卦名,“否”为坏卦,“泰”为好卦。这里作“缺陷”讲。

⑤位:位置。据杨伯峻《列子集释》:“不出所位”的“不”字,下面疑脱“能”字,应为“不能出所位”;后文“不能出所位者也”有“能”字,可证。

⑥道:这里作“法则”讲。

⑦生生、形形、声声、色色、味味:前一生、形、声、色、味字,为动词,后一字为名词。

⑧无为:这里系指顺应自然,不勉强地盲目地而为。按照《列子》的意思,达到顺应自然,并且不勉强不盲目而为之境界的,能够成为万物千变万化的基本原因。

⑨玄:黑色而略带红。

⑩羶(shān 山):“膻”的异体字,牛羊的臊气。

【今译】

列子说:“天地没有完备无缺的功效,圣人没有完备无缺的本领,万物没有完备无缺的用途。所以天的职能只是覆育生命,地的职能只是负载万物,圣人的职能只是进行教化,各种事物有各自适宜的职能。正因为如此,天就有它做不到的,地就有它尽其所长之处,圣人就有他的缺陷,事物就有它互相通达的地方。什么原因呢?覆育生命的天不能负载万物,负载万物的地不能进行教化,教化人的圣贤不能违背适宜的各种事物性质,适宜的事物性质又不能超出各自的特定位置。所以天地的法则,不是阴就是阳;圣人的教化,不是仁就是义;万物的性质,不是柔就是刚:这些情况都是依照适宜于各自的性质而且不可能超出它的本性之外的。所以,天地间有生命,有产生生命的生命物质;有形体,有产生形体的形体物质;有声音,有产生声音的声音物质;有颜色,有产生颜色的颜色物质;有滋味,有产生滋味的滋味物质。原已产生生命的物质死亡了,而产生生命的物质并不曾完结;原已产生的形体确定下来了,而产生形体的形体物质并没有显现;原已产生的声音听见了,而产生声音的声音物质没有发出声音;原已产生的颜色明显了,而产生颜色的颜色物质没有显示;原已产生的滋味尝到了,而产生滋味的滋味物质没有呈现:这些情况都是顺应自然不勉强而为的“道”的职能促成的。这“道”,能阴能阳,能柔能刚,能短能长,能圆能方,能生能死,能暑能凉,能浮能沉,能宫能商,能出能没,能玄能黄,能甘能苦,能羶能香。它无知,它无能;然而它无所不知,无所不能。”

【原文】

子列子适卫,食于道,从者见百岁髑髅[①],攓蓬而指[②],顾谓弟子百丰曰:“唯予与彼知而未尝生未尝死也[③]。此过养乎[④]? 此过欢乎? 种有几[⑤]:若鼃为鹑[⑥],得水为𧄔[⑦],得水土之际[⑧],则为鼃蠙之衣[⑨]。生于陵屯[⑩],则为陵舄[⑪]。陵舄得郁栖[⑫],则为乌足[⑬]。乌足之根为蛴螬[⑭],其叶为蝴蝶。蝴蝶胥也[⑮],化而为虫,生灶下,其状若脱[⑯],其名曰鸲掇[⑰],鸲掇千日化而为鸟,其名曰乾余骨[⑱]。乾余骨之沫为斯弥[⑲]。斯弥为食醯颐辂[⑳]。食醯颐辂生乎食醯黄軦[㉑],食醯黄軦生乎九猷[㉒]。九猷生乎瞀芮[㉓],瞀芮生乎腐蠸[㉔],羊肝化为地皋[㉕],马血之为转邻也[㉖],人血之为野火也[㉗]。鹞之为鹯[㉘],鹯之为布谷,布谷久复为鹞也。鷰之为蛤也[㉙],田鼠之为鹑也,朽瓜之为鱼也[㉚],老韭之为苋也。老羭之为猨也[㉛],鱼卵之为虫。亶爰之兽[㉜],自孕而生,曰类[㉝]。河泽之鸟,视而生,曰鶂[㉞]。纯雌其名大䏁[㉟],纯雄其名稺蜂[㊱]。思士不妻而感,思女不夫而孕。后稷生乎巨跡[㊲],伊尹生乎空桑[㊳]。厥昭生乎湿[㊴],醯鸡生乎酒[㊵]。羊奚比乎不荀[㊶],久竹生青宁[㊷],青宁生程[㊸],程生马,马生人。人久入于机[㊹]。万物皆出于机,皆入于机。”

注释

①从者:《庄子·秋水篇》作“从见百岁髑髅”,“者”为衍文。“食于道,从者见百岁髑髅”句,或为“食于道徒(徒通涂),见百岁髑髅。”若句读如此,似通。髑髅(dú lóu 毒楼):骷髅,死人骨架。

②攓(qiān 牵):拔。蓬:草名。

③未尝:不曾。

④过:果然。过,是“果”的假借字。养:古字与“恙”通。俞樾《诸子平议》:“养,当为恙。《尔雅·释诂》:‘恙,忧也。’恙与欢对,犹忧与乐对也。”

⑤几:通“机”,机会、机遇。

⑥鼃(wā 挖):“蛙”的古体字。

⑦𧄔(jì 计):“继”的古体字。植物名,水𧄔,俗称节节草。

⑧际:间,交。

⑨蝇蠙(bìn 斌):一种水草。衣:张湛注:“衣,犹覆盖。”

⑩陵屯:高洁之处。

⑪陵舄(xì 细):草名,即芣苢,又称车前草。

⑫郁栖:肥土。《列子释文》:“郁栖,粪壤也。”

⑬乌足:草名,长于水边。

⑭蛴螬:(qí cáo 其曹):虫名,金龟子幼虫。

⑮胥(xū 须):全,都。

⑯脱(tuì 退):蜕,郭璞注《尔雅》:“脱,谓剥皮也。”

⑰鸲掇(qú duō 瞿多):形体内变化的小虫。

⑱乾余骨:鸟名。

⑲沫:口水。沫,犹精华生起。斯弥:虫名。

⑳食醯(xī 希)颐辂(lù 路):虫名。

㉑食醯黄軦(kuàng 况):虫名。

㉒九猷:虫名。九当作久。久,老也。九猷,老的虫子。

㉓瞀芮(mào ruì 冒锐):一种小虫。

㉔腐蠸(quán 全):瓜中黄甲虫。

㉕地皋(gāo 高):应为“地膏”,又为“地血”,草名。

㉖为转邻:应为“转为邻”。胡怀深《列子张湛注补正》:“‘转’字疑在‘为’字上。‘转为邻’与上文‘化为地皋’对文。”邻:通“燐”。顾胤《汉书集解》:“《说文》作粦,又作粦,皆鬼火也。”今称之为磷火。

㉗野火:磷火,鬼火。

㉘鹯(zhān 沾):鸟名。

㉙鷰(yàn 厌):“燕”的古体字。蛤:(gé 格)蛤蜊,软体动物,生活在近海泥沙中。

㉚朽瓜:腐烂的瓜。

㉛羭(yú 余):黑母羊。猨(yuán 元):“猿”的异体字。

㉜亶爰(chán yuán 禅元):山名。自孕:不与异性相交而孕。

㉝类:兽名。据《山海经・南山经》:“亶爰之山,多水无草木,不可以上,有兽焉,其状如狸而有髦,其名曰类”,自为牝牡相生也。

㉞鶂(yì 义):鸟名。

㉟䙅(yāo 夭):“腰”的古体字。大腰,龟鳖之类。

㊱穉(zhì 智):“稚”的古体字,小也。穉蜂:小蜂。

㊲后稷(jì 计):高辛氏之妃名姜嫄,见大人足迹,好而复踏之,如有所感,遂孕,因生后稷。长而贤,乃为尧佐,即周代之祖。

㊳伊尹:上古伊尹的母亲居住在伊水边上,有孕,梦中神仙告诉她说:臼里冒出水来就立即朝东走去,不要回头!第二天看到臼里冒出水来,她便把情况告诉乡邻们,大家朝东走,走了十里才回头看,家乡全被水淹没了,而伊尹母亲化为内空的桑树。有莘氏女子采摘桑叶,在内空的桑树之中得一婴儿,因而取名叫伊尹,并把伊尹献给君王。君王令厨工哺养。伊尹长大后很贤德,成为殷汤君王的宰相。

㊴厥昭:虫名。

㊵醯鸡:即蠛蠓,一种小飞虫。

㊶羊奚:草名。不荀:竹类植物。荀,筍之误,"笋"的异体字。

㊷久竹:竹类名。青宁:虫名。

㊸程:豹子。《尸子》云:程,中国谓之豹。

㊹人久入于机:久应为"又"。据王叔岷《列子补正》,久,乃"又"之误。

【今译】

列子到卫国去,途中吃饭休息,看见路旁有一具年久的死人枯骨,列子扯去蓬草指着枯骨,回头对弟子百丰说:"唯有我和这具枯骨知道,人不曾生,不曾死。死的果真悲愁吗?生的果真欢乐吗?物种都有一定的机遇:如青蛙变化为鹌鹑,有水变化为𢒼,在水土之间,又变化为覆盖的水草。生长在山岗土堆上,就是芣苢。芣苢得到肥土,变化为乌足。乌足的根变化为金龟子幼虫,乌足的叶子变化为蝴蝶。全部蝴蝶又变化为虫,这些生在灶下,形状像蜕皮的东西,名叫鸲掇虫。鸲掇虫经过三年,变化为鸟,名叫乾余骨。乾余骨的精华变化为斯弥。斯弥变化为食醯颐辂。食醯颐辂生出食醯黄軦,食醯黄軦生出九猷。九猷生出瞀芮,瞀芮生出腐蠸。羊肝变化为地皋,马血转化为磷火,人血成为鬼火。鹞变化为鹯,鹯变化为布谷鸟,布谷鸟历经一段时间又仍变化为鹞。燕子变化为蛤蜊,田鼠变化为鹌鹑。腐烂的瓜变化为鱼,老韭菜变化为苋菜。老黑母羊变化为猿猴,鱼卵变化为虫子。亶爰山的兽自孕而生名叫类。河泽边上的雌雄鸟互相对视而生的鸟叫鶂。纯雌种叫大腰,纯雄种叫稚蜂。传说思幽之国的相思男子不娶妻便能感应,相思女子不嫁便能怀孕。后稷是由于母亲踏了大人的足迹而出生,伊尹是由于母亲梦遇神仙而出生在内空的桑树之中。厥昭产生在湿处,蠛蠓产生在酒气里面。羊奚与不笋混杂生长,老竹子产生青宁,青宁产生豹,豹产生马,马产生人。人经历若干时日又进入不生不死的奥秘状态。万物都从这奥秘的‘机’中产生出来，最后又全都返回到‘机’里去。”

【原文】

《黄帝书》曰：“形动不生形而生影，声动不生声而生响，无动不生无而生有[①]。”形必终者也。天地终乎？与我偕终[②]。终进乎不知也[③]。道终乎本无始，进乎本不久[④]。有生则复于不生，有形则复于无形。不生者[⑤]，非本不生者也；无形者[⑥]，非本无形者也。生者，理之必终者也。终者不得不终，亦如生者之不得不生。而欲恒其生，画其终[⑦]，惑于数也[⑧]。精神者，天之分；骨骸者，地之分。属天清而散，属地浊而聚。精神离形，各归其真[⑨]，故谓之鬼。鬼，归也，归其真宅[⑩]。黄帝曰：“精神入其门[⑪]，骨骸反其根[⑫]，我尚何存？”

注释

①无动不生无而生有：有之成为有，即万物之所以形成一种客观存在，是依靠“无”才出现的；而万物运转通达的功能，必须依赖于“无”。无动，并不是不动的意思，而是指“无”（实际为“道”）的运动。

②与我偕终：天地万物同自身一块儿终结。同归于一块终结，表明万物从根本上说没有什么差别。

③进：通“尽”。张湛注：“进，当为尽。”

④久：当为“有”。

⑤不生者：这里系指先有其生，然后这生达于死灭。

⑥无形者：这里系指先有其形，然后这形便离散不存。

⑦画：截止，停止，终止。《论语·雍也》：“力不足者，中道而废，今女画。”

⑧数：这里指事物的理数、法则。

⑨真：本原，本性，这里指“道”。《庄子·秋水》：“谨守而勿失，是谓反其真。”

⑩真宅：太虚之域，道家谓人去世后的真正归宿。

⑪门：门户，即老子所说的“玄牝之门”。

⑫根：根本，即“道”。

【今译】

《黄帝书》上说：“形体活动不产生形体而产生影子，声音击动不产生声音而产生回响，‘无’进行运动不产生‘无’而产生‘有’。”形体，必然地终结。天地终结吗？天地与我一块儿终结。这种终结有止期吗？不知道。“道”说它终结却原来就没有开始，说它穷尽无形却原来就并没有存在。有生命的存在将复归于没有生命以前的状态，有形体的事物将复归于没有形体以前的状态。没有生命的东西，不是原本就没有生命的；没有形体的东西，不是原本就没有形体的。生命，按照自然法则必然要终结。终结的生命不能不终结，正如生命的诞生不能不诞生一样。要想让生命永远存在下去，不让生命终结，那是对自然法则的不理解。精神这东西，是天所具有的；形体这东西，是地所具有的。属于天的精神清盈而离散，属于地的形体浑浊而聚集。精神与形体二者互相分离，便各自归回到太虚，所以称这种情况为“鬼”。鬼的原意，其实就是回归太虚之境。黄帝说：“精神进入到玄牝之门，骨骸返回到根原上，个体的形骸和精神还留存什么呢？”

【原文】

人自生至终，大化有四：婴孩也，少壮也，老耄也[①]，死亡也。其在婴孩，气专志一，和之至也；物不伤焉，德莫加焉。其在少壮，则血气飘溢，欲虑充起，物所攻焉，德故衰焉。其在老耄，则欲虑柔焉，体将休焉，物莫先焉；虽未及婴孩之全，方于少壮，间矣[②]。其在死亡也，则之于息焉[③]，反其极矣[④]。

注释

①耄（máo 矛）：年老。《礼记·曲礼上》：“八十、九十曰耄。”

②间：通“闲”，安，息。

③之：指代生命形体。

④极：尽处，这里指“道”之所在。

【今译】

人从出生到死亡，有四个大的变化阶段：婴孩，少壮，老耄，死亡。婴孩阶段，神气专注心志一贯，身心最为和谐；外物不能伤害他，德行达于理想境界。少壮阶段，血气从体内漂溢而出，欲念充盈于体内；外物便加以侵害，德行因此减退。老耄阶段，欲念不强，体力将休息，外物不可能引诱他了；虽然达不到婴孩身心完善的程度，比之于少壮阶段，平稳多了。死亡阶段，人的形体已经安息，返回到了该去的极尽之处。

【原文】

孔子游于太山[①]，见荣启期行乎郕之野[②]，鹿裘带索[③]，鼓琴而歌。孔子问曰："先生所以乐，何也？"对曰："吾乐甚多。天生万物，唯人为贵。而吾得为人，是一乐也。男女之别，男尊女卑，故以男为贵，吾既得为男矣，是二乐也。人生有不见日月不免襁褓者[④]，吾既已行年九十矣，是三乐也。贫者士之常也，死者人之终也，处常得终，当何忧哉？"孔子曰："善乎？能自宽者也。"

注释

①太山：即泰山，在今山东境内。

②荣启期：据传为春秋时的隐士。《淮南子·主术训》："夫荣启期一弹而孔子三日乐感于和"，即此荣启期。郕（chéng 成）：古地名，在今山东宁阳县东北。

③鹿裘：鹿皮衣服。带索：用绳子作腰带。

④不见日月：指婴儿在母腹中夭亡。不免襁褓（qiǎng bǎo 抢保）：不免于襁褓中夭亡。襁褓：婴儿的包被。

【今译】

孔子游览泰山，见到荣启期在郕地的郊外行走，身上穿着粗制鹿皮衣服，腰上系着绳索带子，弹着琴唱着歌。孔子问道："先生这样地快乐，为着什么呢？"答道："我快乐的内容很多。老天生育万物，在这万物中只有人最高贵。而我自己得以成为人，是头一件快乐。人群中有男女的区别，男的尊贵女的卑贱，因而以男的为珍贵，我已经是一个男人了，这便是第二件快乐。有的人在母腹里没有见到日月而夭折，有的难免死于襁褓之中，我现在已经九十岁了，这是第三件快乐。贫穷是读书人的普遍现象，死亡是一般人的必然归宿，我时常处于读书人的贫穷境地之中，等待着死亡这必然归宿的来到，现在会有什么忧愁烦扰呢？"孔子说："好啊！他是能够自我宽慰的人。"

【原文】

林类年且百岁[①]，底春被裘[②]，拾遗穗于故畦，并歌并进。孔子适卫，望之于野。顾谓弟子曰："彼叟可与言者，试往讯之！"子贡请行[③]。逆之垅端，面之而叹曰："先生曾不悔乎，而行歌拾穗？"林类行不留，歌不辍。子贡叩之[④]，不已，乃仰而应，曰："吾何悔邪？"子贡曰："先生少不勤行，长不竞时，老无妻子，死期将至，亦有何乐，而拾穗行歌乎？"林类笑曰："吾之所以为乐，人皆有之，而反以为忧。少不勤行，长不竞时，故能寿若此。老无妻子，死期将至，故乐若此。"子贡曰："寿者人之情[⑤]，死者人之恶。子以死为乐，何也？"林类曰："死之与生，一往一反。故死于是者，安知不生于彼[⑥]？故吾知其不相若矣，吾又安知营营而求生非惑乎[⑦]？亦又安知吾今之死不愈昔之生乎？"子贡闻之，不喻其意，还以告夫子。夫子曰："吾知其可与言，果然；然彼得之而不尽者也。"

注释

①林类：春秋时的隐士。

②底：尽头。底春：春末。被（pī 批）：即"披"。

③子贡：姓端木，名赐，经商曹、鲁（今山东一带）间，富至千金。孔子的得意学生。

④叩：叩问之意，即恭敬地询问。

⑤情：常情，这里作欲望讲。

⑥死于是者，安知不生于彼：梁章钜《退菴随笔》："轮回之说，盖出于此。"

⑦营营：苦于谋求的样子。

【今译】

林类将近百岁，正值春末，披着皮衣，在田地里拾取余剩的谷穗，一边唱着歌，一边往前走。孔子到卫国去，在田野一看到林类在那儿，便回头对弟子说："那拾穗的老头儿可以去与他谈一谈，看谁去试着请问他！"子贡请求让他去。在田头迎着林类，向林类叹口气，说："您老曾经后悔过吗？这样大的年纪还唱着歌捡拾谷穗？"林类不停地往前走，歌声也没有停止下来。子贡再三地恭敬询问，老人才抬头答应，说："我有什么可以后悔的呢？"子贡说："您少年时期不勤奋不努力，长大以后也不在社会上进取，年纪老了没有妻室儿女，临近于死期了，还有什么值得快乐乃至一边拾穗一边唱歌前行呢？"林类笑了笑说："我之所以感到非常快乐，人人都可以和我一样，但是他们反而以为我的这种行为是忧愁。少年不奋发，长大不竞取，正因为这样我才能够长寿到今天。老来无妻室子女，死期将要到了，正因为这样我才快活到这种程度。”子贡说：“长寿是人们的愿望，死亡人们普遍厌恶。您老却以死为快乐，什么原因呢？”林类说：“死亡与生存，正像一来一往这样。所以知道死在这里，又怎么会不知道生在那里呢？而我能够知道死与生互不相同，我又怎么知道苦苦追求长生的人不会感到困惑呢？而且又怎么知道我今天之死去不比以往诞生更好呢？”子贡听了这番话，不理解它的涵义，回来告诉孔子。孔子说：“我知道那老头子可以跟他谈一谈，果然值得；但是，他所掌握的事理并没有讲得更透彻。”

【原文】

子贡倦于学，告仲尼曰①：“愿有所息。”仲尼曰：“生无所息。”子贡曰：“然则赐息无所乎？”仲尼曰：“有焉耳，望其圹②，睪如也③，宰如也④，坟如也，鬲如也⑤，则知所息矣。”子贡曰：“大哉死乎！君子息焉，小人伏焉⑥。”仲尼曰：“赐！汝知之矣。人胥知生之乐，未知生之苦；知老之惫，未知老之佚；知死之恶，未知死之息也。晏子曰⑦：‘善哉，古之有死也！仁者息焉，不仁者伏焉。’死也者，德之徼也⑧。古者谓死人为归人。夫言死人为归人，则生人为行人矣。行而不知归，失家者也。一人失家，一世非之；天下失家，莫知非焉⑨。有人去乡土，离六亲⑩，废家业，游于四方而不归者，何人哉？世必谓之为狂荡之人矣。又有人钟贤世⑪，矜巧能，修名誉，夸张于世，而不知已者，亦何人哉？世必以为智谋之士。此二者胥失者也。而世与一不与一⑫，唯圣人知所与，知所去。”

注释

①仲尼：孔子的字。

②圹（kuàng 况）：墓穴。

③睪（gāo 高）：高貌。

④宰：坟墓。

⑤鬲（lì 利）：古代的炊具，形状像鼎。

⑥伏：躺下，有轻蔑之意。

⑦晏子：春秋时齐国（在今山东一带）大夫。字仲平，夷维（山东高密）人。后

任齐卿,历仕灵公、庄公、景公三世。在齐有改革政绩。世传《晏子春秋》,是战国时人搜集有关他的言行编辑而成。

⑧德:通“得”。徼(jiào 叫):归。《列子释文》:“德者,得也。徼者,归也。言各得其所归。”

⑨“一人失家”四句:据杨伯峻《列子集释》:“今《晏子春秋·内谏上》云:晏子曰,‘昔者上帝以人之没为善,仁者息焉,不仁者伏焉。’《列子》所引亦仅此三句。第一句文稍变者,古人引书原不拘本文也。玩处度(张湛字)此注,似以莫知非焉以上皆晏子语,故注列此下,而评谓假托,不知晏子实有此语,处度未尝见《晏子》书耳。”

⑩六亲:父、母、兄、弟、妻、子。

⑪钟:专心,专重。贤世:贤德的世道,开明的社会。

⑫与:认为,称许,赐予。一:前“一”字,指智谋之士;后“一”字,指狂荡之人。

【今译】

子贡厌倦于学习,便报告孔子,说:“我很想休息一会儿。”孔子说:“人生本来就没有什么休息。”子贡说:“那么,学生我就没有休息的地方了吗?”孔子说:“有的是休息地方。你看那墓穴,土垒得高高的,圆鼓鼓的,坟堆一样,同倒着的鼎罐差不多,那就知道是你休息的去处了。”子贡说:“天呀,这是死亡呢!君子在那里安息,小人在那里躺着。”孔子说:“赐!你算明白它了。人们都知道活着的快乐,不知道活着的痛苦;知道老时的疲乏,不知道老时的安适;知道死亡的可厌,不知道死亡的安息。晏子说过:‘太好了,自古就有死亡!死亡以后,仁者安息,不仁者躺着。’死亡是人们得到了应有的归宿。古时候人们称呼死人叫归人。说死人是归人,那么活人就叫做行人了。游荡在外不知道归返,是抛离家庭。一个人抛离家庭,全社会都责怪他;而全社会都抛离家庭,反而不知道这是不对的。有人离开乡土、告别六亲、废弃家业、浪迹四方而不回归,这是什么样的人呢?社会上必然称之为狂荡的人。又有的人想尽力于他所理想的社会,觉得自己灵巧能干,争名誉争地位,在社会上无休止地炫耀自己,这又是什么样的人呢?社会上必然以为他是智谋之士。这两种人,全都做得不对。而社会上却认为‘智谋之士’是对的,‘狂荡的人’不对,看来只有圣人知道称赞什么,否定什么。”

【原文】

或谓子列子曰："子奚贵虚[1]？"列子曰："虚者无贵也[2]。"子列子曰："非其名也，莫如静，莫如虚。静也虚也，得其居矣；取也与也，失其所矣。事之破碗[3]，而后有舞仁义者，弗能复也。"

注释

①虚：无，静。《吕氏春秋·审分览·不二》："子列子贵虚。"

②无贵：倘若能把"有"和"无"都忘掉，心境十分虚静，那么贵名、贱名这些纷争扰攘，就将不可能产生出来，因此才说"无贵"。

③碗（huǐ 悔）：同"毁"。

【今译】

有人对列子说："您为什么特别看重'虚'呢？"列子说："本来就虚了，也就没有什么可看重的。"列子又说："把名称否定，还不如保持静，保持虚。静和虚，得到适宜的位置；争取和给予，都丧失适宜的位置。事物已被毁坏了才舞弄仁义进行解释，不可能保持事物的原来面貌了。"

【原文】

粥熊曰[1]："运转亡已[2]，天地密移，畴觉之哉[3]？故物损于彼者盈于此，成于此者亏于彼。损盈成亏，随世随死[4]。往来相接，间不可省[5]，畴觉之哉？凡一气不顿进[6]，一形不顿亏，亦不觉其成，不觉其亏。亦如人自世至老，貌色智态，亡日不异；皮肤爪发，随世随落，非婴孩时有停而不易也。间不可觉，俟至后知。"

注释

①粥（yù 玉）熊：即鬻熊，尊称为鬻子。周代楚的祖先，相传曾做过周文王的老师，封于楚。有今本《鬻子》一卷，宋代以后以为是伪书。《四库全书提要》认为《鬻子》系唐以来好事之流，依仿贾谊所引，撰为赝本。《汉书·艺文志》记载道家《鬻子说》二十二篇，又小说家《鬻子说》十九篇。

②亡（wú 吾）：无。

③畴（chóu 仇）觉：感觉。

④世（shēng 升）：生。

⑤间(jiàn贱):间隙。省:觉,悟。

⑥气:这里指阴阳对转形成的元气。顿进:增长,突变。

【今译】

鬻熊说:"万物运动变化不会停止,天地在秘密地移动,谁感觉到了呢?所以事物在那里亏损可以在这里充盈,在这里完成可以在那里消耗。亏损、充盈、完成、消耗,随时生长随时消亡。前进后退互相连接,运动转接的间隙搞不清楚,谁能感觉得到呢?元气并不是突然变化的,形体并不是突然消耗的,也就不感到元气已经完成,不感到形体已经消耗。正像人一样,从降生到年老,面貌、肤色、神智、体态,没有哪一天不在改变;皮肤、指甲、毛发,随时生长随时脱落,并不是在婴孩阶段就开始停顿下来而不改变,变化发展的情形谁也感觉不到,只有等到后来出现结果才知道,实际上是在不停地变化发展。"

【原文】

杞国有人[①],忧天地崩坠,身亡所寄,废寝食者。又有忧彼之所忧者,因往晓之,曰:"天积气耳,亡处亡气。若屈伸呼吸,终日在天中行止,奈何忧崩坠乎?"其人曰:"天果积气,日月星宿不当坠邪[②]?"晓之者曰:"日月星宿,亦积气中之有光耀者,只使坠亦不能有所中伤。"其人曰:"奈地坏何?"晓者曰:"地积块耳,充塞四虚,亡处亡块。若躇步跐蹈[③],终日在地上行止,奈何忧其坏?"其人舍然大喜[④],晓之者亦舍然大喜。长庐子闻而笑之曰[⑤]:"虹蜺也[⑥],云雾也,风雨也,四时也,此积气之成乎天者也。山岳也,河海也;金石也,火木也,此积形之成乎地者也。知积气也,知积块也,奚谓不坏?夫天地空中之一细物,有中之最巨者[⑦]。难终难穷,此固然矣;难测难识,此固然矣。忧其坏者,诚为大远[⑧];言其不坏者,亦为未是。天地不得不坏,则会归于坏。遇其坏时,奚为不忧哉?"子列子闻而笑曰:"言天地坏者亦谬,言天地不坏者亦谬。坏与不坏,吾所不能知也。虽然,彼一也,此一也[⑨]。故生不知死,死不知生;来不知去,去不知来。坏与不坏,吾何容心哉[⑩]?"

注释

①杞国:周朝时分封的诸侯国,都城雍丘,在今河南杞县。姒姓。相传开国君主为夏禹后裔东楼公。公元前445年为楚所灭。

②宿(xiù 秀):古代天文学家把天上某些星的集合体叫做宿,如二十八宿。

③躇(chú 除):同“踱”。步:行。跐(cǐ 此):踩。蹈:跳。《列子释文》:躇步跐蹈,“四字皆践踏之貌。”

④舍(shì 是):即“释”。

⑤长庐子:《列子释文》:长庐子,作长卢子。“《史记》云,‘楚有长卢子。’《汉书》云,‘长卢子著书九篇,属道家流。’”长庐子,战国时楚人。

⑥蜺(ní 尼):今作“霓”。

⑦有:这里指客观存在之物。

⑧大(tài 泰):同“太”。

⑨彼一也,此一也:彼“一”,指的是说天地不会崩坠的人;此“一”,指的是忧天地崩坠的人。

⑩容心:存心,搁置在心头。

【今译】

杞国有人担心天塌地陷,自身没有安全居住的地方,乃至于睡不稳吃不进。又有为那个人的担心而担心的人,因此前去劝慰他,说:“天,是气聚积起来的,没有任何地方没有气。你弯腰伸体,呼气吸气,整日都在天里活动。为何担心天会崩坠呢?”那人说:“天当真是气聚积的,日月星宿不会坠落吗?”劝慰的人说:“日月星宿,仍然是气聚积的,只不过是气中有光耀的东西,即使坠落,也不可能对人有所损伤。”那人说:“地塌陷下去怎么办呢?”劝慰的人说:“地是土石聚积起来的,四面八方的空虚之处都有土石充塞,无处不有土石。你踱步、行走、脚踏、跳跃,整天都在地上活动,为何担心地会塌陷下去呢?”那人放下了思想包袱,非常高兴;劝慰的人也如释重负,非常高兴。长庐子听了这件事,笑着说:“虹霓呀,云雾呀,风雨呀,四季呀,这些都是气聚积而形成天的。山岳呀,河海呀,金石呀,火木呀,这些都是有形的物体聚积而形成地的。既然懂得天是聚积的气,地是聚积的土石,哪里会有不坏的天地呢?天地,是无限空间的细微物体,是有限空间的最大物体。对于天地人们难以看透,难以穷尽,本来就是这样;难以推测,难以认识,同样地本来就是这样。担心它会毁坏,实在是忧虑得太过分了；说它不会毁坏，也并不对。天地不能不坏，到头来总归要坏。遇到它坏的时候，岂有不忧的？”列子听后，笑着说：“说天地会坏的，荒谬；说天地不会坏的，同样荒谬。天地坏与不坏，我们不可能知道，既然不知道，那么不会坏是如此，会坏还是如此。所以，生不知道死，死不知道生；现在不知道未来，未来不知道现在。坏还是不坏的问题，我们何须老在心头悬挂着呢？”

【原文】

舜问乎烝曰[①]：“道可得而有乎？”曰：“汝身非汝有也，汝何得有夫道？”舜曰：“吾身非吾有，孰有之哉？”曰：“是天地之委形也[②]。生非汝有，是天地之委和也。性命非汝有，是天地之委顺也。孙子非汝有[③]，是天地之委蜕也[④]。故行不知所往，处不知所持，食不知所以。天地，强阳气也[⑤]，又胡可得而有邪？”

注释

①舜：传说中父系氏族社会后期部落联盟领袖。姚姓，称姚舜，又称虞舜。烝（chéng 成）：通“丞”，帝王的辅弼。皮锡瑞《今文尚书考证》：“烝，当作丞。”《列子释文》：“烝，谓辅弼，疑丞之官。”

②委：托付。俞樾《诸子平议》：“天地之委形，谓天地所付属之形也。”

③孙子：应为“子孙”。

④委蜕（tuì 退）：委，托付；蜕，蛇、蝉等脱皮更新。引伸为传宗接代。

⑤强阳：刚实，引伸为运动不息。

【今译】

舜问他的大丞，说：“‘道’，可以得到并占有吗？”大丞回答说：“您的身体不能由您占有，您哪里还能得到并占有‘道’呢？”舜说：“我的身体都不由我占有，那么是谁占有我的身体呢？”回答说：“您的身体是天地所赋予的形体。诞生不为您所占有，是天地所赋予的和气而诞生。性命不为您所占有，是天地所赋予的顺气而有性命。子孙不为您所占有，是天地所赋予的蜕变而有子孙。所以行走缺乏目标，居住没有定准，吃喝不知何物。天地不停地运动，全因为‘气’，那么，‘道’又哪里能够得到并占有呢？”

【原文】

齐之国氏大富，宋之向氏大贫[①]；自宋之齐，请其术。国氏告之曰："吾善为盗。始吾为盗也，一年而给，二年而足，三年大壤[②]。自此以往，施及州闾[③]。"向氏大喜，喻其为盗之言，而不喻其为盗之道，遂踰垣凿室[④]，手目所及，亡不探也。未及时，以赃获罪，没其先居之财[⑤]。向氏以国氏之谬己也[⑥]，往而怨之。国氏曰："若为盗若何[⑦]？"向氏言其状。国氏曰："嘻！若失为盗之道至此乎？今将告若矣。吾闻天有时，地有利。吾盗天地之时利，云雨之滂润[⑧]，山泽之产育，以生吾禾，殖吾稼，筑吾垣，建吾舍。陆盗禽兽，水盗鱼鼈[⑨]，亡非盗也。夫禾稼、土木、禽兽、鱼鼈，皆天之所生，岂吾之所有？然吾盗天而亡殃。夫金玉珍宝谷帛财货，人之所聚，岂天之所与？若盗之而获罪，孰怨哉？"向氏大惑，以为国氏之重罔己也[⑩]，过东郭先生问焉[⑪]。东郭先生曰："若一身庸非盗乎？盗阴阳之和，以成若生，载若形，况外物而非盗哉？诚然，天地万物不相离也；认而有之，皆惑也。国氏之盗，公道也[⑫]，故亡殃；若之盗，私心也，故得罪。有公私者，亦盗也；亡公私者，亦盗也。公公私私[⑬]，天地之德。知天地之德者，孰为盗邪？孰为不盗邪？"

注释

①宋：古国名，在今河南一带。

②壤：即"穰（ráng 瓤）"，丰盛。

③施：给予（恩惠）。州闾：乡里邻居。

④垣（yuán 原）：墙。

⑤先居：先前储存（的钱财）。居（zhù 住），贮存。俞樾《诸子平议》："居犹蓄也，谓其先所蓄之财。"

⑥谬：悖谬，违背。这里作"欺骗"讲。

⑦若为盗若何：前一"若"字，指你（代词）；后一"若"字，虚词，表疑问。

⑧滂润：雨水滋润。

⑨鼈（biē 憋）："鳖"的异体字，甲鱼。

⑩重：再次。罔（wǎng 往）：蒙蔽。

⑪东郭先生：东郭为复姓，名重，春秋齐国人，著名隐士，世人尊为"先生"，故通称"东郭先生"。

⑫公道：公众的共同的道德规范。

⑬公公私私：前一“公”、“私”，作动词用，后一“公”、“私”作名词用，意即为公和为私。

【今译】

齐国的国氏非常富裕，宋国的向氏非常贫穷。向氏从宋国来到齐国，请求国氏讲致富的方法。国氏告诉他，说：“我擅长偷盗。开始进行偷盗，得到的东西一年自给，二年有余，三年阔绰。此后，便把东西救济街坊邻里。”向氏听了非常高兴，但只听到了偷盗的言辞，并不理解“偷盗”的道理，于是翻墙凿室，手触及的眼看到的，无不拿走。时间没有多久，因为查出赃物而获罪，把他原先积累下来的财物统统没收。向氏认为国氏欺骗了自己，便去责怪他。国氏说：“你怎样进行偷盗呢？”向氏讲了自己偷盗的实际情况。国氏说：“嘻！你不懂偷盗的道理到这种惊人的地步！现在我将要告诉你。我听说天有四季，地有物产。我偷盗的是天地的四季和物产，云雨的滋润，山泽的成果，用这些来让我的稻禾生长，让我的庄稼繁盛，筑上我的土墙，建起我的房屋。陆地上我偷盗飞禽走兽，水里面我偷盗鱼虾龟鳖，没有什么我不偷盗。禾稼、土木、禽兽、鱼鳖，都是天生的，我哪里能占有呢？不过，我偷盗天生的这些东西并不会发生祸殃。而金玉珍宝，谷帛财货，是别人聚积的，难道是天上掉下来的吗？你偷盗别人的这些东西而获罪，责怪谁呢？”向氏听了更加糊涂，以为国氏又一次蒙蔽自己，便到东郭先生那里去请教。东郭先生说：“你全身哪一处不是偷盗得的呢？偷盗阴阳交汇的和气促成你诞生，构成你的形体；况且身外的事物哪一件不是偷盗得的呢？当然，天地万物互不分离；把万物认作私有，完全是糊涂想法。国氏偷盗的道理，是公理认可的，所以不会受到祸殃；你偷盗的道理，是私心的表现，所以造成罪过。无论公认的偷盗道理，还是私心表现的偷盗道理，都是偷盗的道理；不分清公盗私盗，仍然叫偷盗。不论为公为私，都是天地所占有，(个人并无所得)。知道天地占有万物，还论什么谁是偷盗，谁不是偷盗呢？”

黄帝

第二

【题解】

本篇基本内容为：一、是为了让人们应理处顺，决不能任情背道，只有这样，才能所适常通，否则遇物斯滞。二、在方法上讲究忘形养神。就是说，形体不受外物支配，不为外物牵累，元神专一，处于虚静状态，达到利害全消的境界，常通才成为可能。三、贯穿全文的要旨就是从“斋心服形”到“孔、墨济人”。“斋心”，是说纯净内心；“服形”，是说让形体诚服。“斋心服形”，就是内心与形体统一，保持纯净无为状态。目的在于“济人”，这就是孔、墨——圣贤的作为。从对身心的要求，到“济人”的精神旨归，是全文始终贯彻的思想主线。

值得重视、极有深意之处是19则寓言故事。可分为四类：第一类，着重从人的精神总体上提出要求——顺应自然，物我两忘，如《列子师老商》等；第二类，着重从方法论上讲述怎样体验“道”并掌握“道”，如《梁鸯饲虎》等；第三类，着重从保性全真方面说明不能乱其性，失其真，这样才可能做到“至言去言，至为无为”，达到“应理处顺，所适常通”的理想境界，如《赵襄子狩猎》等；第四类，着重从行为法则和行为目的方面进行揭示，根本法则是自我省悟，自我解脱，目的在于都像圣贤一样，“四境之内皆得其利”，如《惠盎见宋康王》等。

【原文】

黄帝即位十有五年，喜天下戴己[1]，养正命[2]，娱耳目，供鼻口，燋然肌色皯黣[3]，昏然五情爽惑[4]。又十有五年，忧天下之不治，竭聪明，进智力，营百姓，燋然肌色皯黣，昏然五情爽惑。黄帝乃喟然叹曰："朕之过淫矣[5]。养一己其患如此，治万物其患如此。"于是放万机，舍宫寝，去直侍，徹钟悬，减厨膳，退而间居大庭之馆[6]，斋心服形[7]，三月不亲政事。昼寝而梦，游于华胥氏之国[8]。华胥氏之国在弇州之西[9]，台州之北[10]，不知斯齐国几千万里；盖非舟车足力之所及，神游而已[11]。其国无帅长，自然而已。其民无嗜欲，自然而已。不知乐生，不知恶死，故无夭殇；不知亲己，不知疏物，故无爱憎；不知背逆，不知向顺，故无利害；都无所爱惜[12]，都无所畏忌。入水不溺，入火不热。斫挞无伤痛[13]，指擿无痟痒[14]。乘空如履实，寝虚若处床。云雾不硋其视[15]，雷霆不乱其听，美恶不滑其心[16]，山谷不踬其步[17]，神行而已。黄帝既悟，怡然自得，召天老、力牧、太山稽[18]，告之曰："朕闲居三月，斋心服形，思有以养身治物之道，弗获其术。疲而睡，所梦若此。今知至道不可以情求矣。朕知之矣！朕得之矣！而不能以告若矣。"又二十有八年[19]，天下大治，几若华胥氏之国，而帝登假[20]，百姓号之，二百余年不辍[21]。

注释

①戴：拥戴，爱戴。

②正：通"性"，性命。俞樾《诸子平议》："正当为生。古字生与性通。"

③燋然：脸上呈黑黄色。皯黣（gǎn měi 敢美）：脸上呈焦黑色。燋然与皯黣，均形容面部憔悴，肤色难看。

④五情：指眼、耳、鼻、舌、身五根；由根生情，谓之五情。此为佛教名词。亦指喜、怒、哀、乐、怨。爽：违背，不合。

⑤朕（zhèn 镇）：秦代以前称"我"或"我的"为朕，自秦始皇起专用作皇帝的自称。淫：过度，极深。

⑥间（xián 贤）居：闲居。大庭：大廷，古时的外廷。馆：接待宾客的房舍。

⑦斋心：素心，表示内心不受俗物污染。服形：伏体，表示全身诚服。

⑧华胥氏之国：神话传说中的国名。人们称梦境也常呼之为华胥氏之国。

⑨弇（yǎn 眼）州：古地名。

⑩台州：古地名。《淮南子·地形训》："正西曰弇州，西北曰台州。"

⑪神游：精神恍惚，不行而至。

⑫惜:应为"憎"之误。据王重民《列子校释》:"惜,当作憎字之误也。上文云不知亲己,不知疏物,故无爱憎,此正承以为说。若作惜,由非其义矣。"

⑬斫挞(zhuó tà 浊踏):刀砍鞭打。

⑭擿(tī 踢):搔。痟(xiāo 消):酸疼。

⑮硋(ài 爱):"碍"的异体字,阻碍。

⑯滑(gǔ 古):通"汩"。《庄子·齐物论》:"置其滑涽。"成玄英注:"滑,乱也。"

⑰踬(zhì 至):绊倒,阻滞。

⑱天老、力牧、太山稽:人名,相传此三人均为黄帝臣相。

⑲二十有八年:关于此年数,尚有几种说法。《路史后记》五注引作"四十八年";《艺文类聚·后集》二一引作"二十有九年";《列子集释》:"一本作三十有八年。"取"二十有八年"说。

⑳假(xiá 霞):通"遐",幽远。登假:成仙远去。

㉑辍(chuò 绰):停止。

【今译】

黄帝即位十五年,高兴的是四方百姓都拥戴自己,于是开始注意保养性命,听美声,看美色,嗅美气,吃美食,反而肤色黑黄,形容憔悴,头脑昏乱,五情迷惑。又过十五年,担心国家未能治理,便竭尽听力视力,尽其智慧力量,管理好百姓,却仍然肤色黑黄,形容憔悴,头脑昏乱,五情迷惑。黄帝于是长叹,说:"朕的过失太深重了。只保养个人,出现的祸患是这样,想管理好百姓,出现的祸患也是这样。"于是,抛开纷繁的政务,离开宫殿里的寝堂,除去直接的侍从,撤消悬挂的钟乐,减省厨工膳食,从朝廷退下来闲居在宾馆里,内心纯静,身体诚服,三个月不过问政事。白天做了一个梦,漫游到华胥氏之国。华胥氏之国在弇州西面,台州北面,不知道距离中国有几千几万里;不是船车和行走能去得到的,神游才能达到罢了。这个国家不设首领、官位,听其自然而已;这里的百姓没有嗜好和欲望,听其自然而已。人们不知道生的欢乐,不知道死的厌恶,所以婴儿和青少年没有夭折和死亡;不知道爱护自己,不知道疏远别人,所以没有爱憎;不知道违背迕逆,不知道趋向顺从,所以没有利害;全都没有什么爱憎,全都没有什么畏忌。入水不被淹,入火不被烧。刀砍鞭打没有伤痛感觉,指爪搔刺没有酸痒感觉。飞腾空中如脚踏实地,睡在虚处如睡在床上。云雾障碍不了视线，雷霆扰乱不了听觉，美的恶的迷惑不了内心，山丘深谷阻滞不了脚步，这不过是精神在运行罢了。黄帝梦醒了，怡然自得，召集天老、力牧、太山稽，向他们说："朕闲居一段时间，内心纯静，身体诚服，考虑的是保养身体管好百姓的办法，结果方法没有得到。疲倦而睡下，所梦见的情形就像上面这个样子。今天我知道了，最好的办法是不可能用五情去祈求而获得的。我知道这最好的办法了啊！我掌握这最好的办法了啊！但是，我却不可能告诉你们。"又过二十八年，国家大治，差不多同华胥氏之国一样，而黄帝却仙逝了，百姓因此恸哭，两百多年恸哭不绝。

【原文】

列姑射山在海河洲中①，山上有神人焉，吸风饮露，不食五谷；心如渊泉②，形如处女③，不偎不爱④，仙圣为之臣；不畏不怒⑤，愿悫为之使⑥；不施不惠，而物自足；不聚不敛，而已无愆⑦。阴阳常调，日月常明，四时常若⑧，风雨常均，字育常时⑨，年谷常丰；而土无札伤⑩，人无夭恶⑪，物无疵疠⑫，鬼无灵响焉⑬。

注释

①列姑射(yè 业)山：传说中的山名。《山海经·海内北经》："列姑射在海河州中。"郭璞注："山名也。山有神人。河州在海中，河水所经者。《庄子》所谓藐姑射之山也。"今人袁珂《山海经校注》："《东次二经》云：'姑射之山，无草木，多水。又南水行三百里，流沙百里，曰北姑射之山，无草木，多石。又南三百里，曰南姑射之山，无草木，多火。'即此，所谓列姑射也。"袁又注云："《庄子·逍遥游》云：'藐姑射之山，有神人居焉，肌肤若冰雪，绰约若处子，不食五谷，吸风饮露，乘云气，御飞龙，而游于四海之外，其神凝，使物不疵疠而年谷熟。'……则藐姑射之山亦即列姑射(山)也。"海河洲：郭璞云："河州(洲)在海中，河水所经者。"

②渊：此处应释为"深"。心如渊泉：比喻内心如深泉一样，幽深、静寂。

③处女：未夫之少女。

④偎：亲爱。《山海经·海内经》："偎人爱人。"郭璞注："偎亦爱也。"

⑤畏：通"威"。张湛注："畏，威也。"

⑥愿悫(què 确)：本分，老实。

⑦愆(qiān 千)：通"蹇"，这里作局促、贫乏讲。

⑧若：顺也。

⑨字育：生育，养育。《山海经·中山经》："服之不字。"郭璞注："字，生也。"

⑩札（jié 洁）：瘟疫。《周礼·春官·大宗伯》："以荒礼哀凶札。"郑玄注："札，读为截，谓疫疠。"札伤：遭瘟疫而死亡。

⑪夭恶：夭折，早死。

⑫疵（cī）疠：病疫。

⑬灵响：灵验。

【今译】

列姑射山在海河洲之中，山上居住有神人，吸风饮露，不食五谷；内心像深泉，形貌像处女，不亲不爱，仙人圣者都作他的臣仆；不威不怒，本分之人愿为他服务；不授人恩惠，不对人施舍，食用都能自足；不聚敛财富，并不感到贫乏。阴阳时常调和，日月时常光明，四季时常顺调，风雨时常均匀，育养时常合时，五谷时常丰收；而乡土没有瘟疫，百姓没有早逝，万物没有灾害，鬼怪没有作祟。

【原文】

列子师老商氏[①]，友伯高子[②]，进二子之道[③]，乘风而归[④]。尹生闻之[⑤]，从列子居，数月不省舍。因间请蕲其术者[⑥]，十反而十不告。尹生怼而请辞[⑦]，列子又不命。尹生退数月，意不已，又往从之。列子曰："汝何去来之频？"尹生曰："曩章戴有请于子[⑧]，子不我告，固有憾于子。今复脱然[⑨]，是以又来。"列子曰："曩吾以汝为达，今汝之鄙至此乎。姬[⑩]！将告汝所学于夫子者矣。自吾之事夫子友若人也[⑪]，三年之后，心不敢念是非，口不敢言利害，始得夫子一眄而已[⑫]。五年之后，心庚念是非[⑬]，口庚言利害，夫子始一解颜而笑。七年之后，从心之所念，庚无是非；从口之所言，庚无利害，夫子始一引吾并席而坐。九年之后，横心之所念[⑭]，横口之所言，亦不知我之是非利害欤，亦不知彼之是非利害欤；亦不知夫子之为我师，若人之为我友：内外进矣。而后眼如耳，耳如鼻，鼻如口，无不同也。心凝形释，骨肉都融；不觉形之所倚，足之所履，随风东西，犹木叶干壳[⑮]。竟不知风乘我邪？我乘风乎？今女居先生之门，曾未浃时[⑯]，而怼憾者再三。女之片体将气所不受，汝之一节将地所不载[⑰]。履虚乘风，其可几乎[⑱]？"尹生甚怍[⑲]，屏息良久，不敢复言。

注释

①老商氏：人名，列子的老师，一说疑为壶丘子林。

②伯高子：人名，列子的友人，疑为伯昏瞀人。

③道：这里指"道术"或"法术"。

④乘风而归：旧说列子可驾风行走。《庄子》："列子御风而行，冷然善也，旬有五日而返，盖神人也。"

⑤尹生：尹氏书生，亦即章戴。

⑥蕲(qí 其)：通"祈"，祈求。

⑦怼(duì 队)：怨恨。

⑧曩(nǎng 囊上声)：以前，过去。

⑨脱然：洒脱轻快的样子。尹生怨恨已消，故有"脱然"之感。

⑩姬：通"居"，坐下或住下。

⑪若人：这里指伯高子。

⑫眄(miàn 面)：斜着眼看。

⑬庚(gēng 更)：通"更"。

⑭横：放纵，不受拘束。

⑮干(gān 甘)：枯干，不湿。

⑯未浃(jiá 颊)时：这里指时间不久。浃：同"匝"，环绕一周，如"浃日"为十日。

⑰将：作副词"且"讲。《列子集释》："将，且也。"

⑱几(jì 季)：通"冀"，希望。

⑲怍(zuò 坐)：惭愧。

【今译】

列子拜老商氏为师，同伯高子结交为友；完全学到了二位的道术，乘风驾云返回。尹生听说列子归来，便跟随列子居住，几个月尹生都不回家探望。乘便向列子祈求道术，祈求了十次，列子十次都没有向他传授。尹生感到有些怨恨，请求离开这里，而列子又不表示什么态度。尹生回家几个月，心想不能就此罢休，又去跟从列子。列子说："你为什么去来这样频繁呢？"尹生说："以往我章戴来向您学习，您不向我传授，确实心里对你不满意。现在又同以往一样地轻松，所以再到您这里来。"列子说："以往我认为你明白通达，现在却感到你鄙陋到这种程度呀。坐下！我想传授你我怎样向先生学习道术的。从我侍奉先生、结交朋友起，三年过去了，心里不敢存是非观念，口里不敢说利害得失，先生这才对我斜视一下罢了。五年过去了，心里进一步不存是非观念，口里进一步不言利害得失，先生这才开颜对我笑一笑。七年过去了，任由心里怎样思想，进一步不存是非观念；任由口里怎样言谈，进一步不涉及利害得失，先生这才开始让我同他并排坐在一张席子上。九年过去了，放纵心里的思想，放纵口里的言谈，也不知道自己的是非利害，也不知道他人的是非利害；也不知道商老先生是我的老师，伯高子是我的朋友：身内身外完全相通。这以后，眼睛同耳朵的作用一样，耳朵同鼻子的作用一样，鼻子同嘴巴的作用一样，互相之间其作用无不一样。心思凝结，形体消释，骨肉全部融合；不再感到身体有所倚恃，双足有所行走，随风向东或向西，恰如枯叶飘落。这种情况，究竟是风乘我呢？还是我乘风呢？现在你小子在我这里，没有多长时间，再三地表现出不耐烦。你身体的任何部分将不为气所承受，你身体的任何肢节将不为地所载托。想行走在空虚之间，乘风而翱翔，你的这个希望能实现吗？”尹生听了先生的教诲非常羞愧，好久都不敢出口大气，不敢再说什么。

【原文】

列子问关尹曰①：“至人潜行不空②，蹈火不热，行乎万物之上而不慄。请问何以至于此？”关尹曰：“是纯气之守也③，非智巧果敢之列。姬！鱼语女④。凡有貌像声色者⑤，皆物也。物与物何以相远也？夫奚足以至乎先？是色而已。则物之造乎不形，而止乎无所化。夫得是而穷之者焉，得为正焉⑥？彼将处乎不深之度⑦，而藏乎无端之纪⑧，游乎万物之所终始。壹其性⑨，养其气，含其德，以通乎物之所造。夫若是者，其天守全，其神无郤⑩，物奚自入焉？夫醉者之坠于车也，虽疾不死。骨节与人同，而犯害与人异，其神全也。乘亦弗知也，坠亦弗知也。死生惊惧，不入乎其胸，是故遻物而不慴⑪。彼得全于酒，而犹若是，而况得全于天乎？圣人藏于天，故物莫之能伤也。”

注释

①关尹：关，指函谷关；尹，指尹姓，一说名喜，因称关尹喜。曾为函谷关尹，故称“关尹”。关尹，《吕氏春秋·不二》说他“贵清”；《庄子·天下》说他“古之博大真人”，并与老聃并列。其基本思想与老聃一致。《汉书·艺文志》著录《关尹子》

九篇。今本《关尹子》一卷,九篇,据南宋陈振孙《直斋书录题解》,疑为南宋人孙定所依托;《四库提要》指出:或唐五代间方士解文章者所为也。

②至人:道家称道德极其高尚的人为至人。潜行:潜于水中行走。空:《道藏》本、宋徽宗本"空"并作"窒"。

③纯气:这里系指阴阳二气转化生存的纯净调和之气。

④鱼:通"余",我。

⑤色:色字前疑脱一"形"字,此句似应为"凡有貌像声形色者"。因"貌"须具声、形、色三者,尤其不能缺"形"。

⑥为正:应写作"而止",为正乃"而止"之误。俞樾《诸子平议》:"'为正'当作'而止',字之误也。"王重民《列子校释》:"吉府本'为'作'而'。"正:止,阻止之意。

⑦深:通"淫",意为超过限度。

⑧端:绪,发端。纪:规律。

⑨壹其性:意即使性专一。

⑩郤(xì 细):通"隙",空隙。

⑪遌(è 饿):相遇。慴(shè 设):"慑"的异体字,恐惧。

【今译】

列子问关尹:"道德修养极高的人在水中潜行不被窒息,在烈火里面不被烧伤,行走在至高之巅而不战栗。请问,他们怎么会达到这个地步呢?"关尹回答说:"因为保持着纯正之气,并不是智巧果敢之类的原因。坐下来!我说给你听。大凡有形貌声色的,都是'物'。物与物何以会有很大差别呢?何以有的物显出足够的优越性来呢?是形色的缘故罢了。物产生于无形无态,而止息于不再变化。能理解这个道理并深究其妙的人,哪里会掌握了事理又受到阻碍呢?他将处在适宜的限度之中,藏匿在循环往复的纲纪里,运动于万物的始末。其性专一,涵养元气,保持德操,以此来通达事物的形成。像这样的人,他的天性完美,他的神气不亏,外物怎么可能侵扰他呢?酒醉的人从车上跌落下来,虽然身体受到损伤却不丧命。骨骼肢节与其他人相同,但损伤与其他人不相同,原因在于他的神气还完全。乘坐车子他也不知道,跌落下来他也不知道。死生惊惧不再藏于他的心中,所以遇到意外事物就不会害怕。那种因酒醉而得到保全的人尚且如此,而况于天性得到保全的人呢?圣人与天浑然如一,所以外物对他不能伤害。"

【原文】

列御寇为伯昏瞀人射，引之盈贯，措杯水其肘上，发之，镝矢复沓，方矢复寓[①]。当是时也，犹象人也[②]。伯昏瞀人曰："是射之射，非不射之射也。当与汝登高山[③]，履危石，临百仞之渊，若能射乎？"于是瞀人遂登高山，履危石，临百仞之渊，背逡巡[④]，足二分[⑤]，垂在外[⑥]，揖御寇而进之。御寇伏地汗流至踵。伯昏瞀人曰："夫至人者，上窥青天，下潜黄泉，挥斥八极[⑦]，神气不变。今汝怵然有恂目之志[⑧]，尔于中也殆矣夫[⑨]！"

注释

①矢：名动词，这里为射出箭矢。复寓：不断地反复地搭箭射出。方矢复寓：《仲尼第四》云："言善射者，能令后镞中前括，发发相及，矢矢相属。前矢造准，而无绝落。后矢之括犹衔弦，视之若一焉。"这正是"方矢复寓"之意。

②象人：木偶人，或泥塑人。

③当（tǎng 淌）：即"倘"，正如，恰似。

④背：背对着。逡（qūn）巡：徘徊不前。

⑤二分：一半。足二分：脚掌的一半。

⑥垂在外：（脚掌的一半）悬在危崖的外面。

⑦挥斥：放纵，奔放。八极：八方，指东、南、西、北、东南、东北、西南、西北。这里指极远的各地。

⑧恂（shùn 舜）：通"眴"，以目示意。颜师古《汉书》注："眴，动目也。"《庄子·田子方》："今汝怵然有恂目之志，尔于中也殆矣夫。"《释文》："恂，李（颐）又作眴。"何承天《纂文》："吴人呼瞬目为恂目。"

⑨殆：本义为危险，这里引伸为相差得很远。

【今译】

列御寇为伯昏瞀人表演射箭艺术，拉满弓，用一杯水放在肘上，发射，箭矢不断射出，后箭连着前箭。这个时候，列御寇恰像木偶人一样。伯昏瞀人说："这种表演是有心射箭的射箭，并不是无心射箭的射箭。倘若我和你登上高山，踏着危崖，面临百仞深渊，你能射吗？"于是，伯昏瞀人便登上高山，踏着危崖，面临百仞深渊，后退着走去，两脚有一半悬在危崖外边，请御寇走到这里来。御寇趴在地上，冷汗一直流到脚跟。伯昏瞀人说："道德修养极高的人，上可以窥测苍天，下可以潜探黄泉，放纵于八极，神气不会改变。此刻你却那般害怕，眼睛的神色也不对，你对于奥妙的射箭艺术的理解差得太远了！”

【原文】

范氏有子曰子华[1]，善养私名[2]，举国服之；有宠于晋君，不仕而居三卿之右[3]。目所偏视，晋国爵之；口所偏肥[4]，晋国黜之。游其庭者侔于朝[5]。子华使其侠客，以智鄙相攻，彊弱相凌。虽伤破于前，不用介意。终日夜以此为戏乐，国殆成俗[6]。禾生、子伯，范氏之上客，出行经坰外[7]，宿于田更商丘开之舍[8]。中夜，禾生、子伯二人相与言子华之名势，能使存者亡，亡者存；富者贫，贫者富。商丘开先窘于饥寒，潜于牖北听之。因假粮荷畚之子华之门[9]。子华之门徒，皆世族也，缟衣乘轩，缓步阔视。顾见商丘开年老力弱，面目黎黑，衣冠不检[10]，莫不眲之[11]。既而狎侮欺诒[12]，挡拯挨扰[13]，亡所不为。商丘开常无愠容，而诸客之技单[14]，惫于戏笑。遂与商丘开俱乘高台，于众中漫言曰：“有能自投下者赏百金。”众皆竞应。商丘开以为信然，遂先投下，形若飞鸟，扬于地[15]，骪骨无砀[16]。范氏之党以为偶然，未讵怪也。因复指河曲之淫隈曰[17]：“彼中有宝珠，泳可得也。”商丘开复从而泳之，既出，果得珠焉。众昉同疑[18]。子华昉令豫肉食衣帛之次[19]。俄而范氏之藏大火。子华曰：“若能入火取锦者，从所得多少赏若。”商丘开往，无难色，入火往还，埃不漫，身不焦。范氏之党以为有道，乃共谢之曰：“吾不知子之有道而诞子，吾不知子之神人而辱子。子其愚我也，子其聋我也，子其盲我也，敢问其道。”商丘开曰：“吾亡道。虽吾之心亦不知所以。虽然，有一于此，试与子言之。曩子二客之宿吾舍也，闻誉范氏之势，能使存者亡，亡者存；富者贫，贫者富。吾诚之无二心，故不远而来。及来，以子党之言皆实也，唯恐诚之之不至，行之之不及[20]，不知形体之所措，利害之所存也，心一而已。物亡迕者，如斯而已。今昉知子党之诞我，我内藏猜虑，外矜观听，追幸昔日之不焦溺也，怛然内热[21]，惕然震悸矣。水火岂复可近哉？”自此之后，范氏门徒路遇乞儿马医，弗敢辱也，必下车而揖之。宰我闻之[22]，以告仲尼。仲尼曰：“汝弗知乎？夫至信之人，可以感物也。动天地，感鬼神，横六合而无逆者[23]，岂但履危险入水火而已哉？商丘开信伪物犹不逆，况彼我皆诚哉？小子识之[24]！”

注释

①范氏:春秋时晋国的豪族大姓氏。

②私名:私人之客,即所谓帮忙、帮闲之人;亦称游侠之徒。

③三卿:卿,古代高级长官或爵位的称呼。西周、春秋时,天子、诸侯所属的高级长官都称卿。三卿,这里指韩、赵、魏三卿。右:古时尚右,这里指比“三卿”还高的地位。

④肥(bǐ 比):鄙,坏话,鄙薄。

⑤侔(móu 谋):等列,相等。

⑥殆:几乎。上文“尔于中也殆矣夫”的“殆”,与此义不同。

⑦坰(jiōng):野外。

⑧田更:老农民。更:叟。商丘开:老农民的姓名。

⑨畚(běn 本):蒉笼,这里指草筐之类的容器。

⑩检:约束,检点。

⑪眲(nè 讷):轻视。

⑫诒(dài 代):欺骗。《说文》:“诒,相欺语也。”

⑬攩(huǎng 晃):捶打。拯(pī 批):推打。挨:推。抌(dān 单):击背。

⑭单:通“殚”,尽,完。

⑮扬:通“飏”,轻飏。

⑯硊(huǐ 悔):同“毁”。

⑰河曲:河弯曲处。淫隈:淫,深;隈,一本作隅。淫隈,水深的角落。

⑱昉(fāng 方):通“方”,开初,方才。

⑲豫:即“与”,参与。次:行列。

⑳唯恐诚之之不至,行之之不及:《太平御览》四三〇卷不重“之”字。

㉑怛(dá 达):惊恐。内热:内心焦燥不安。

㉒宰我:春秋末鲁国人,字子我,又称宰我,孔子学生,利口善辩,以言语见长。

㉓六合:指上、下、东、南、西、北,泛指天下或宇宙。

㉔识(zhì 志):通“志”,记住。

【今译】

范家有个儿子叫做子华,喜欢招养游侠,全国都屈服于他;他得到晋王的宠爱,虽无官职而权力比三卿还大。只要他重视的人,晋王就封赐爵位;只要他说不行的人,晋王就废黜。来往于他家的人同上朝廷的人一样多。子华使他的侠客们互相斗智斗勇,强者弱者互相凌辱。尽管在他面前斗得致伤致残,谁都毫不介意。整日整夜他都以此为游戏娱乐,差不多成了全国的风气。禾生、子伯这二人,是范家的上客,一次出外游乐,经过郊野,住宿在老农商丘开的家里。半夜,禾生、子伯两个互相谈到子华的名声权势,他能使生者死,死者生;富者贫,贫者富。商丘开本来受苦于饥寒,此刻悄悄在北窗下偷听。于是趁便借些粮食,肩着筐笼到子华家门前。子华的门徒都是世族出身,穿白绢衣,乘华贵车,踱着方步,眼睛向上。回头见到商丘开年老力弱,面目黎黑,衣冠邋遢,无不加以藐视。随即对他戏弄、侮辱、欺骗、起哄,进而捶打推撞,无所不为。商丘开照样表现出不生气的脸色,而那些门客伎俩使完了,戏嘻嘲笑也嫌累了。于是门客们同商丘开一同登上高台,当众随便说道:"有能够自愿从高台上往下跳的赏赐百金。"大家争着答应。商丘开以为门客的话当真,便抢先跳下去,身体像飞鸟,轻飘落地,肌骨毫无损伤。范家这帮子人认为这太偶然,不足为奇。顺便又指着河湾深水处说:"那里有宝珠,游到水底就能得到。"商丘开又依从他们所说的游到水里,当游出水面时,果然拿到了宝珠。大家才惊讶不已。子华这才叫他参与到吃好的穿好的行列中来。不久,范家仓库发生大火灾。子华说:"你若能进到火中救出锦缎,救出多少全部赏给你。"商丘开走过去,毫无难色,在火中进进出出,火灰不沾身,肌肤烧不焦。范家这帮人以为他有道术,便一齐赔不是,说:"我们不知道您有道术而耍弄您,我们不知道您是一位神仙而侮辱您。您把我们都当成笨蛋,您把我们都当成聋子,您把我们都当成瞎子吧。大胆问一问您所使用的道术。"商丘开说:"我根本就没有道术。虽是我的内心,也不知道何以能做到这一步。即使如此,这里倒有一点,不妨跟您说一说。以往,您的两个门客在我家借宿,听到他们称誉范家的权势,能叫生者死,死者生;富者贫,贫者富。我完全相信毫不怀疑,所以不远而来。来了,以为您这帮子人的话句句当真,生怕相信得不够,做也做不及,不知道身体往哪儿搁,利害在什么地方,专心致志罢了。外物不违背我的心愿,如此罢了。现在才明白是您的这帮子人耍弄我,我内心有所猜虑,外形谨慎地观察聆听,当时幸好不被烧焦淹死,想起来就感到惊恐不安,颤抖震骇。深水烈火哪里还可能再接近呢?"自此以后,范氏门徒在路上遇到乞丐、兽医之类的人,不敢加以侮辱,一定下车致礼。宰我听说这件事,便去告诉仲尼。仲尼说:"你不懂这道理吗?最诚实的人,可以感化万物。动天地,感鬼神,驰骋六合,而没有背逆的，哪里仅只是踏着危险、进入水火而已呢？商丘开连假话都相信尚且不加拒绝，何况我们彼此间全然真诚以待呢？你们好好记住！”

【原文】

周宣王之牧正[①]，有役人梁鸯者，能养野禽兽，委食于园庭之内[②]，虽虎狼雕鹗之类[③]，无不柔驯者。雄雌在前，孳尾成群[④]，异类杂居，不相搏噬也。王虑其术终于其身，令毛丘园传之[⑤]。梁鸯曰："鸯，贱役也，何术以告尔？惧王之谓隐于尔也，且一言我养虎之法。凡顺之则喜，逆之则怒，此有血气者之性也。然喜怒岂妄发哉？皆逆之所犯也。夫食虎者，不敢以生物与之，为其杀之之怒也；不敢以全物与之，为其碎之之怒也。时其饥饱，达其怒心。虎之与人异类，而媚养己者，顺也；故其杀之，逆也。然则吾岂敢逆之使怒哉？亦不顺之使喜也。夫喜之复也必怒，怒之复也常喜，皆不中也。今吾心无逆顺者也，则鸟兽之视吾犹其侪也[⑥]。故游吾园者，不思高林旷泽；寝吾庭者，不愿深山幽谷，理使然也。"

注释

①周宣王：姬靖，西周国王，公元前828—公元前782年在位。牧正：官名，司喂养禽兽职事。

②食（sì 四）：通"饲"，饲养。

③鹗（è 饿）：鱼鹰。

④孳（zī 兹）：繁殖。

⑤毛丘园：人名，姓毛，名丘园。

⑥侪（chái 柴）：同辈，同类。

【今译】

周宣王时的牧正，手下有个人叫做梁鸯，能够饲养野生禽兽，饲养在园院里面，纵然是凶猛的虎、狼、鹏、鹗这类兽禽，无不柔顺驯服。雄的雌的交配在一起，成群地繁殖起来，各种不同的禽兽杂居，互相之间不争斗不咬噬。周宣王想到这高超的饲养技术只到梁鸯就终止了，便叫毛丘园来继承。梁鸯说："我梁鸯是低贱的役夫，有什么技术可以传授给你呢？害怕君王说我对你隐瞒，暂且说一说我饲养老虎的方法。

大凡依顺它就喜欢，违逆它就发怒，这是有血气的动物的性情。但是，喜欢、发怒哪里会无缘无故地产生呢？全是因为违逆它才发怒的。饲养老虎，不敢拿活的动物喂它，怕它把活物咬杀之后而发怒；不敢拿完整的动物喂它，怕它把完整动物撕碎之后而发怒。随时了解它的饥饱，通晓它的怒性。老虎与人异类，而讨好饲养自己的人，是依顺着它的缘故；它故意地咬杀人畜，是违逆着它的缘故。既然如此，我哪里敢于违逆它而使它发怒呢？不过也不一定完全依顺它而使它喜欢。因为老是喜欢就必然发怒，老是发怒也常常喜欢，这两种情况都不适当。现在我心头不存在违逆和依顺的想法，那么禽兽对待我，犹如对待它的同伴那样。所以在我园中游乐的禽兽，不想逃往森林大湖；在我园中栖息的禽兽，不思恋深山幽谷，是顺其物理而使这些禽兽变成这个样子的。”

【原文】

颜回问乎仲尼曰[①]：“吾尝济乎觞深之渊矣[②]，津人操舟若神[③]。吾问焉，曰：‘操舟可学邪？’曰：‘可。能游者可教也，善游者数能[④]。乃若夫没人[⑤]，则未尝见舟而谡操之者也[⑥]。’吾问焉而不告。敢问何谓也？”仲尼曰：‘譆！吾与若玩其文也久矣[⑦]，而未达其实，而固且道与。能游者可教也，轻水也；善游者之数能也，忘水也。乃若夫没人之未尝见舟也而谡操之也，彼视渊若陵，视舟之覆犹其车却也[⑧]。覆却万物方陈乎前，而不得入其舍[⑨]，恶往而不暇[⑩]？以瓦抠者巧[⑪]，以钩抠者惮，以黄金抠者惛[⑫]。巧一也，而有所矜则重外也[⑬]。凡重外者拙内[⑭]。”

注释

①颜回：人名，孔子学生，以德行见称，后人誉之为“复圣”。

②济：渡。觞（shāng 商）深：如酒杯形状的深湖。觞，酒杯。

③津人：摆渡的船夫。

④数：天数，本能。

⑤没人：能潜水的人，或善于游泳的人。

⑥谡：当“起来”讲。

⑦譆（yī 衣）：叹词，与“噫”、“唉”同。玩：体会，欣赏。

⑧却：后退。

⑨舍：这里指内心。

⑩恶(wū 巫):通“无”。

⑪抠(kōu):这里系指一种游戏或赌博。《列子释文》:“抠,探也,以手藏物探而取之曰抠,亦曰藏弧。”

⑫惛(hūn 昏):昏乱,迷糊。

⑬矜:注重,慎重。

⑭拱:当作“拙”。

【今译】

颜回请问孔子:“我曾经渡过一个像杯子形状的深渊,摆渡的人划船极其神妙。我问他:‘划船可以学会吗?’他回答:‘可以。会游泳的人可以教,善于游泳的人原本就能划船。至于能潜水的人,虽然没有见过船,但一有船就能划起来。’我问他是什么道理,他不再说下去。敢问先生,这是为什么呢?”孔子说:“唉!我与你研习文章的道理很久了,而未能达到用事实验证的地步,所以姑且说说。能游泳的人可以教他划船,因为他能轻浮于水上;善于游泳的人原本就能够划船,因为他游在水上似乎忘了有水一般。至于善于潜水的人虽然没有看见船只,一旦见到了也能划起来,因为他把深渊看成是行走的小山,把翻船看成是车子后退。万物翻转、倒退正出现在他面前他都不放在心上,怎么不会无往而不从容自如呢?用瓦片博戏的必有技巧,用银钩博戏的必然顾虑,用黄金博戏的必然昏乱。博戏的技巧一样,人们都有所慎重,这是因为重视身外之物。凡是重视身外之物的人,内心就笨拙。”

【原文】

孔子观于吕梁[①],悬水三十仞,流沫三十里,鼋鼍鱼鳖之所不能游也[②]。见一丈夫游之,以为有苦而欲死者也,使弟子并流而承之[③]。数百步而出,被发行歌,而游于棠行[④]。孔子从而问之曰:“吕梁悬水三十仞,流沫三十里,鼋鼍鱼鳖所不能游,向吾见子道之[⑤],以为有苦而欲死者也,使弟子并流而承子。子出而被发行歌,吾以子为鬼也。察子则人也。请问蹈水有道乎?”曰:“亡,吾无道。吾始乎故,长乎性,成乎命,与齎俱入[⑥],与汩偕出[⑦],从水之道而不为私焉,此吾所以道之也。”孔子曰:“何谓始乎故,长乎性,成乎命也?”曰:“吾生于陵安于陵,故也[8];长于水而安于水,性也;不知吾所以然而然,命也。”

注释

①吕梁:指齐、鲁间的“吕梁”,在山东泗水一带,非山西之吕梁山。梁,系指河梁。《尔雅·释水》:“石绝水曰梁。”即石头或石崖堵断水流之处就叫梁。《列子·说符第八》:“孔子自卫反鲁,息驾乎河梁而观焉。”吕梁、河梁同为一地。郦道元《水经注》:“泗水过吕县南,水上有石梁,谓之吕梁”,即此篇之“吕梁”。

②鼋(yuán 元):亦称鼋鱼,即鳖。鼍(tuó 驼):学名扬子鳄,通称猪婆龙。鳖(biē 瘪):甲鱼或团鱼,有的地方亦称为鼋。

③并(bàng 傍):靠近。承(zhěng 整):通“拯”。救出溺水者称为“承”(拯)。《方言》:“出溺水为承。”

④棠行:即为塘下。张湛注:“棠,当作塘;行,当作下。”

⑤道:通“蹈”,踏也,踩也。张湛注:“道,当为蹈。”

⑥赍(qí 齐):通“齐”。漩涡中心如磨石一样回转。《列子释文》:“齐,洄水如磨齐也。”

⑦汩(gǔ 鼓):水流的样子。

⑧故:犹“素”,即从来如此,从不变故之意。

【今译】

孔子在吕梁游览,瀑布高悬三十仞,流沫三十里,鼋鼍鱼鳖都不能游到这里,却看见一位男子在游泳。孔子以为他是因痛苦而来投水寻死的,便叫弟子顺流拯救他。几百步开外那人冒出水面,披着散发,边行边歌,游逛在水塘下边。孔子跟上去问他:“吕梁瀑布高悬三十仞,流沫三十里,鼋鼍鱼鳖都不能游到这里,刚才我见你踩进水中,以为因痛苦而来投水寻死,叫弟子顺流将你拯救起来。你游出水面并且披发边行边歌,我以为你是鬼哩。仔细一看,是人。请问你行于水中有道术吗?”男子说:“不,我没有道术。我只不过开始就有游泳的素质,随着习性变化而发展,成功于自己的命运,同漩涡一块儿进入水中,同流水一块儿涌出,顺依水的特性而不自以为是,这就是我之所以能游泳的‘道术’了。”孔子说:“什么叫‘始乎故,长乎性,成乎命’呢?”男子说:“我出生在山陵里而安于山陵,平素就这样;成长在水里而安于水,习性养成这样;不知道我何以能游泳而善于游泳,命运注定这样罢了。”

【原文】

仲尼适楚，出于林中，见痀偻者承蜩[1]，犹掇之也[2]。仲尼曰："子巧乎！有道邪？"曰："我有道也。五六月累垸二而不坠[3]，则失者锱铢[4]；累三而不坠，则失者十一；累五而不坠，犹掇之也。吾处也若厥株驹[5]，吾执臂若槁木之枝[6]。虽天地之大，万物之多，而唯蜩翼之知。吾不反不侧，不以万物易蜩之翼，何为而不得？"孔子顾谓弟子曰："用志不分[7]，乃凝于神。其痀偻丈人之谓乎！"丈人曰："汝逢衣徒也[8]，亦何知问是乎？修汝所以[9]，而后载言其上[10]。"

注释

①痀偻（gōu lǚ 沟屡）：腰背弓曲。偻，即"偻"。承蜩（tiáo 条）：接住鸣蝉。承，接着；蜩，蝉。

②掇（duō 多）：拾取。

③垸（huán 环）：即"丸"。

④锱铢（zī zhū 资朱）：锱，古代重量单位，一两的四分之一；铢，古代重量单位，一两的二十四分之一。锱铢，这里指极少极少。

⑤吾处也：疑"处"字后脱一"身"字，应为"吾处身也"，以与下文"吾执臂"对言。《释文》与《庄子·达生篇》均有"身"字。厥株驹：厥，竖立；株驹，枯树木。

⑥吾执臂若槁木之枝：若字前脱一"也"字。王叔岷《列子补正》指出，"执臂"下当有"也"字，乃与上文句法（"吾处身也"）一律。《庄子·达生篇》有"也"字。

⑦分：散开。

⑧逢衣徒：穿着长衣大袖的儒家之徒（儒生）。逢衣：孙诒让《札迻》："逢衣，即礼经侈袂之衣。"《周礼·司服》郑注："士之衣袂皆二尺二寸而属幅，其袪尺二寸，大夫以上侈之。侈之者，盖半而益一焉。半而益一，则其袂三尺三寸，袪尺八寸。"

⑨修：治理。

⑩载：即"再"。

【今译】

孔子去楚国，途中从树林里走出来，见到一位驼背老人在空中接住鸣蝉，好像在地上拾起东西一样地容易。孔子说："你太灵巧了！有什么窍门道术吗？"老人回答说："我有窍门道术。五六月间我练习把两颗泥丸放在竹竿端顶上不让其下坠，那么捉蝉而失败的次数就很少；叠累三颗泥丸不让其下坠，那么捉蝉十次只有次把失败；叠累五颗不下坠，就像在地下拾取鸣蝉一样。我控制自己的身体，让它像一截竖立着的树木，纹丝不动。我伸出手臂，让它像枯木那样，挺直不摇。虽然天地广大，万物繁多，我只知道要捉住蝉翼这一件事。我不想别的，也不看别的，不让任何事物代替我对蝉翼的专注，哪里还会捉不住蝉呢？”孔子回头对学生说：“使用心志而不分散，神情的凝聚就达于奇境了。这大概就是驼背老人说话的意思吧！”老人说：“您是穿宽衣大袖的读书人，又何以要问捉蝉的事情呢？治一治您那些学问道理，然后再把我说的这些话记录下来。”

【原文】

海上之人有好沤鸟者[①]，每旦之海上，从沤鸟游，沤鸟之至者百住而不止[②]。其父曰：“吾闻沤鸟皆从汝游，汝取来吾玩之。”明日之海上，沤鸟舞而不下也。故曰：至言去言，至为无为[③]；齐智之所知[④]，则浅矣。

注释

①沤：水鸮，即海鸥。

②住：通“数”。百住：百数，一百多数目。张湛注：“住，当作数。”

③至言去言，至为无为：古代成语，意思是：最精妙的语言是不用语言，最高尚的行为是不用作为。

④齐：这里作“限定”讲。

【今译】

海边有位喜好鸥鸟的人，每天早上都到海上去，随同鸥鸟玩乐，鸥鸟在他身边以百数计还不止。他的父亲对他说：“我听说鸥鸟都随同你玩乐，你抓几只来，让我也玩乐玩乐。”次日，他去到海上，鸥鸟全都在空中飞舞，没有一只飞到他身边来。所以说：最精妙的语言是不用语言，最高尚的行为是不用作为；把自己的智慧才能限制起来，就显得浅薄了。

【原文】

赵襄子率徒十万[①]，狩于中山，藉芿燔林[②]，扇赫百里[③]。有一人从石壁中出，随烟烬上下，众谓鬼物。火过，徐行而出，若无所经涉者。襄子怪而留之，徐而察之：形色七窍，人也；气息音声，人也。问奚道而处石？奚道而入火？其人曰：“奚物而谓石？奚物而谓火？”襄子曰：“而向之所出者，石也；而向之所涉者，火也。”其人曰：“不知也。”魏文侯闻之[4]，问子夏曰：“彼何人哉？”子夏曰：“以商所闻夫子之言，和者大同于物[5]，物无得伤阂者[6]，游金石，蹈水火，皆可也。”文侯曰：“吾子奚不为之？”子夏曰：“刳心去智[7]，商未之能。虽然，试语之有暇矣。”文侯曰：“夫子奚不为之？”子夏曰：“夫子能之而能不为者也。”文侯大说[8]。

注释

①赵襄子：春秋末年晋国正卿，姓赵，名无邺。

②藉：践踏。芿（réng 仍）：乱草。燔（fán 凡）：焚烧。

③赫：威势很大的样子。

④魏文侯：魏斯，战国初魏国的创始人。晚年奖励耕战，支持变法，魏国日益强大，称雄诸侯。

⑤商：子夏，名商，春秋末晋国人。魏文侯对子夏待以师礼。

⑥伤阂（hé 核）：隔阂，阻碍。

⑦刳（kū 枯）：剖开，剔除。

⑧说：悦。

【今译】

赵襄子率领十万之众在中山狩猎，人们践踏乱草，烧毁林木，火势延绵百里。有一个人从石壁中出来，随着烟火灰烬的升腾上下窜动，大家以为这是鬼物。火势过去，他慢慢地走出来，好像从未涉历过烟火石壁一样。襄子感到奇怪，把他留下来，细致地看他：形貌肤色口鼻七窍，完全是人；呼吸语音，也完全是人。问他，用什么法术而能居住在石壁里面？用什么法术而能在火中不受伤害？那人说：“哪样东西称为石？哪样东西称为火？”襄子说：“你刚才出来的地方，叫做石；你刚才涉过的，叫做火。”那人说：“我不懂。”魏文侯听说这件事，就请问子夏：“那是个什么人呀？”子夏回答说：“我曾经听孔老先生说过，中和柔顺的人能够与外物完全同一，而外物不可能伤害他，行走在金属石壁间，蹈入水火里，都办得到。”文侯说：“我尊敬的先生，你为什么不这样做呢?”子夏说:“剔除心思,去掉理智,我做不到。不过,试着说说这些道理还是充裕的。”文侯说:“孔老先生为什么不这样做呢?”子夏说:“他当然做得到,尽管做得到,他还是不去做。”文侯非常高兴。

【原文】

有神巫自齐来处于郑[①],命曰季咸[②],知人死生、存亡、祸福、寿夭,期以岁、月、旬、日如神。郑人见之,皆避而走。列子见之而心醉,而归以告壶丘子,曰:“始吾以夫子之道为至矣,则又有至焉者矣。”壶子曰:“吾与汝无其文[③],未既其实,而固得道与?众雌而无雄,而又奚卵焉?而以道与世抗,必信矣夫,故使人得而相汝。尝试与来以予示之。”明日,列子与之见壶子。出而谓列子曰:“嘻!子之先生死矣,弗活矣,不可以旬数矣。吾见怪焉,见湿灰焉[④]。”列子入,涕泣沾襟以告壶子。壶子曰:“向吾示之以地文[⑤],罪乎不诹不止[⑥],是殆见吾杜德几也[⑦]。尝又与来!”明日,又与之见壶子,出而谓列子曰:“幸矣,子之先生遇我也有瘳矣[⑧]。灰然有生矣[⑨],吾见杜权矣[⑩]。”列子入告壶子。壶子曰:“向吾示之以天壤[⑪],名实不入,而机发于踵,此为杜权。是殆见吾善者几也[⑫]。尝又与来!”明日,又与之见壶子,出而谓列子曰:“子之先生,坐不斋[⑬],吾无得而相焉。试斋,将且复相之。”列子入告壶子。壶子曰:“向吾示之以太冲莫眹[⑭],是殆见吾衡气几也[⑮]。鲵旋之潘为渊[⑯],止水之潘为渊,流水之潘为渊,滥水之潘为渊,沃水之潘为渊,氿水之潘为渊[⑰],雍水之潘为渊,汧水之潘为渊[⑱],肥水之潘为渊,是为九渊焉。尝又与来!”明日,又与之见壶子。立未定,自失而走。壶子曰:“追之!”列子追之而不及,反以报壶子,曰:“已灭矣,已失矣,吾不及也。”壶子曰:“向吾示之以未始出吾宗。吾与之虚而猗移[⑲],不知其谁何,因以为茅靡[⑳],因以为波流,故逃也。”然后列子自以为未始学而归,三年不出,为其妻爨[㉑],食豨如食人[㉒],于事无亲,雕瑑复朴[㉓],块然独以其形立,忿然而封戎[㉔],壹以是终[㉕]。

注释

①巫:以舞降神的人。男曰觋,女曰巫。

②季咸:姓季,名咸,春秋郑国人。

③无:这里当作“钻研、学习”讲。俞樾《诸子平议》:“无,当作毋。毋,读为

贯，盖贯毋本字也。”《尔雅·释诂》：“贯，习也。毋其文，言习其文也。”

④湿灰：经水浸湿后的灰，即不能复燃之死灰。喻壶丘子必死，不能复生。

⑤地文：土地的形貌。

⑥罪：这里作“始萌”讲。张湛注：“罪，或作萌。”诶（zhèn 圳）：通“震”。

⑦杜：堵，塞，使不通。德几：生机，机制。几，通“机”。

⑧瘳（chōu 抽）：病愈。

⑨灰：全。张湛注：“灰，或作全。”《列子释文》：“灰，本作全。”

⑩杜权：在闭塞之中有权变或生机。

⑪壤：松疏的泥土。郑玄注《周礼·地官·大司徒》：“壤亦土也。”《说文》：“壤，柔土也。”天壤：天性柔顺和美。

⑫善：向上的生气。《庄子·应帝王》宣颖注：“善，即生意。”几：生机，机枢。

⑬不斋：不整齐。《列子释文》：“斋，作齐。”

⑭太：大。冲：虚，空。朕（zhèn 振）：通“征”，征兆。

⑮衡气几：平衡心气的机制。

⑯潘（pán 盘）：通“蟠”，回旋。

⑰氿（guǐ 轨）水：旁出的水。

⑱汧（qiān 千）水：土中涌出的水。

⑲猗（wēi 威）移：同“委蛇”，委曲地不情愿地随和。

⑳茅靡：茅草顺风而倒。

㉑爨（cuàn 窜）：烧火煮饭。

㉒豨（xī 西）：大猪。

㉓雕瑑（zhuàn 赚）：玉器雕刻显出的花纹。

㉔份（fēn 分）：通“纷”。戎：“哉”字之误。《列子释文》：“戎，作哉。”

㉕壹：专注，专一。壹以是终：守“一”而终。

【今译】

有神巫从齐国来到郑国居住，他的名字叫季咸，能知人的死生、存亡、祸福、寿夭，预告的年、月、旬、日，灵验如神。郑国的人见到他，都避开走掉。列子见到神巫却心中陶醉，回来告诉壶丘子，说：“最初我以为您老先生的道术达到最高境界了，今天又有达到更高境界的人出现。”壶丘子说：“我同你曾经修习过有关的道术，只是尚未验证，你原来的道术掌握了没有呢？全是雌性的，没有一个雄性，哪里能产卵呢？你用道术去与世俗之人比较，世人当然相信了，所以让他可以拿你去看相。你带他来我这里试一试，给我看看相。”第二天，列子带着季咸来见壶丘子，季咸走出来对列子说："唉！你的先生要死了，活不成了，应在十天之内了。我看到了不好的预兆，看到了不可能复燃的湿灰。"列子进屋来，流下的鼻涕眼泪都打湿了衣襟，便把季咸的话告诉壶丘子。壶丘子说："刚才我显示的是地貌现象，尚处于不震不息之际，是因为只见到我的身心机制受阻的方面。你带他来再试一试！"第二天，季咸又见到壶丘子，走出来对列子说："幸运得很，你的先生遇到了我，他的病有救了。全然有活的希望了，我已经看到了身心的机制有了生机了。"列子进屋来告诉壶丘子。壶丘子说："刚才我显示的是柔美和顺的天性，名与实都与之无关，而生机从脚跟萌发，这乃是闭塞中存在的生机。是因为他只看到我处于好的方面的生机。你又带他来试一试！"第二天，季咸又同壶丘子见面，走出来告诉列子说："你的先生坐着显得不安宁，我无法给他相面。请他心神安宁，再给他看看。"列子进屋来告诉壶丘子。壶丘子说："刚才我显示的是没有任何预兆的太虚情况，是因为他只看到平衡心气的机制。鲸鲵回旋之处为深渊，不动的水回旋之处为深渊，流水回旋之处为深渊，泛滥的水回旋之处为深渊，上面流下的水回旋处为深渊，旁边流进的水回旋处为深渊，决出复归的水回旋处为深渊，涌冒出的水回旋处为深渊，不同地方来的水回旋处为深渊，这叫做九种各异的深渊。你又带他来试一试！"第二天，季咸又与壶丘子见面。季咸尚未站稳，觉得惊慌起来，逃出去了。壶丘子说："把他追回来！"列子追赶不上，回来向壶丘子报告，说："已不见影儿了，找不到了，我追赶不上。"壶丘子说："刚才我显示的还未曾达到原始状态。我只是勉强地不真实地加以应付，他根本就不知道我的实际情况，便以为我像茅草那样随风倾倒，便以为像波浪流动那样无法捉摸，所以他只好逃跑了。"自此以后，列子才觉得自己并未开始学到道术，便回到家，闭门三年，为妻子烧火煮饭，喂养肥猪像伺候人一样，不亲近任何事物，虽如玉器曾经雕刻花纹仍然归真返朴，像木头一样独立自己的形骸；同纷繁复杂的万物保持着界限，专心一志，从未改变。

【原文】

子列子之齐，中道而反，遇伯昏瞀人。伯昏瞀人曰："奚方而反？"曰："吾惊焉。""恶乎惊？""吾食于十浆①，而五浆先馈②。"伯昏瞀人曰："若是则汝何为惊已[3]？"曰："夫内诚不解，形谍成光[4]，以外镇人心，使人轻乎贵老，而整其所患[5]。夫浆人特为食羹之货，无多余之赢；其为利也薄，其为权也轻，而犹若是。而况万乘之主[6]，身劳于国，而智尽于事；彼将任我以事，而效我以功，吾是以惊。"伯昏瞀人曰："善哉观乎！汝处已，人将保汝矣。"无几何而往，则户外之屦满矣[7]。伯昏瞀人北面而立，敦杖蹙之乎颐[8]，立有闲[9]，不言而出。宾者以告列子[10]。列子提履徒跣而走[11]，暨乎门[12]，问曰："先生既来，曾不废药乎[13]？"曰："已矣。吾固告汝曰，人将保汝，果保汝矣。非汝能使人保汝，而汝不能使人无汝保也，而焉用之感也？感豫出异。且必有感也，摇而本身[14]，又无谓也。与汝游者，莫汝告也。彼所小言[15]，尽人毒也。莫觉莫悟，何相孰也。"

注释

①十浆：十杯（喻多数，非实指）浆液。这里的"浆"，系指酒浆。"吾食于十浆"的"吾"前，应有一"曰"字。《庄子·列御寇篇》并有"而曰"字，是其证。

②馈（kuì 愧）：赠送。

③惊已：惊恐不息。

④形谍成光：形，形体、形貌；谍，探察、搜集；成光，形成光彩。外形表现得审慎而有光彩。

⑤整（qī 妻）：乱。《庄子·列御寇篇》："而整其所患"，即此。

⑥乘（shèng 胜）：量名词。万乘：指帝位。据周代制度，王畿方千里，能出兵车万乘，此后便因以"万乘"指帝位。

⑦屦（jù 巨）：鞋子。

⑧敦：竖立。蹙（cù 促）：紧迫，收缩。颐（yí 宜）：面颊。

⑨闲：同"间"，一会儿，时辰不长。

⑩宾：为主人引导客人的人。《列子释文》："宾，本作傧，导也。"

⑪跣（xiǎn 险）：赤脚。

⑫暨（jì 记）：到达。

⑬废药：发送药物。《列子解》："废，当为发。"

⑭而本身：而，你；本身，本性。

⑮小言：小巧细言，与大道之言互不相谋。

【今译】

列子去齐国，中途返回来，遇见伯昏瞀人。伯昏瞀人说："为什么刚去就回来呢？”列子说：“我受了惊吓。”伯昏瞀人说：“为什么会受惊吓呢？”列子说：“我到酒店买十杯酒喝，他们却先送我五杯而不要钱。”伯昏瞀人说：“是这么回事，那么你何以会弄得惊慌失措呢？”列子说：“我的内心并不宽松，外貌却审慎，并生出光泽，想以外貌来镇住人心，让人们轻易地对自己尊重，这就招来麻烦，惹出祸患。卖酒的人只为出售酒类货物，获取少量盈利；他的盈利微小，秤头上的斤两轻微，对我还这般慷慨。更不用说万乘国君，为国操劳，竭尽心智；他可能任用我去完成某项任务，而让我做出实际成绩来，所以我被惊吓。”伯昏瞀人说：“你还善于观察事物哩！你回家去，有人将会拥戴你了。”不久，伯昏瞀人去列子家，门口的鞋子摆满了。进屋后伯昏瞀人北向站着，立着拐杖，撑着腮巴，没有一会儿，一句话不说就走出门外。宾者告诉列子。列子慌慌忙忙提着鞋赤着脚赶出来，到了门外，问道：“您老先生既然来了，不曾想到发些治病的药物给我吗？”伯昏瞀人说：“算了吧。我原先就给你说过，人们将拥戴你，果然人们这样做了。并不是你能够使人们拥戴你，而是你不能不使人们拥戴你，这哪里用得着感召呢？感召与这种情况不一样。倘若一定要用感召的办法，那就会动摇你的本性，这就毫无意义了。这些同你交游的人，不可能用道理告诉你。他们说的不过是小巧细言，都是些害人的话。不能觉察，不能省悟，互相之间会有什么好处呢？”

【原文】

杨朱南之沛[①]，老聃西游于秦[②]。邀于郊。至梁而遇老子[③]。老子中道仰天而叹曰：“始以汝为可教，今不可教也。”杨朱不答。至舍，进涫漱巾栉[④]，脱履户外，膝行而前曰：“向者夫子仰天而叹曰：‘始以汝为可教，今不可教。’弟子欲请，夫子辞行不闲，是以不敢。今夫子闲矣，请问其过。”老子曰：“而睢睢，而盱盱[⑤]，而谁与居？大白若辱[⑥]，盛德若不足[⑦]。”杨朱蹴然变容曰[⑧]：“敬闻命矣！”其往也，舍者迎将家[⑨]，公执席[⑩]，妻执巾栉，舍者避席[⑪]，炀者避灶。其反也，舍者与之争席矣。

注释

①沛：沛邑，今江苏省沛县东。

②老聃(dān丹):老子。

③梁:战国时魏之京城,今河南开封。

④涫(guàn冠):即沸,开水。栉(zhì志):梳理。

⑤睢睢(suī虽)盱盱(xū须):放任而仰视的样子。

⑥大白若辱:见《老子》四十一章。辱,通"黷",黑垢。

⑦盛德若不足:《老子》四十一章作"广德若不足"。马叙伦《老子覈诂》以为作"盛"者是。

⑧蹴(cù促):突然。

⑨舍:这里指客舍之家,亦可释为客店主人。下文的"舍者",指旅客。家:这里指旅店。

⑩公:通"恭",恭敬。执席:招呼入坐。

⑪避席:在坐位起立,表示礼貌。

【今译】

杨朱向南去沛地,老聃往西游秦地,都从郊外小路进发。到梁地杨朱遇见老子。老子在路上仰天叹道:"最初以为你可以接受教导,今天看来不可教导了。"杨朱默不作声。来到旅店,杨朱连忙向老子敬上开水,服侍漱口洗脸梳头,把鞋子脱下放在门外,跪着走到老子跟前,说:"刚才您老先生仰天而叹道:'最初以为你可以接受教导,今天看来不可教导了。'学生想请您解释这句话是什么意思,路上匆匆而行,没有空闲,所以当时不敢请教。现在您有空闲了,请问我的过失是什么。"老子说:"你态度放任,你眼光高傲,谁还愿同你在一块儿呢?真正圣洁的似乎有着黑垢,真正有盛德的似乎感到空虚。"杨朱突然脸色大变说:"谨听您的指教!"他去到沛地,旅店老板把他迎请进来,恭敬地安排他的坐位,店老板娘送水送茶,给毛巾给梳子,同旅店的旅客起立让坐,烤火的人让开灶头给他取暖。杨朱从沛地回来,同店旅客知道他已经知过而改,便平等地与他相互坐着。

【原文】

杨朱过宋东之于逆旅[①]。逆旅人有妾二人,其一人美,其一人恶;恶者贵而美者贱。杨子问其故。逆旅小子对曰:"其美者自美,吾不知其美也;其恶者自恶,吾不知其恶也。"杨子曰:"弟子记之!行贤而去自贤之行[②],安往而不爱哉[③]?"

注释

①宋:宋国,战国初建都于彭城(今江苏徐州市)。

②行:心。之行:《韩非子·说林上》,"之行"作"之心"。

③安往而不爱:《韩非子·说林上》作"焉往而不美"。

【今译】

杨朱途经宋国,走到东边一家旅店。旅店主人有两个小老婆,一个长相漂亮,一个长相难看;长相难看的地位尊贵,而长相漂亮的地位低贱。杨朱问这是什么原因。旅店伙计回答说:"那位长相漂亮的,她自认为漂亮,我不知道她何以漂亮;那位长相难看的,她自认为难看,我不知道她何以难看。"杨子说:"学生们记住!做了贤德之事,而抛弃自认为做了贤德之事的心理,不管到哪里,难道会不受到欢迎吗?"

【原文】

天下有常胜之道,有不常胜之道。常胜之道曰柔,常不胜之道曰强。二者亦知[①],而人未之知。故上古之言:强先不己若者[②];柔先出于己者。先不己若者,至于若己,则殆矣。先出于己者,亡所殆矣。以此胜一身若徒[③],以此任天下若徒,谓不胜而自胜,不任而自任也。粥子曰:"欲刚必以柔守之;欲强必以弱保之。积于柔必刚,积于弱必强。观其所积,以知祸福之乡[④]。强胜不若己,至于若己者刚[⑤];柔胜出于己者,其力不可量。"老聃曰:"兵强则灭。木强则折。柔弱者生之徒,坚强者死之徒。"

注释

①亦:易。张湛注:"亦,当作易。"亦知:容易知道。

②先:超过,胜过。先不己若者:胜过不如自己的。

③若徒:像这种情况,如这个道理。《列子集释》引吴闿生《文史甄微稿本》:"若徒,犹言此道也。"

④乡(xiàng 向):通"向",方向,趋势。

⑤刚:通"戕",据吴闿生,"刚"作"戕"。戕,害,这里引伸为折断或亏损。

【今译】

天下有常胜的方法,有不常胜的方法。常胜的方法柔弱,不常胜的方法刚强。二者容易理解，但是人们不去理解它。所以，古代成语说：刚强者，认为客观事物都不能超过自己；柔弱者，则认为客观事物都能超过自己。客观事物不能超过自己，等到客观事物同自己差不多了，那就出现危险了。客观事物原来就超过自己，就不会有什么危险发生。以此使一身获胜只有这个办法，以此应付天下各种事只有这个办法，这就叫不想获胜而自然能获胜，不想应付而自然能应付。粥子说："想刚，必须用柔来守护它；想强，必须用弱来保障它。不断地积柔必定刚，不断地积弱必定强。观察人们所积的是什么，便能知道祸与福的发展趋势。靠强而胜过不如自己的，等到同自己差不多的时候就容易亏损；靠柔而胜过自己的，那种力量不可限量。"老聃说："兵强就完蛋，木强就折断。柔弱的事物属于有发展前途的，坚强的事物属于无发展前途的。"

【原文】

状不必童[①]，而智童；智不必童，而状童。圣人取童智而遗童状，众人近童状而疏童智。状与我童者，近而爱之；状与我异者，疏而畏之。有七尺之骸，手足之异，戴发含齿，倚而趣者，谓之人。而人未必无兽心；虽有兽心，以状而见亲矣。傅翼戴角[②]，分牙布爪，仰飞伏走，谓之禽兽。而禽兽未必无人心；虽有人心，以状而见疏矣。庖牺氏[③]、女娲氏[④]、神农氏[⑤]、夏后氏[⑥]，蛇身人面，牛首虎鼻；此有非人之状，而有大圣之德。夏桀[⑦]、殷纣[⑧]、鲁桓[⑨]、楚穆[⑩]，状貌七窍，皆同于人，而有禽兽之心。而众人守一状以求至智，未可几也。黄帝与炎帝战于阪泉之野[⑪]，帅熊、罴、狼、豹、貙、虎为前驱，鹏、鹖、鹰、鸢为旗帜，此以力使禽兽者也。尧使夔典乐[⑫]，击石拊石[⑬]，百兽率舞；箫韶九成[⑭]，凤皇来仪，此以声致禽兽者也。然则禽兽之心奚为异人？形音与人异，而不知接之之道焉。圣人无所不知，无所不通，故得引而使之焉。禽兽之智有自然与人童者，其齐欲摄生，亦不假智于人也[⑮]。牝牡相偶[⑯]，母子相亲；避平依险，违寒就温；居则有群，行则有列；小者居内，壮者居外；饮则相携，食则鸣群。太古之时，则与人同处，与人并行。帝王之时，始惊骇散乱矣。逮于末世，隐伏逃窜，以避患害。今东方介氏之国[⑰]，其国人数数解六畜之语者[⑱]，盖偏知之所得。太古神圣之人，备知万物情态，悉解异类音声。会而聚之，训而受之，同于人民。故先会鬼神魑魅[19],次达八方人民,末聚禽兽虫蛾[20]。言血气之类,心智不殊远也。神圣知其如此,故其所教训者无所遗逸焉。

注释

①童:通"同"。全段的"童",均释为"同"。

②傅:通"附"。戴:佩戴。傅翼戴角:身上有翅膀,头上长尖角。

③庖牺氏:即伏牺氏,一作伏戏、宓牺,又号牺皇,神话传说中的人物。相传,他和女娲氏兄妹族外相婚,始创嫁娶,并以血缘家族向氏族过渡。

④女娲氏:神话中人类始祖。传说她用黄土造人,并炼五色石补天,折断鳌足支撑四极,治平洪水,杀死猛兽,使人民得以安居。

⑤神农氏:一作烈山氏、厉山氏;一说神农氏即炎帝。神话传说中人物。相传,神农氏发明原始农业,并开始制陶、纺织。

⑥夏后氏:远古部落名,相传禹为领袖。启(禹之子)建立我国历史上第一个朝代,即夏。

⑦夏桀:名履癸。夏朝末代君主,著名的暴君。

⑧殷纣:名受,即帝辛。商朝末代君主,著名的暴君。

⑨鲁桓:即鲁桓公,字子允,春秋时鲁国君主。鲁隐公(桓公之兄)被桓公杀害。桓公妻曾与齐襄公私通,齐襄公杀死桓公。

⑩楚穆:即楚穆王,名商臣,春秋时楚国君王,曾逼死其父楚成王。

⑪黄帝与炎帝战于阪泉之野:此则神话,系《列子》对《吕氏春秋·荡兵篇》《淮南子·兵略篇》《绎史》等书中有关黄帝与炎帝之争斗的只言片语敷衍而写成。以上三种书的行文如下:"兵所自来久矣,黄、炎故用水火矣。""炎帝为火灾,故黄帝禽之。""炎帝者,黄帝同母异父兄弟也,各有天下之半。黄帝行道而炎帝不听,故战于涿鹿之野,血流漂杵。"阪泉:在今河北省涿鹿县境。

⑫尧:名放勋,又称伊祁氏或伊耆氏。传说中陶唐氏部落首领,史称唐尧。曾设天文官,掌管历象。命鲧整治洪水,并推选虞、舜为继位人。一说他晚年势衰,为舜所囚,被迫让位。夔(kuí 葵):人名,相传为尧、舜时的乐官。《吕氏春秋·察传》:"昔者舜欲以乐传教于天下,乃令重黎(人名)举夔于草莽之中而进之,舜以为乐正。夔于是正六律,和五声,以通八风,而天下大服。"典乐:司典、执掌乐律。

⑬石:这里指石乐,即磬一类的乐器。拊:轻轻拍打。

⑭箫韶:即大謦(sháo 韶),相传为舜时的乐舞。周代"六舞"之一,由九段组成,故名"箫韶九成"。

⑮假(xià 下):通"下"。

⑯牝(pìn 聘):雌性的。牡(mǔ 亩):雄性的。

⑰介氏之国:古籍无考,疑为《列子》杜撰。

⑱数数(shuò 朔):数目较多。六畜:马、牛、羊、鸡、犬、豕。

⑲魑魅(chī mèi 痴媚):传说中指山林里能害人的妖怪。

⑳虫蛾:泛指小虫。《尔雅》:“有足曰虫,无足曰蛾。”

【今译】

形状不必相同,而智慧相同;智慧不必相同,而形状相同。圣人选择相同的智慧而抛弃相同的形状,众人亲近相同的形状而疏远相同的智慧。形状跟我相同的,亲近进而喜爱,形状跟我相异的,疏远进而畏惧。有七尺长的身躯,手脚各不相同,披头发含牙齿,能倚靠并能行走的,叫做人。人未必没有兽心;虽然有兽心,因为形状相同现在就与他亲近。附有翅膀,长着头角,有牙有爪,仰飞伏走,叫做禽兽。而禽兽未必没有人心;虽然有人心,因为形状与人不同就与它疏远。庖牺氏、女娲氏、神农氏、夏后氏,蛇身人面,牛头虎鼻;他们有着不同于人的形状,却有大圣的德行。夏桀、殷纣、鲁桓、楚穆,形状相貌耳鼻七窍,都与人完全一样,而有禽兽之心。而众人执著于同一形状去求得极大智慧,不可能有什么希望。黄帝与炎帝战斗在阪泉郊野,率领着熊、罴、狼、豹、貙、虎作为先锋,又以鹏、鹖、鹰、鸢作为旗帜,这种做法是用力量胁迫禽兽。尧让夔掌管乐律,敲击石乐,轻拍石乐,百兽跟着起舞;箫韶舞曲共奏九段,凤凰飞来朝拜,这种做法是用乐曲之声招来禽兽。既然这样,禽兽之心,为什么不同于人呢?它们的形状声音与人不同,便不知道接近它们的办法。圣人无所不知,无所不通,所以能够招引它们和使唤它们。禽兽的智慧有天然与人相同之处,它们全都想求得生存,其智慧也不低于人。雌雄相配,母子相亲;避开平地,依恃险处,离开寒冷,靠拢温暖;居处成群,行走有序;弱小的居内,强壮的居外;饮水就互相照顾,进食就呼唤伙伴。上古时代,禽兽与人一块居处,与人一块行走。到帝王出来的时代,它们才惊恐畏惧四处逃散。到了末世,躲藏逃窜,以避祸害。如今东方介氏之国,那里的人民很多都了解六畜的语言,大概由于偏重这方面的认识才能够具有这种本领。上古神圣之人,全然知道万物情态,全然了解异类声音。叫它们会合,便聚集起来,把他们加以驯练,便承受服从,对待它们像对待人民一样。正因为这样,必先冥会鬼神魑魅,接着致达八方人民,最后聚集禽兽虫蛾。说的就是含有血气的物类,心性智慧不会相差很远。神圣之人知道这种情况，所以他教训的物类就没有遗漏的了。

【原文】

宋有狙公者[①]，爱狙，养之成群，能解狙之意；狙亦得公之心。损其家口，充狙之欲。俄而匮焉，将限其食。恐众狙之不驯于己也，先诳之曰："与若芧[②]，朝三而暮四，足乎？"众狙皆起而怒。俄而曰："与若芧，朝四而暮三，足乎？"众狙皆伏而喜。物之以能鄙相笼[③]，皆犹此也。圣人以智笼群愚，亦犹狙公之以智笼众狙也。名实不亏[④]，使其喜怒哉。

注释

①狙公：养猿猴的人。

②芧（xù 叙）：橡子或栗子。

③能鄙相笼：或作"智鄙相笼"。《列子集释》："疑作'智'者是，下文'以智笼群愚、众狙'正承此而言。"

④名实不亏：《庄子·齐物论》作"名实未亏"。

【今译】

宋国有位狙公，喜爱猴子。养了一大群猴子，他能了解猴子的心意；猴子也晓得他的心意。他节省家里的口粮，充分满足猴子的食欲。不久，家资匮乏，就想限制猴子的吃食。恐怕众猴不受自己驯服，先哄骗说："给你们吃橡子，早上三颗晚上四颗，够了吧？"众猴都蹦起并发怒。不一会，狙公说："给你们吃橡子，早上四颗晚上三颗，够了吧？"众猴都规规矩矩并且很高兴。人与动物之间用智慧互相笼络，都像这种情况。圣人用智慧笼络愚笨的群众，也就像狙公用智慧笼络众猴那样。名义和实质都不损亏，还能使人们或喜或怒地表现自己的性情。

【原文】

纪渻子为周宣王养斗鸡[①]，十日而问鸡可斗已乎？"曰："未也，方虚骄而恃气。"十日又问。曰："未也，犹应影响[②]。"十日又问。曰："未也，犹疾视而盛气。"十日又问。曰："几矣。鸡虽有鸣者，已无变矣。望之似木鸡矣，其德全矣。异鸡无敢应者，反走耳。"

注释

①纪渻(xǐng醒)子：人名，为《列子》所杜撰。周宣王：名姬靖，西周国王，厉王之子，公元前828—公元前782年在位。

②影响：影子，响声。

【今译】

纪渻子为周宣王饲养斗鸡，过了十天，周宣王问道："鸡可以拿去斗了吗？"纪渻子回答说："不行，它正虚张声势和依恃气势。"又过十天，周宣王问。纪渻子回答说："仍然不行，它好像对鸡影鸡叫有了反应。"又过了十天，周宣王又问。纪渻子回答说："仍然不行，它好像仇视而又气足的样子。"又过了十天，周宣王又问。纪渻子回答说："差不多了。来跟它斗的鸡即使鸣叫，它已经不再有不同表现了。看它那样子好像一只木鸡了，德性完全具备了。任何鸡都不敢同它应斗，见到它转身就逃跑了。"

【原文】

惠盎见宋康王[①]。康王蹀足謦欬疾言曰[②]："寡人之所说者[③]，勇有力也，不说为仁义者也。客将何以教寡人？"惠盎对曰："臣有道于此，使人虽勇，刺之不入；虽有力，击之弗中。大王独无意邪？"宋王曰："善，此寡人之所欲闻也。"惠盎曰："夫刺之不入，击之不中，此犹辱也。臣有道于此，使人虽有勇弗敢刺；虽有力弗敢击。夫弗敢，非无其志也。臣有道于此，使人本无其志也。夫无其志也，未有爱利之心也。臣有道于此，使天下丈夫女子，莫不驩然皆欲爱利之[④]。此其贤于勇有力也，四累之上也[⑤]。大王独无意邪？"宋王曰："此寡人之所欲得也。"惠盎对曰："孔、墨是已[⑥]。孔丘、墨翟，无地而为君，无官而为长；天下丈夫女子，莫不延颈举踵而愿安利之。今大王，万乘之主也，诚有其志，则四竟之内[⑦]，皆得其利矣。其贤于孔、墨也远矣。"宋王无以应。惠盎趋而出。宋王谓左右曰："辩矣[⑧]，客之以说服寡人也！"

注释

①惠盎：惠施家族中人。惠施，战国时哲学家，著名的名家人物。惠盎，《淮南子·道应训》作"惠孟"。宋康王：战国时宋国的君王。

②蹀足：顿足。蹀，通“跌”。《列子集释》引吴闿生《文史甄微稿本》：“以蹀为跌。”謦欬（qǐng gài 请概）：咳嗽。

③说（yuè 阅）：通“悦”。

④驩（huān 欢）：同“欢”。

⑤四累：四层意思，即指上文所说，一累勇有力，二累刺之不入、击之不中，三累弗敢刺、弗敢击，四累本无击刺之志。

⑥墨：墨子，名翟，墨家学派创始人，春秋战国之际的哲学家，宋国人，后居鲁国。

⑦竟：通“境”。

⑧辩：能说会道。

【今译】

惠盎进见宋康王。康王顿足、咳嗽，急促地说：“我喜欢的是，勇猛而有力量，不喜欢行仁义那套东西。你准备用什么指教我呢？”惠盎回答说：“我这里有办法，让人即使勇猛，对我刺杀不进；即使有力量，对我打击不中。大王单单对这种办法不在意吗？”宋王说：“好，这恰是我想听的。”惠盎说：“刺我不进，打我不中，这似乎受到侮辱。我这里有种办法，让人即使勇猛，不敢刺我；即使有力量，不敢打我。不敢这样做，不是没有刺我打我的想法。我这里有种办法，让人压根儿就不存在刺和打的想法。不存在刺和打的想法，也并没有爱人利人之心。我这里有种办法，让天下男人女人无不高兴地想到爱你利你。这超过勇猛和力量，还在上面四层意思之上，大王单单对这种办法不在意吗”？宋王说：“这恰恰是我想得到的。”惠盎接着说：“孔子、墨子就是这样的人。孔丘、墨翟不占有土地而尊为君王，没有官爵而为百官尊长；天下男人女人无不翘首踮足而期望安泰和有利于自己。现在，大王为万乘之主，果真有这种想法，那么四境之内都会得到你的益处。比起孔子、墨子，你大大超过他们了。”宋王无法回答。惠盎快步走了。宋王向身边的人说：“能说会道呀，客人的一席话把我说服了！”

周穆王

第 三

【题解】

本篇有以下主要内容：

其一，提出了四个带根本性的哲学范畴："形"、"化"、"梦"、"觉"。机体实际存在形式，就是"形"；物质变换形态，就是"化"；精神与外物交感，就是"梦"；机体与外物接触，就是"觉"。这几个哲学范畴，都是以物质为基础，是由物质决定精神变化的。这证明，本篇具有朴素的唯物观点。

其二，坚持生灭同理、觉梦一途的思想。这仍然沿袭老庄的观点，不足为奇。按照唯物主义的理解，生与灭、觉与梦是不同的；然而，《列子·周穆王》却视为一样，把已有的朴素唯物观点退回到唯心的观点，这又证明，《列子》在世界观上是十分矛盾的。

其三，认为生命及其变化的根本在于"无物"，是生命自化的。这接受的是晋代"独化论"的思想材料。

共有寓言和故事11则，强调这样几项内容：一是事物的变化反复多端，只在"徐疾之间"，不能以一种模式看待；二是自然界深奥莫测，功力深远，不可穷尽，对事物的认识没有止境；三是形神交接，产生梦，产生事，提倡神凝，使梦自消；四是人们习性的形成受到自然的影响，自然条件不同，习性便迥然相异；五是事物之间可以转化，如"苦"可以转化为"逸"，"逸"可以转化为"苦"，"梦"可以转化为"真"，"真"可以转化为“梦”,“好事”可以转化为“坏事”,“坏事”可以转化为“好事”。这些寓言和故事,具有讽刺的锋芒,对于黑暗、丑恶的社会现实作了揭露和批判。

【原文】

周穆王时[1],西极之国,有化人来[2],入水火,贯金石;反山川,移城邑;乘虚不坠,触实不硋[3]。千变万化,不可穷极。既已变物之形,又且易人之虑。穆王敬之若神,事之若君。推路寝以居之[4],引三牲以进之,选女乐以娱之。化人以为王之宫室卑陋而不可处,王之厨馔腥蝼而不可飨[5],王之嫔御膻恶而不可亲。穆王乃为之改筑。土木之功,赭垩之色[6],无遗巧焉。五府为虚[7],而台始成。其高千仞,临终南之上[8],号曰中天之台。简郑、卫之处子娥媌靡曼者[9],施芳泽,正蛾眉,设笄珥[10],衣阿锡[11],曳齐纨[12]。粉白黛黑,佩玉环。杂芷若以满之[13],奏《承云》《六莹》《九韶》《晨露》以乐之[14]。日月献玉衣,旦旦荐玉食。化人犹不舍然,不得已而临之。居亡几何,谒王同游。王执化人之祛[15],腾而上者中天乃止。暨及化人之宫。化人之宫构以金银,络以珠玉;出云雨之上而不知下之据,望之若屯云焉。耳目所观听,鼻口所纳尝,皆非人间之有。王实以为清都、紫微、钧天、广乐[16],帝之所居。王俯而视之,其宫榭若累块积苏焉[17]。王自以居数十年不思其国也。化人复谒王同游,所及之处,仰不见日月,俯不见河海。光影所照,王目眩不能得视;音响所来,王耳乱不能得听。百骸六藏[18],悸而不凝。意迷精丧,请化人求还[19]。化人移之,王若磒虚焉。既寤,所坐犹向者之处,侍御犹向者之人。视其前,则酒未清,肴未昲[20]。王问所从来。左右曰:“王默存耳。”由此穆王自失者三月而复。更问化人。化人曰:“吾与王神游也[21],形奚动哉?且曩之所居,奚异王之宫?曩之所游,奚异王之圃?王闲恒疑暂亡[22]。变化之极,徐疾之间,可尽模哉?”王大悦。不恤国事,不乐臣妾,肆意远游。命驾八骏之乘,右服䮂骝而左绿耳[23],右骖赤骥而左白㯺[24],主车则造父为御[25],𪊨𪊨为右[26],次车之乘,右服渠黄而左踰轮[27],左骖盗骊而右山子,柏夭主车,参百为御,奔戎为右。驰驱千里,至于巨蒐氏之国。巨蒐氏乃献白鹄之血以饮王,具牛马之湩以洗王之足[28],及二乘之人。已饮而行,遂宿于昆仑之阿[29],赤水之阳[30]。别日升昆仑之丘,以观黄帝之宫,而封之[31],以诒后世。遂宾于西王母[32]，觞于瑶池之上[33]。西王母为王谣[34]，王和之，其辞哀焉。乃观日之所入，一日行万里。王乃叹曰："於乎[35]！予一人不盈于德而谐于乐，后世其追数吾过乎！"穆王几神人哉！能穷当身之乐，犹百年乃徂[36]，世以为登假焉[37]。

注释

①周穆王：名姬满，西周国王，昭王之子。据传，他西征犬戎，开辟通向西北的道路。一说穆王西游昆仑之丘，宾于西王母。

②西极：西域，或西胡。化人：有化幻之术(魔术)的人。

③硋(ài 爱)：同"碍"。

④推：让。路寝：天子或诸侯的正室。天子或诸侯有三寝：一为高寝，二为路寝，三为小寝。

⑤厨馔：厨房的食物。腥：如鱼虾等难闻的气味。《周礼·天官·内饔》："腥不可食者。"蝼：蝼蛄，俗称土狗。飨(xiǎng 响)：以酒食款待人，让人享受。

⑥赭垩(zhě è 者遏)：赤褐色和土白色。

⑦五府：指"太府"，掌九贡九职之货贿；"玉府"，掌金玉玩好；"内府"，主良货贿；"外府"，主泉藏；"膳府"，主四时食物者也(见《周礼》)。

⑧终南：终南山，今陕西西安市西南。

⑨简：选。郑：古国名。卫：古国名。处子：美女。靡曼：非常温柔。

⑩笄(jī 基)：古代束发用的簪子。珥：用珠子或玉石做的耳环。

⑪阿：地名。胡怀琛《列子张湛注补正》："阿，谓齐东阿县。"东阿县，在今山东省东阿县境。锡：细布。

⑫曳(yè 业)：拖，牵引。齐纨：齐地细绢。

⑬芷若：香草，即白芷和杜若。

⑭承云、六莹、九韶、晨露：传说中的古乐曲名。张湛注："承云，黄帝乐；六莹，帝喾乐；九韶，舜乐；晨露，汤乐。"

⑮祛(qū 区)：袖口。

⑯清都、紫微：天帝所居之处。钧天、广乐：天上的游乐之处。《列子集释》："传记云：'秦穆公疾不知人，既寤，曰：我之帝所甚乐，与百神游钧天广乐，九奏万舞，不类三代之乐，其声动心。'"

⑰苏：草，这里指柴草。《庄子·天运》："苏者取而爨之而已。"《庄子》释文："苏，草也。取草者得以炊也。"

⑱百骸：人的全部骨节。六藏：六脏，又称六腑，中医称胃、胆、三焦、膀胱、大肠、小肠为六腑。

⑲请化人求还：请求化人，让自己能回帝宫。

⑳昲（fèi 费）：干。《方言》：“昲，干物也。”

㉑神游：身体不行走，精神却外出游览，达到预定目的地。

㉒间：平日习惯。《诗传》：“闲，习也。”

㉓服：《诗经·郑风·大叔于田》：“两服上襄，两骖雁行。”服，一车驾四马，居中的两匹叫服。也泛指驾御。䮸（huá 华）：古“骅”字。䮸骝：骅骝，赤色骖马。绿耳：马名。

㉔骖（cān 餐）：古代指驾在车两旁的马，与“服”相对。白䉨（yì 义）：马名。

㉕主车：车座的主位，居中。王叔岷《列子补正》：“今本捝（脱）一‘王’字是也。惟‘王’字似当在‘主车’上，‘王主’与下文‘柏夭主车’句法一律。”造父：人名，古代传说中擅长驾马的人，为穆王攻徐偃王立功，被赐以赵城。

㉖𦫵𦫤（tài bǐng 太丙）：驾车的人。

㉗渠黄：马名。踰轮：马名。

㉘湩（dòng 洞）：乳汁。

㉙昆仑：即昆仑山，在新疆、西藏和青海境内。阿：山之曲隅。

㉚赤水：水名，系指源于昆仑山的河流，这里为虚拟之河流名。

㉛封：堆积。诒（yì 移）：传，遗留。

㉜西王母：神话中权力极大的皇太后。《山海经·西次三经》：“西王母，其状如人，豹尾虎齿而善啸，蓬发戴胜，是司天之厉及五残。”郭璞注：“主知灾厉五刑残杀之气。”

㉝瑶池：神话传说中昆仑山上的池名，为西王母居住地。

㉞谣：徒歌，即不配乐的民间歌谣。

㉟於（wū 污）乎：叹词，相当于呜呼、哎呀之类。

㊱徂（cú）：同“殂”，死亡。

㊲假（xiá 瑕）：通“暇”。

【今译】

周穆王时，西方最远的国家有个会幻化的人到来，能进到水火之中，能穿过金属石块；能倒转山岳河流，迁移市镇城邑；乘空不坠落，触到实物没有阻碍。千变万化，没有穷尽。不仅能改变物体的形态，而且还能改变人的心思。穆王尊敬侍奉他像神一样，服侍他像君王一样。让出正宫给他居住，拿出猪、羊、牛向他进献，选出歌舞美女供他娱乐。化人以为君王的宫室卑陋不可居处，君王的厨食腥臭土气不可享用，君王的嫔妃侍女膻气很重不可亲近。穆王便为他另外建筑宫室。土木材料出色，涂料色彩美观，工巧到极点，没有任何瑕疵。王府的资财空虚以后，这座楼台的建筑才完成。楼台高达千仞，倚临终南山峰，号称为“中天台”。从郑、卫两国选出美貌温柔的女郎，涂抹香脂，修饰蛾眉，佩戴簪珥，穿上细布，拖着齐纨。脸上擦粉，眉睫染黛，装佩玉环。全身杂戴白芷、杜若香草，演奏《承云》《六莹》《九韶》《晨露》让他欢乐。每日每月进献最好的衣服，天天举荐最好的饮食。化人还觉得难以满足，不得已才到“中天台”去住。没有多久，化人敬请穆王一块儿游玩。穆王牵着化人衣袖，飞腾而上，到半空中才停住。接着来到化人的宫室。化人宫室的建筑材料用的是金银，装饰用的是珠玉；宫室耸立在云雨之上，不知道下面的基础，远看像积云一样陈列。耳听眼见，鼻嗅口尝，全是人间所没有的。穆王确信这是清都、紫微、钧天、广乐，是天帝的住处。穆王俯视下面，自己的那些宫殿台榭不像个样子，同乱堆的柴草差不多。穆王觉得这样住上几十年再也不会思念自己的国家了。化人又敬请穆王一块儿游玩，所到之处，仰望看不见日月，俯视看不见河海。光线照射，穆王眼花缭乱看不真切；音响传来，穆王耳内纷扰听不清楚。全身骨节六脏五腑，惊悸不宁。心意迷糊精神颓丧，请求化人让他回去。化人推他一把，穆王好像从高空中坠落下来。清醒以后，所坐的地方仍然是以前那样，左右侍御仍然是以前的人。看一下面前，酒尚未澄清，菜肴没有变干。穆王问左右的人，我从哪里回来。左右的人说：“大王在这儿静默一会儿罢了。”此后穆王精神失控，三个月以后才又恢复正常。穆王又去问化人。化人说：“我同大王神游，身体哪里挪动过呢？而且，过去居住的地方，哪里跟大王的宫室不同呢？过去游玩的地方，哪里跟大王的花苑不同呢？大王对不变的事物习以为常，一有点变化就疑惑起来。变化是没有终极的，慢与快之间，哪里能够完全按一种模式进行呢？”穆王听了以后，非常高兴。从此不关心国事，不用左右和姬妾取乐，任由心意远游。命令驾上八匹骏马拉的车，右边居中的两匹叫骅骝，而在左边居中的两匹叫绿耳，右边两边的叫赤骥，而左边两边的叫白𦓫，穆王坐在主车座位上，由造父驾驶，𬯎𫛳在右边协助。随从车辆，右边中间两匹马叫渠黄，左边中间两匹马叫踰轮，左边两旁的马叫盗骊，右边的叫山子，柏夭坐在主车位上，由参百驾驶，奔戎在右边协助。驰驱千里，来到巨蒐氏之国。巨蒐氏便献上白天鹅的血液给大王饮用，备好牛马的奶汁拿给大王洗脚，主车和随车里面的人都受到这种礼遇。吃喝完了又往前走，就住宿在昆仑山凹里，赤水河的南边。次日高度升达昆仑山巅，就观赏黄帝的宫室，而且在这里堆起土石，作为让后人知道的标记。接着在西王母处做客，在瑶池上畅饮。西王母为穆王吟诵歌谣，穆王应和，辞调哀婉。看着日头落下，这一天共走了一万里。穆王叹了口气，说："哎唷！我这个人道德还不高尚，却自在地享乐，后代将要追究我的过失呀！"穆王同神仙差不多啊！能享尽在世的欢乐，还活到百岁才去世，人们以为他登上仙境远去了呢。

【原文】

老成子学幻于尹文先生[①]，三年不告。老成子请其过而求退。尹文先生揖而进之于室，屏左右而与之言曰："昔老聃之徂西也，顾而告予曰：有生之气，有形之状，尽幻也。造化之所始，阴阳之所变者，谓之生，谓之死。穷数达变，因形移易者，谓之化，谓之幻。造物者其巧妙[②]，其功深，固难穷难终。因形者其巧显，其功浅，故随起随灭。知幻化之不异生死也，始可与学幻矣。吾与汝亦幻也，奚须学哉？"老成子归，用尹文先生之言，深思三月，遂能存亡自在，憣校四时[③]；冬起雷，夏造冰；飞者走，走者飞。终身不箸其术[④]，故世莫传焉。子列子曰："善为化者，其道密庸[⑤]，其功同人。五帝之德[⑥]，三王之功[⑦]，未必尽智勇之力，或由化而成。孰测之哉？"

注释

①老成子：老成，为复姓；子，为尊称。周代宋国大夫。亦称老成方，或称考成子。尹文：战国时思想家，齐国人。齐宣王向尹文问以人君之事，他答道："大道容众，大德容下，圣人无为而天下治。"与湣王论士，指出"全王之法令"，要在"见侮不计"。其思想在于调和道家与墨家。《汉书·艺文志》列尹文为名家。今有《尹文子》上下篇，多疑为伪作。

②造物者：造化孕育万物的母体。指大自然，亦可指"天道"，即事物的规律。

③憣（fǎn 反）：通"翻"，倒转。校（jiào 教）：即"交"，错杂。憣校：变化错杂。

④箸：通"著"，显豁。

⑤密庸：潜行的作用。密，秘密、潜暗；庸，通"用"，作用。

⑥五帝：指黄帝、颛顼、帝喾、唐尧、虞舜五个帝王。

⑦三王：指夏禹、商汤、周文王三个帝王。

【今译】

老成子向尹文先生学习幻术,达三年之久,尹文先生并不传授。老成子请他指出自己的过错,然后请求退学。尹文先生向他致礼,接着引他到里屋,屏退旁边的人,对他说:“以往老聃西去,回头告诉我说:有生机的气息,有形状的物件,完全是虚幻的。天地自然之开始,阴阳两极之变化,就称之为生,称之为死。气数穷尽,实现变化,随着外形的运动而更换的,就称之为化,称之为幻。天地自然的深微奥妙,它的功力深远,原本就难以追究难以穷尽。依靠形状变化的,它的巧妙外露,它的功力浅薄,所以只能一出现就泯灭。知道幻化与生死没有什么根本不同,才可以开始学习幻化之术。我和你都处于幻化之中,何须学习什么幻化呢?”老成子回家以后,对尹文先生讲的话深入思考三个月,于是能够自由地掌握存亡规律,能够变换春夏秋冬的四时运转。冬天可以让雷鸣,夏天可以造冰雪;只能飞的可以让它能走,只能走的可以让它能飞。老成子一直不外扬自己的幻术,所以社会上没有留传下来。列子说:“善于幻化的人,他的‘道’总是潜在地起作用,功力深长又表面与常人相同。五帝的美德,三王的功业,并不一定都是尽了智慧之能、勇敢之力而成就的,也可能是因为幻化成就的。谁猜得到是什么原因呢?”

【原文】

觉有八征[①],梦有六候[②]。奚谓八征?一曰故,二曰为,三曰得,四曰丧,五曰哀,六曰乐,七曰生,八曰死。此者八征,形所接也。奚谓六候?一曰正梦,二曰蘁梦[③],三曰思梦,四曰寤梦,五曰喜梦,六曰惧梦。此六者[④],神所交也。不识感变之所起者,事至则惑其所由然,识感变之所起者,事至则知其所由然。知其所由然则无所怛。一体之盈虚消息,皆通于天地,应于物类。故阴气壮,则梦涉大水而恐惧;阳气壮,则梦涉大火而燔焫[⑤];阴阳俱壮,则梦生杀。甚饱则梦与,甚饥则梦取。是以以浮虚为疾者,则梦扬;以沈实为疾者[⑥],则梦溺。藉带而寝,则梦蛇;飞鸟衔发,则梦飞。将阴梦火,将疾梦食。饮酒者忧,歌舞者哭[⑦]。子列子曰:“神遇为梦,形接为事。故昼想夜梦,神形所遇。故神凝者想梦自消。信觉不语,信梦不达,物化之往来者也。古之真人[⑧],其觉自忘,其寝不梦,几虚语哉?”

注释

①觉(jiào 教):睡醒。征:征候,迹象。

②候:预验。

③蘁(è 厄):即“噩”,凶恶惊人。

④此六者:“六”之后应有“候”字,为“此六候者”,才与上文“此者八征”句相应。

⑤燔焫(fán rè 凡热):烤烧。

⑥沈:同“沉”。

⑦饮酒者忧,歌舞者哭:两句之首,各应有一“梦”字,即“梦饮酒者忧,梦歌舞者哭”。

⑧真人:得“道”之人。

【今译】

睡醒时有八种情况,睡梦时有六种预验。八种什么情况?一是继续做尚未完成的事情,二是开始新的事情,三是做事有良好结果,四是做事有一定损失,五是表现出悲哀感情,六是表现出欢乐感情,七是繁衍生命,八是消损死亡。这八种情形,是形体与客观外在事物接触的结果。六种什么预验?一是正常生活而做梦,二是受到惊骇而做梦,三是思念深切而做梦,四是醒来后仍处于梦境般而做梦,五是愉快喜悦而做梦,六是恐怖畏惧而做梦。这六种预验,是精神与客观外在事物交感的结果。不理解交感变化怎样产生,一旦事情触发,便迷惑它产生的因由;理解交感变化怎样产生,一旦事情触发,便明白它产生的因由。明白它产生的因由,就无所惊疑了。人的体质的充实或亏虚,衰弱或成长,都与天地的变化相通,与客观外物相应。所以阴气盛的人,便可能梦到涉足大水而感到恐惧;阳气盛的人,便可能梦到走进大火而被烧烤;阴气与阳气都盛,就可能梦到格斗或生或杀。吃得过饱就梦到慷慨赠送别人东西,没有吃的就梦到夺取别人的东西。所以因疾病而浮虚的人,就梦到身体上扬天空;因疾病而郁结的人,就梦到身体下溺水里。枕着衣带睡觉就梦见蛇,飞鸟衔着头发就梦见飞。天气将要阴冷梦见火,人体将要生病梦见吃。饮酒的人梦中忧愁,唱歌跳舞的人梦中哭泣。列子说:“精神与客观外在事物相遭遇就做梦,形体与客观外在事物相接触就产生事情。所以白天有想法,夜晚就出现相应的梦,精神与形体各自交遇感应,就这样产生。精神凝静,没有牵挂的人，种种想法、种种梦境都自然不会存在。真正清醒的人不需要多说什么，真正的梦境是无法处于其中的；这是事物变化交往的一种必然性。古代得道之人，醒来时连自己都忘记，睡觉时不会做梦，这难道说的是假话吗？”

【原文】

西极之南隅有国焉[①]，不知境界之所接，名古莽之国[②]。阴阳之气所不交，故寒暑亡辨；日月之光所不照，故昼夜亡辨。其民不食不衣而多眠。五旬一觉，以梦中所为者实，觉之所见者妄。四海之齐谓中央之国[③]，跨河南北，越岱东西，万有余里。其阴阳之审度[④]，故一寒一暑；昏明之分察，故一昼一夜。其民有智有愚。万物滋殖，才艺多方。有君臣相临，礼法相持。其所云为[⑤]，不可称计。一觉一寐，以为觉之所为者实，梦之所见者妄。东极之北隅有国，曰阜落之国[⑥]。其土气常燠[⑦]，日月余光之照其土，不生嘉苗。其民食草根木实，不知火食。性刚悍，强弱相藉，贵胜而不尚义；多驰步，少休息，常觉而不眠。

注释

①隅：原为山名，这里作“角落”讲。《列子释文》：隅作嵎，嵎与隅同。《说文》：“嵎，封嵎之山，在吴楚之间汪芒之国。”

②古莽之国：不详，疑为作者虚拟的国名。

③四海：这里指天下或全国。《尔雅·释地》：“九夷、八狄、七戎、六蛮，谓之四海。”齐：通“脐”，中部。中央之国：即中国，这里指居于世界中央的国家。

④审度：审，审定、详明；度，估计、衡量。审度，这里作“明确无误”讲。俞樾《诸子平议》：“审度二字传写误倒，本作‘阴阳之度审’。下句云‘其昏明之分察，故一昼一夜。’度与分对，审与察对，以是明之。”

⑤云为：言行。

⑥阜落之国：疑为部落之国，或疑为作者虚拟之国名。

⑦燠（ào 傲）：燥热。

【今译】

最远的西方南角，有一个国家，不知道国境的边界在哪里，名叫古莽之国。这个国家，阴阳二气不会交汇，所以辨别不出冷天和热天；日月的光亮照不到，所以辨别不出白天和夜晚。人民不吃不穿，睡的时间很多。五十天睡一觉,以梦境中的作为当成实在的,以醒后所见到的当成虚妄的。四海正中叫做中央之国,地域超越黄河的南北,超越岱山东西,有一万多里。阴阳二气交汇,节气非常分明,所以一年内有冷天有热天;黑夜与白天界限清楚,所以一天内有昼有夜。人民有的智慧,有的愚笨。万物竞相滋生繁殖,人们才能出众,办法很多。有君主臣相当朝,用礼法维护人与人的关系。人们的所言所为实在难以例举和计数。定时睡觉,定时醒来,以醒来后所作所为当成实在的,以梦境所见的当成虚妄的。最远的东方北角有个国家,叫阜落之国。那里气候燥热,日月的光亮只照到一小点,土地不生长好禾苗。人民吃草根果实,不知道用火烧熟食物,性情刚烈骠悍,强者欺凌弱者,只重视力量取胜,而不重视道德仁义;多半不停地快走,很少休息,经常都是醒着的,不大睡觉。

【原文】

周之尹氏大治产①,其下趣役者,侵晨昏而弗息②。有老役夫,筋力竭矣,而使之弥勤。昼则呻呼而即事,夜则昏惫而熟寐。精神荒散,昔昔梦为国君③。居人民之上,总一国之事。游燕宫观④,恣意所欲,其乐无比。觉则复役。人有慰喻其懃者⑤。役夫曰:“人生百年,昼夜各分⑥。吾昼为仆虏,苦则苦矣;夜为人君,其乐无比。何所怨哉?”尹氏心营世事,虑钟家业,心形俱疲,夜亦昏惫而寐。昔昔梦为人仆,趋走作役,无不为也;数骂杖挞,无不至也。眠中啽呓呻呼⑦,彻旦息焉。尹氏病之⑧,以访其友。友曰:“若位足荣身,资财有余,胜人远矣。夜梦为仆,苦逸之复,数之常也。若欲觉梦兼之,岂可得邪?”尹氏闻其友言,宽其役夫之程⑨,减己思虑之事,疾并少间⑩。

注释

①周:国名。

②趣:同“趋”,趋走,这里有强迫做事的意思。役者:这里指仆人。侵:接近。

③昔:通“夕”,夜晚。昔昔:每晚。

④燕:通“宴”。观(guàn 灌):庙宇。

⑤懃:即“勤”,勤苦。

⑥分:平分,一半。

⑦唵(ān 安)呓:梦话。

⑧病:这里作"痛苦、忧虑"讲。

⑨程:程度,限度。

⑩疾:这里作"痛苦、忧虑"讲。少:通"稍",稍为。间:间歇,这里指痛苦减轻。

【今译】

周国的尹氏经营产业,他手下的仆人早晚不停地干活,得不到休息。一个老仆人被折磨得筋疲力尽,对他反而使唤得更多。老仆人白天呻吟不绝地干活,夜晚便昏迷疲惫地熟睡。精神恍惚散漫,每晚都梦着自己当上国君,位居人民之上,总揽一国政事。在宫殿庙宇中游览欢宴,任由自己想干什么就干什么,那种快乐没有什么比得上。一旦醒过来,仍然为仆,听从主人使唤。人们曾经对他的勤劳辛苦进行安慰。老仆说:"人活着至多百年,昼夜各占一半。我白天做仆人奴隶,苦确实是够苦的;而晚上却当了国君,那种快乐谁也比不上。既然如此,还有什么埋怨的呢?"而尹氏专心致志地经营社会事务,考虑的只是发展家业,精神与身体全都疲惫不堪,晚上也昏迷疲惫地睡下去。每晚都梦着自己当别人的奴仆,奔走劳作,什么苦活都得干;数落责骂,捶杖鞭挞,都落到身上。睡眠里唉叹呻吟,直到天明才停息。尹氏痛苦忧愁,便去访问朋友请求帮助。朋友对他说:"你的地位足够使你荣耀,又有大量的财产,胜过别人太远了。晚上梦着当仆人,劳苦和逸乐互相交换,这是理数之常规。你想让醒时梦里都兼有无比的快乐,哪里可能做得到呢?"尹氏听了朋友这番话,从此放宽了仆人劳作的限度,减除自己思虑的世事,不论是老仆人还是尹氏,梦里醒时的痛苦忧愁都轻了许多。

【原文】

郑人有薪于野者,遇骇鹿,御而击之[①],毙之。恐人见之也,遽而藏诸隍中[②],覆之以蕉,不胜其喜。俄而遗其所藏之处,遂以为梦焉。顺途而咏其事。傍人有闻者,用其言而取之。既归,告其室人曰:"向薪者梦得鹿而不知其处;吾今得之,彼直真梦者矣。"室人曰:"若将是梦见薪者之得鹿邪?讵有薪者邪[③]?今真得鹿,是若之梦真邪?"夫曰:

"吾据得鹿,何用知彼梦我梦邪?"薪者之归,不厌失鹿[4],其夜真梦藏之之处,又梦得之之主。爽旦,案所梦而寻得之。遂讼而争之[5],归之士师[6]。士师曰:"若初真得鹿,妄谓之梦;真梦得鹿,妄谓之实。彼真取若鹿,而与若争鹿[7]。室人又谓梦认人鹿,无人得鹿。今据有此鹿,请二分之。"以闻郑君。郑君曰:"嘻!士师将复梦分人鹿乎?"访之国相。国相曰:"梦与不梦,臣所不能辨也。欲辨觉梦,唯黄帝、孔丘。今亡黄帝、孔丘,熟辨之哉?且恂士师之言可也[8]。"

注释

①御:迎,当面碰上。

②隍:干沟。

③讵:反问语气词,这里相当于"难道"。

④厌:安心的样子。《荀子·王霸》:"然而厌焉有千岁之固。"王先谦集释:"厌焉,犹安然也。"不厌失鹿:不安于(不甘心于)丢失鹿子。

⑤讼:诉讼,这里指争论。

⑥士师:相当于法官。《周礼·秋官·士师》:士师,掌五禁之法者。五禁为宫禁、官禁、国禁、野禁、军禁。

⑦而与若争鹿:据陶鸿庆《读列子札记》:"而与若争鹿,当作而若与争鹿。此云争鹿,指失鹿者言;下云今据有此鹿,指取鹿者言。故谓二分之也。"

⑧恂(xún 旬):诚实,恭敬。

【今译】

郑国有个人在山野砍柴,遇到一只受惊的鹿,他迎头追打,鹿被打死。他怕别人见到,急急忙忙把鹿藏到干沟里面,盖上蕉叶,显得非常高兴。没有多久,他忘记了藏鹿的地方,便以为这不过是做了一个梦。沿途不断得意地念着这件事。旁边有人听到他这么说,就按着他说的情况,去把鹿取走。这人回到家里,告诉妻子说:"不久前有个砍柴人梦里得到一只鹿,却不知道放在哪里了;我现在取到了,他真正是在梦里哟。"妻子说:"你大概是梦见砍柴人得鹿吧?难道真的有那么一个砍柴人吗?你现在真的得到鹿,是你的梦变真了吧?"丈夫说:"我拥有了鹿,哪里去计较是他做梦还是我做梦呢?"砍柴人回到家里,不甘心失掉那只鹿。当晚果真梦到藏鹿的地方,又梦到取走鹿的那个人。一大早,循梦迹去寻找,找到了得主。于是,二人进行诉讼并争论不休,官司打到士师那里。士师说："你当时真的得鹿，糊里糊涂认为是做梦；真正梦见得到鹿，糊里糊涂认为是事实。他确实取走了你的鹿，而你却同他争这只鹿。他妻子又说是梦里认出人和鹿，这说明并没有谁得到鹿。现在此地留下这只鹿，只有请你们各取一半。"这件事报告给郑国君王。君王说："嘻！士师可能又在梦里替别人分鹿吧？"去寻访国相。国相说："做梦还是不做梦，不是我所能辨别清楚的。要辨别清楚是醒时的实事还是梦中的虚事，唯有黄帝和孔丘二人。现在他二人早已不在世上，谁去辨别得清楚呢？那就暂且相信士师说法，大概也还勉强吧。"

【原文】

宋阳里华子，中年病忘[①]，朝取而夕忘，夕与而朝忘；在途则忘行，在室则忘坐；今不识先，后不识今[②]。阖室毒之[③]。谒史而卜之[④]，弗占[⑤]；谒巫而祷之，弗禁；谒医而攻之，弗已。鲁有儒生，自媒能治之，华子之妻子，以居产之半请其方。儒生曰："此固非封兆之所占，非祈请之所祷，非药石之所攻。吾试化其心，变其虑，庶几其瘳乎[⑥]！"于是试露之而求衣[⑦]；饥之而求食；幽之而求明。儒生欣然告其子曰："疾可已也。然吾之方密传世，不以告人。试屏左右，独与居室七日。"从之。莫知其所施为也，而积年之疾，一朝都除。华子既悟，乃大怒，黜妻罚子，操戈逐儒生[⑧]。宋人执而问其以。华子曰："曩吾忘也，荡荡然不觉天地之有无。今顿识，既往数十年来，存亡得失、哀乐好恶，扰扰万绪起矣。吾恐将来之存亡得失哀乐好恶之乱吾心如此也，须臾之忘，可复得乎？"子贡闻而怪之，以告孔子。孔子曰："此非汝所及乎！"顾谓颜回纪之。

注释

①宋：国名。阳里：地名。华子：人名。病忘：患健忘症。

②今不识先，后不识今：据王重民《列子校释》，应为"不识先后，不识今古"。

③毒：被毒，意为被他害得很苦。

④史：这里指祭祀之史官。卜：卜算。

⑤弗占：不灵验。下文"封"，为"卦"之误。

⑥瘳（chōu 抽）：病愈。

⑦露：裸露。

⑧操戈：手持武器。《列子集释》：“古人以戈为随身之兵，故古书屡言操戈也。”

【今译】

宋国阳里地方有个人叫华子，中年时患有健忘症，上午拿的东西下午就忘记，晚上给的东西早上就忘记；在路途上，忘记继续行走，在房间里，忘记坐下来；不知道什么先什么后，不知道什么是过去什么是未来。全家都受他拖累而苦恼。请祭祀史官为他卜算，毫不灵验；又请巫师为他祈祷，毫无作用；再请医师为他根治，毫无起色。鲁国有个儒生，自我推荐能够治好这种健忘症，华子的妻子和子女用家产的一半请求开出方子。儒生说：“这个病本来不是用卦卜征兆所能占验，也不是祈祷所能解除，同时也不是药物可以根治的。我试换化他的内心，改变他的思虑，大概能使他痊愈吧！”于是，儒生试着让他裸露在外，感到寒冷而要求穿上衣服；让他一直饿着，受不了而要求吃东西；让他长时间呆在幽暗之处，什么也看不见而要求明亮。儒生十分高兴的样子告诉华子的儿子说：“疾病大概可以治疗了。不过，我的方子必须保密，祖传到我不能拿来告诉外人。请屏退旁边的人，让我单独同他住上七天。”华子的儿子听从儒生的安排。全家人都不知道儒生在里面施行什么，却把华子长期患的健忘症一时间全都根治了。华子已经清醒明白过来，便怒不可遏，训斥妻子，责罚儿子，用戈赶走儒生。人们抓住华子的手臂，问他为什么要这样做。华子说：“以往我什么都忘掉，空空荡荡地不感到有天地还是无天地。现在顿时懂得过去的情形，几十年来出现的存亡、得失、哀乐、好恶，扰扰攘攘千头万绪都涌上来了。我担心将来出现的存亡、得失、哀乐、好恶仍然涌上来扰乱我的心达到今天这种严重程度，哪怕只求得到刹那间的遗忘，还能够再得到吗？”子贡听了这件事觉得很奇怪，向孔子报告。孔子说：“这样的事情不是你所能理解到的啊！”回头吩咐颜回，把这事好好记下来。

【原文】

秦人逢氏有子[①]，少而惠[②]，及壮而有迷罔之疾[③]。闻歌以为哭，视白以为黑，飨香以为朽[④]，尝甘以为苦，行非以为是。意之所之，天地四方水火寒暑，无不倒错者焉。杨氏告其父曰："鲁之君子多术艺，将能已乎？汝奚不访焉？"其父之鲁，过陈，遇老聃，因告其子之证[⑤]。老聃曰："汝庸知汝子之迷乎？今天下之人，皆惑于是非，昏于利害。同疾者多，固莫有觉者。且一身之迷，不足倾一家[⑥]；一家之迷，不足倾一乡；一乡之迷，不足倾一国；一国之迷，不足倾天下；天下尽迷，孰倾之哉？向使天下之人，其心尽如汝子，汝则反迷矣。哀乐声色臭味是非，孰能正之？且吾之言未必非迷，而况鲁之君子，迷之邮者[⑦]，焉能解人之迷哉？荣汝之粮[⑧]，不若遄归也[⑨]。"

注释

①秦：国名。逄（páng 庞）：姓氏。

②少：少年时期。惠：通"慧"，智慧。

③迷罔之疾：精神错乱的疾病，即为精神恍惚、失常。

④朽：通"臭"，臭味。

⑤证：通"症"，病症。

⑥倾：这里应为"正"。据王重民《列子校释》："倾字与上下文不相应，盖'正'字之误。此老聃与逄氏之言，谓汝子迷罔之病非病也，今天下人皆惑于是，昏于利害，乃真病耳。特以同病者多，反不觉病。若天下尽如汝子之迷，尚孰求而正之哉？"

⑦邮：通"尤"，尤其。

⑧荣：通"赢"，负担。

⑨遄（chuán 传）：迅速。

【今译】

秦国逄氏有个儿子，少年时非常聪明，到了成年时候却得了精神错乱的疾病。听到别人唱歌，以为是别人的哭声；看见白颜色，以为是黑的；闻到香味，以为是臭气；尝着甘甜的东西，以为东西很苦；事情做错了，还以为是对的。只要是意识所到之处，无论天地、四方、水火、寒暑，全然颠倒错乱。杨氏告诉患者的父亲说："鲁国的君子有许多法术技能，他们可能治得好你儿子的病吧？为什么不去寻访一下呢？"患者的父亲前往鲁国请医，经过陈国的时候，遇到老聃，顺便把儿子患病的情况告诉他。老聃对患者的父亲说："你怎么知道你的儿子是糊涂的呢？现在全社会的人都分不清是非，对利害得失都糊涂。患这种不分是非、不分利害之病的人很多，实在没有人是清醒的。而且，一个人的糊涂，不足以矫正一家；一家的糊涂，不足以矫正一乡；一乡的糊涂，不足以矫正一国；一国的糊涂，不足以矫正天下；天下全都糊涂，谁有本事去矫正呢？假若当初天下人的心意全像你儿子那样，那么你反而是糊涂之人。哀乐、声色、臭味、是非，谁能够矫正呢？而且我的这些话未必不糊涂，何况鲁国那些君子，更是糊涂中最糊涂的人，他们哪里能够解救别人的糊涂呢？挑起你的粮食，不如赶快回家去吧。”

【原文】

燕人生于燕，长于楚，及老而还本国。过晋国，同行者诳之，指城曰：“此燕国之城。”其人愀然变容。指社曰[①]：“此若里之社。”乃喟然而叹。指舍曰：“此若先人之庐。”乃涓然而泣[②]。指垅曰[③]：“此若先人之冢。”其人哭不自禁。同行者哑然大笑，曰：“予昔绐若[④]，此晋国耳。”其人大惭[⑤]。及至燕，真见燕国之城社，真见先人之庐冢，悲心更微。

注释

①社：古代指土地神为社。《礼记·祭法》：“共工氏之霸九州也，其子曰后土，能平九州，故祀以为社。”这里指祭祀社神的地方，俗称土地庙。

②涓（juān 捐）：细小的流水。涓然：这里指慢慢地流着眼泪的样子。

③垅（lǒng 拢）：即“垄”，土埂，这里指坟垄。

④绐（dài 代）：哄骗。

⑤惭（cán 残）：“惭”的异体字。

【今译】

有个燕国人，出生在燕国，却在楚国长大，老年时回到本国去。经过晋国的时候，同行的人哄骗他，指着城垣说：“这就是燕国的城垣。”那人的面容变得严肃起来。又指着祭社神的地方说：“这里是你们乡里的社庙。”那人就感慨地叹息。再指着房屋说：“这是你祖先居住的老房子。”那人便流着眼泪轻轻哭泣起来。最后指着坟堆说：“这是你祖先下葬的地方。”那人便哭声不止。同行的人失声大笑起来，说：“我方才是哄骗你的,这里不是燕国而是晋国。”那人羞愧不已。到了燕国,真正见到了燕国的城垣社庙,真正见到了祖先的房屋和坟墓,悲伤的感情便减轻了。

仲　尼

第　四

【题解】

本篇在思想内容方面，与《黄帝》篇衔接较为紧密，共同的主旨是对“道”的认识、体验和把握。《黄帝》篇侧重于养生养神以通其道，本篇侧重于在养生养神的基础上，怎样把握其道，怎样认识世界。

有两点应当注意：一、必须“忘智”，做到“自知”。从认识事物的途径说，当然是矛盾的，是不可知论的表现。但是从对“道”的认识和把握上说，则有特殊之处。只有不刻意追求，只有去掉个人的私情私欲，理智才可能无限开阔，才能“自知”道的精神实质。二、获得道的本性，基本的方法是“寂然玄照”。能否“寂然玄照”，关键在于“体神而独运”和“忘情而任理”。按照“道”的本性去认识和把握客观事物，就只有寂然玄照才能看透一切并理解一切，进而物我同一。

有三段纯议论的文字，内容较为艰深。第九段出现一对哲学范畴：天道与人事之常。其实二者是互为表里的。天道，是从规律上潜在地起作用；人事之常，是从生死表现上外在地起作用。人事之常不能单独运用，必须依赖于天道。而天道的社会作用，则外在为人事之常。第十一段着重阐述相反相成、物极必反的道理。用若干事例来论证“物不至者则不反”的观点。认识和把握世界，往往从一端到另一端，“反”之后才能使认识得以升华。最末一段带有总结提高的性质。只要心存“道性”，就不可能干出违背自然规律的事。“物自违道，道不违物”，就是人们行为准则的高度概括。

有寓言和故事13则，本意在于体“道”，从体“道”中真正能认识世界和把握世界。

《仲尼》，又称《极智》。

【原文】

仲尼闲居，子贡入侍，而有忧色。子贡不敢问，出告颜回。颜回援琴而歌。孔子闻之，果召回入问，曰：“若奚独乐？”回曰：“夫子奚独忧？”孔子曰：“先言尔志。”曰：“吾昔闻之夫子曰：‘乐天知命故不忧①’，回所以乐也。”孔子愀然有间曰②：“有是言哉？汝之意失矣。此吾昔日之言尔，请以今言为正也。汝徒知乐天知命之无忧，未知乐天知命有忧之大也。今告若其实。修一身，任穷达③，知去来之非我，亡变乱于心虑，尔之所谓乐天知命之无忧也。曩吾修《诗》《书》④，正礼乐⑤，将以治天下，遗来世；非但修一身治鲁国而已。而鲁之君臣日失其序⑥，仁义益衰，情性益薄。此道不行一国与当年⑦，其如天下与来世矣⑧？吾始知《诗》《书》礼乐无救于治乱，而未知所以革之之方：此乐天知命者之所忧。虽然，吾得之矣。夫乐而知者，非古人之谓所乐知也。无乐无知，是真乐真知；故无所不乐，无所不知，无所不忧，无所不为。《诗》《书》礼乐，何弃之有？革之何为？”颜回北面拜手曰⑨：“回亦得之矣。”出告子贡。子贡茫然自失，归家淫思七日，不寝不食，以至骨立⑩。颜回重往喻之，乃反丘门，弦歌诵书，终身不辍。

注释

①乐天知命：安于天命而自得其乐。《易·系辞上》：“乐天知命，故不忧。”

②愀（qiǎo 巧）然：容色改变的样子。有间（jiàn 剑）：一会儿。

③穷达：穷困与显达。

④《诗》：指《诗经》。《书》：指《尚书》。

⑤礼：泛指我国奴隶社会和封建社会等级制的社会行为规范和道德规范。《论语·为政》：“齐之以礼。”朱熹注：“礼，谓制度品节也。”其经典为《礼记》。乐：这里指的是音乐。《乐记》又称《乐经》，为儒家重要经典。

⑥序：这里指鲁国君臣的等级次第。

⑦当年：人还活着时的年岁，或为正当有生的日子。

⑧其如天下与来世矣：应为“其如何天下与来世矣”。《列子集释》：“仲父曰：

‘其如天下与来世矣’，如，如何也。(如字下)省去何字，特为罕见。”

⑨北面拜手：古代学生向老师致敬的礼仪方式。学生敬礼，位居北面，以示尊敬。拜手，古代男子跪拜礼的一种。跪下，两手拱合，俯头至手与心平，而不至地，称“拜手”。

⑩骨立：骨头突出起来，说明人已消瘦。

【今译】

孔子闲住在家里，子贡进去侍候，孔子面带忧虑之色。子贡不敢询问，走出来告诉颜回。颜回立即操琴并歌唱。孔子听到声音，果然叫颜回进来，问他：“你自个儿为什么这样快乐？”颜回反问孔子：“先生自个儿为什么这样忧虑？”孔子说：“先说说你现在的心思。”颜回说：“我以往听先生教导说：‘安于天命而自得其乐因此不会忧虑’，我之所以快乐就是这样。”孔子神色严肃起来，过了一会儿，说：“我说过这样的话吗？你领会我的话的意思有错误。这是我以往讲过的话，让我用此刻的话作为正确的表达。你只知道‘乐天知命’没有忧虑，还不知道‘乐天知命’存在着大的忧虑。今天我把这个道理告诉给你。修养自己的身性，任由你处于穷困还是显达的环境条件，懂得生死存亡、各种变迁并不由自己决定，内心不受外界变化的纷扰，这就是你表达的所谓‘乐天知命’没有忧虑的意思。过去我整理编纂《诗经》《尚书》，订正规范礼制、乐律，是要用这些来治理天下，并流传后世；不仅只修养个人的身心，不仅只治理一个鲁国而已。而今鲁国的君臣关系日渐丧失纲常秩序，仁与义更加衰微，人情人性日益淡薄。这种理想的社会主张在一国、在我有生之年都难以实行，那又怎样对天下、对未来加以实行呢？我这才开始明白，《诗经》《尚书》、礼制、乐律不可能救治天下的混乱，但又不明白怎样进行根治的方法：这便是我要表达的‘乐天知命’存在着大的忧虑的意思。即令如此，我仍然掌握着它的精神实质。就是说现在理解的乐天知命，已不是古人所说的乐天知命。没有乐没有知，是真正的乐真正的知；正因为如此，也就无所不乐，无所不知，无所不忧，无所不为。《诗经》《尚书》、礼制、乐律，何须舍弃呢？改革它做什么呢？”颜回听了这番高论，毕恭毕敬地向老师说：“我也掌握‘乐天知命’的精神实质了。”便出来告诉子贡。子贡茫茫然不知所措，回家深思七天，睡不着吃不好，变得瘦削不堪。颜回再去子贡那儿向他说明道理，子贡便回到孔子门下，弹奏歌吟，讽诵《诗》《书》，一直到老从未停止。

【原文】

陈大夫聘鲁①，私见叔孙氏②。叔孙曰："吾国有圣人。"曰："非孔丘邪？"曰："是也。""何以知其圣乎？"叔孙氏曰："吾常闻之颜回，曰：'孔丘能废心而用形③。'"陈大夫曰："吾国亦有圣人，子弗知乎？"曰："圣人孰谓？"曰："老聃之弟子，有亢仓子者④，得聃之道，能以耳视而目听。"鲁侯闻之大惊，使上卿厚礼而致之。亢仓子应聘而至。鲁侯卑辞请问之⑤。亢仓子曰："传之者妄。我能视听不用耳目，不能易耳目之用。"鲁侯曰："此增异矣。其道奈何？寡人终愿闻之。"亢仓子曰："我体合于心⑥，心合于气⑦，气合于神⑧，神合于无⑨。其有介然之有⑩，唯然之音⑪，虽远在八荒之外，近在眉睫之内，来干我者⑫，我必知之。乃不知是我七孔四支之所觉⑬，心腹六脏之所知⑭，其自知而已矣。"鲁侯大悦。他日以告仲尼，仲尼笑而不答。

注释

①大夫：古代官职，位于卿之下，士之上。聘：这里指国与国之间派遣使者互相访问。《春秋·襄公二十六年》："晋侯使荀吴来聘。"《说文》：聘，问也。段玉裁注："聘者，访也。"

②叔孙氏：春秋时鲁国大夫。

③废心：舍弃心智而不用。用形：使用形体。

④亢仓子：人名，曾向老子学道：《庄子·杂篇》："老聃之役有庚桑楚者，偏得聃之道，以北居畏迭之山。"亢仓子即庚桑楚。庚桑、亢仓为姓，楚为名。

⑤卑辞：谦恭的言语。

⑥体合于心：形体感官与心智契合，即形体与智慧互不违逆。

⑦心合于气：心智与元气契合。

⑧气合于神：元气与精神契合。当气合于神的时候，便寂然凝聚，把心智全部遗忘。心智全部遗忘，于是精神之理数便单独运行，这样无论对什么事物有所感触，都能够通达、了然。

⑨神合于无：精神与虚无契合。精神与虚无契合，就达到化境，化境也就是虚无。

⑩介：微小。介然：微小的样子。其有介然之有：《列子集释》："此文以'有'

与‘音’（按指下句‘唯然之音’）相俪，‘有’疑当作‘形’”，即“其有介然之形”。此说当是。

⑪唯：这里为象声词，微小东西发出的声音。

⑫干：纷扰，干涉。

⑬七孔：指两眼、两耳、两鼻孔、口腔。四支：即四肢。

⑭六脏：一般说五脏，即心、肺、肝、脾、肾。《列子释文》解释六脏为，“肾为两脏，其左为肾，右为命门。”

【今译】

陈国有位大夫到晋国出访，以个人身份与鲁国的叔孙氏会见。叔孙氏说：“我国有位圣人。”陈国大夫说：“莫非是孔丘吗？”“是的。”“怎么知道他就是圣人呢？”叔孙氏回答：“我常常听他的学生颜回说：‘孔丘能够舍弃心智，只用形体感官。’”陈国大夫说：“我国也有一位圣人，您不知道吗？”叔孙氏问道：“圣人是哪一位？”陈国大夫回答说：“圣人就是老聃的弟子亢仓子，他掌握了老聃的道，能够用耳朵看，用眼睛听。”鲁侯听了非常惊异，便派上卿用丰厚的礼物去盛情邀请他。亢仓子接受邀请，来到鲁侯这里。鲁侯以谦逊的言辞向他请教。亢仓子说：“那些传说我怎样怎样的话没有什么根据。我能够做到看不用眼睛，听不用耳朵，却不能交换耳朵和眼睛的作用。”鲁侯说：“这反而更加让人惊异了。怎样才能有这种道术呢？我倒是诚心地想听一听。”亢仓子说：“我的形体与心智契合，心智与元气契合，元气与精神契合，精神与虚无契合。这时候，一旦有着哪怕是极微小的东西，极微弱的声音，尽管极远极远，或者近在眼前，来干扰我，我必定知道。在这种情况下，就不明白是我的七孔四肢觉察到的，亦或是心腹六脏感知到的，只晓得是自然而然地就知道罢了。”鲁侯听了十分高兴。过后鲁侯把亢仓子这番话转告仲尼。仲尼笑了笑，不说什么。

【原文】

商太宰见孔子曰①：“丘圣者欤？”孔子曰：“圣则丘何敢，然则丘博学多识者也。”商太宰曰：“三王圣者欤？”孔子曰：“三王善任智勇者，圣则丘不知。”曰：“五帝圣者欤？”孔子曰：“五帝善任仁义者，圣则丘弗知。”曰：“三皇圣者欤②？”孔子曰：“三皇善任因时者③，圣则丘弗知。”商太宰大骇，曰：“然则孰者为圣？”孔子动容有间，曰：“西方之人，有圣者焉，不治而不乱，不言而自信，不化而自行，荡荡乎民无能名焉④。丘疑其为圣。弗知真为圣欤？真不圣欤？”商太宰嘿然心计曰⑤：“孔丘欺我哉！”

注释

①商：国名，即宋国。宋都商丘，故又名“商”。太宰：官名。殷代设太宰官，西周时太宰掌管王室内外事务，有的还辅佐国君参与政务。

②三皇：传说中的远古帝王。《史记·秦始皇本纪》指天皇、地皇、泰皇。一说指天皇、地皇、人皇。一说指伏羲、女娲、神农。一说指伏羲、神农、祝融。一说指伏羲、神农、共工。一说指燧人、伏羲、神农。各说不一。

③因时：趁时，顺时，意指顺应形势。

④名：指名称，即称呼，或指名声、名誉。

⑤嘿（mò 默）然：沉默的样子。心计：心思，心头盘算。

【今译】

宋国的太宰见到孔子，问他说：“孔丘，你是圣人吗？”孔子回答说：“圣人，孔丘我怎敢担当，不过孔丘是一个博学多识的人。”宋国太宰问：“三王是圣人吗？”孔子答道：“三王善于选用有智谋很英勇的人，至于他们是不是圣人，我不知道。”又问：“五帝是圣人吗？”孔子回答：“五帝善于选用有崇高道德修养的人，至于他们是不是圣人，我不知道。”又问：“三皇是圣人吗？”孔子回答：“三皇善于选用因势利导的人，至于他们是不是圣人，我不知道。”宋国太宰万分惊异，说：“那么究竟谁是圣人呢？”孔子面色有所改变，不一会儿，说：“在西方的人里面，有位圣人，国家不治理也不会混乱，不说什么却能让老百姓由衷地相信他，不对百姓教化而教化自然地施行，那真伟大宽厚呀，百姓简直不知道怎样赞誉他。我揣测这就是圣人。但是，不知道他真就是圣人呢，还真的不是圣人？”宋国太宰沉默下来，心头在说：“孔丘，你在欺骗我哩！”

【原文】

子夏问孔子曰：“颜回之为人奚若？”子曰：“回之仁贤于丘也。”

曰："子贡之为人奚若？"子曰："赐之辨贤于丘也[①]。"曰："子路之为人奚若？"子曰："由之勇贤于丘也[②]。"曰："子张之为人奚若？"子曰："师之庄贤于丘也[③]。"子夏避席而问曰[④]："然则四子者何为事夫子[⑤]？"曰："居[⑥]！吾语汝。夫回能仁而不能反[⑦]，赐能辨而不能讷[⑧]，由能勇而不能怯，师能庄而不能同[⑨]。兼四子之有以易吾[⑩]，吾弗许也，此其所以事吾而不贰也。"

注释

①赐：复姓端木，名赐，字子贡。为孔子的得意门徒。

②由：姓仲名由，字子路。为孔子的得意门徒。

③师：复姓颛孙，名师，字子张。为孔子的得意门徒。

④避席：古人席地而坐，离座起立，表示敬意。

⑤事：侍候，服务。

⑥居：坐下。

⑦反：疑为"刃"。刃，通"忍"，忍耐。俞樾《诸子平议》：反，"疑刃字之误。俗书刃字作'刄'，故误为反耳。"

⑧讷（nè）：说话迟顿。

⑨同：随和，随便。

⑩易：交易，交换。

【今译】

子夏请问孔子，说："颜回这个人为人怎么样？"孔子回答："颜回的仁爱超过我。"子夏又问："子贡这个人为人怎么样？"孔子回答："端木赐的辩才超过我。"又问："子路这个人为人怎么样？"答道："仲由的英勇超过我。"再问："子张这个人为人怎么样？"孔子回答："颛孙师的庄重超过我。"子夏离开座位，站起来，恭敬地问道："既然他们这么贤能，这四人为什么还要侍候您并拜你为师呢？"孔子说："你坐下来！我把道理说给你听。颜回能仁爱却不能忍受，端木赐能雄辩却不能缓和，仲由能英勇却不能退让，颛孙师能庄重却不能随和。用四个人的特长集中起来同我交换，我不会同意这么做。这就是他们甘心情愿侍候我并拜我为师却没有二心的道理。"

【原文】

子列子既师壶丘子林，友伯昏瞀人，乃居南郭[①]。从之处者，日数而不及[2]。虽然，子列子亦微焉[3]，朝朝相与辨[4]，无不闻。而与南郭子连墙二十年[5]，不相谒请；相遇于道，目若不相见者。门之徒役[6]，以为子列子与南郭子有敌不疑。有自楚来者，问子列子曰："先生与南郭子奚敌？"子列子曰："南郭子貌充心虚[7]，耳无闻，目无见，口无言，心无知，形无惕[8]。往将奚为？虽然，试与汝偕往阅[9]。"弟子四十人同行。见南郭子，果若欺魄焉而不可与接[10]。顾视子列子，形神不相偶[11]，而不可与群[12]。南郭子俄而指子列子之弟子末行者与言[13]，衎衎然若专直而在雄者[14]。子列子之徒骇之。反舍咸有疑色。子列子曰："得意者无言[15]，进知者亦无言[16]。用无言为言亦言，无知为知亦知。无言与不言，无知与不知[17]，亦言亦知。亦无所不言，亦无所不知；亦无所言，亦无所知。如斯而已。汝奚妄骇哉？"

注释

①南郭：南边的外城。郭，古代在城的外围加筑的一道城墙。

②日数而不及：人数很多，数都数不及。日数，每日计点数目；不及，来不及，跟不上。

③微：精微，精妙。

④辨：通"辩"。

⑤南郭子：人名，春秋末的著名隐士。南郭，复姓；子，尊称。今通称为"南郭先生"。

⑥役：通"徒"。徒、役连文，均为学徒弟子。

⑦貌充：形貌丰满健全。心虚：内心保持虚静。

⑧惕：通"易"，变易。

⑨阅：检阅，选择。

⑩欺魄：泥塑头颅。与接：与之接触，与之交往。

⑪偶：偶合，吻合。

⑫与群：与之合群，与之相处。

⑬末行（háng 杭）者：排在行列最后的人。

⑭衎衎（kàn 看）：快活，轻松。专直：专意径直。在雄：争雌雄，辩胜负。

⑮得意：领会实质，掌握旨意。

⑯进：通"尽"，全部，彻底。进知：完全知道。

⑰与：应是"为"字。

【今译】

列子在老师壶丘子林那里学习结束，又同伯昏瞀人结为朋友，便在外城南边居住下来。追随列子并和他相处的人非常多,每天都不可计数。虽然是这样,列子道术精妙,依然天天同他们习辩,远近都闻名。列子与南郭子一墙之隔相邻二十年,互相不交往;路上相遇,好像互相看不见似的。弟子门徒们认为列子同南郭子有仇怨,这不用怀疑。有个从楚国来的弟子,问列子道:“先生同南郭子有什么仇怨呢?”列子说:“南郭子体魄健实,内心虚静,耳不听闻,目不看视,口不言语,心不思虑,形不变动,我到他那儿去干什么呢?不过,还是试一试,带你们一块去看看。”列子挑选四十个弟子一块儿去。看见了南郭子,实在如同泥塑人儿一般,难于同他接触。南郭子回头看着列子,这时南郭子似乎已神形分离,难以相处。不一会儿,南郭子指着站在最后的一个列子弟子,跟他说话,那轻松快活的样子,好像专一径直地要争个胜负。列子的门徒十分惊异。回到住处,都还有疑惧的神色。列子对弟子们说:“掌握了事物精神实质的人用不着言语,彻底通晓事理的人用不着言语。以不言语作为有声言语,也就是一种言语,以不知作为外在的知,也就是一种知。无言就是不言,无知就是不知,这同时也是又言又知。也就没有什么不可言,也就没有什么不可知;也就没有什么可言,也就没有什么可知。道理就是这样罢了。你们为什么瞎惊异呢?”

【原文】

子列子学也[①],三年之后,心不敢念是非,口不敢言利害,始得老商一眄而已。五年之后,心更念是非,口更言利害,老商始一解颜而笑。七年之后,从心之所念[②],更无是非;从口之所言,更无利害。夫子始一引吾并席而坐[③]。九年之后,横心之所念[④],横口之所言,亦不知我之是非利害欤,亦不知彼之是非利害欤,外内进矣。而后眼如耳,耳如鼻,鼻如口,口无不同[⑤]。心凝形释,骨肉都融;不觉形之所倚,足之所履,心之所念,言之所藏。如斯而已。则理无所隐矣。

注释

①子列子学也:“学”字之前应有一“之”字,即“子列子之学也”。

②从(zòng 粽):纵,放纵。

③吾:衍文。据王重民《列子校释》:“‘吾’字当衍。此事(指列子学)又见

《黄帝篇》。《黄帝篇》为列子对尹生之言,故可有'吾'字,此篇既改为作者所述之言,而著'吾'字,则不可通矣。"此说当是。

④横(hèng):放纵。

⑤口:衍文。《列子集释》引卢文弨:"下'口'字衍。"无不同:"同"后应有一"也"字。

【今译】

列子到老商氏那儿去学习,三年过去了,心里不敢存是非观念,口里不敢说利害得失,老商先生这才对他斜视一下罢了。五年过去了,心里进一步不存是非观念,口里进一步不说利害得失,老商先生这才开颜对他笑一笑。七年过去了,任由心里怎样思想,进一步不存是非观念;任由口里怎样言谈,进一步不涉及利害得失,老商先生这才开始让他并排坐在一张席上。九年过去了,放纵心里的思想,放纵口里的言谈,也不知道自己的是非利害,也不知道他人的是非利害,身外身内互相穷通了。这以后,眼睛同耳朵的作用一样,耳朵同鼻子的作用一样,鼻子同嘴巴的作用一样,互相之间的作用无不一样。心思凝结,形体消释,骨肉全部融合;不再感到身体有所倚恃,双足有所践踏,心头有所思想,言语有所包藏。就是这种情况罢了。一切道理也就明明白白的了。

【原文】

初子列子好游[①]。壶丘子曰:"御寇好游,游何所好?"列子曰:"游之乐,所玩无故[②]。人之游也,观其所见;我之游也,观之所变。游乎游乎!未有能辨其游者。"壶丘子曰:"御寇之游固与人同欤,而曰固与人异欤?凡所见,亦恒见其变。玩彼物之无故,不知我亦无故。务外游,不知务内观[③]。外游者,求备于物;内观者,取足于身[④]。取足于身,游之至也;求备于物,游之不至也。"于是列子终身不出,自以为不知游。壶丘子曰:"游其至乎!至游者不知所适;至观者不知所眂[⑤],物物皆游矣,物物皆观矣,是我之所谓游,是我之所谓观也。故曰:游其至矣乎!游其至矣乎!"

注释

①初:时间副词,起初之时。好(hào号):爱好,喜爱。游:游览,旅游。

②故:旧。无故:这里是指所到的地方没有陈旧事物,给人以新鲜感。

③内观:对自我的审视、观游。内观与外游相对,“观”亦作“游”讲。

④足:充足,具备各种条件。

⑤眎(shì示):古“视”字,异体字。

【今译】

早些时候,列子非常喜好四处游览。壶丘子问道:“御寇呵,你这么喜好游览,那么,游览为什么值得喜好呢?”列子回答道:“游览之快乐,在于所赏玩的事物没有陈旧的。别人游,有什么事物才看到什么事物;我的游,却察看事物的运动变化。游呀游!还没有谁能够区分出两种不同的游来。”壶丘子说:“御寇呵,你的游本来跟别人的游相同,为什么偏要说跟别人不相同呢?事物凡是能够呈现出来的,同时也就表现它的运动变化。只知道赏玩那些不陈旧的事物,却不知道自我也同样不断更新。仅仅追求对外在事物的游,而不刻意对自我内观。限于外游,就要求事物完备;而内观,则把自我当作自足的世界。把自我作为自足的世界,游就可以达到理想的境界;要求外物完备,游就达不到理想的境界。”于是,列子从此不再出游,认为自己根本就还不懂得游览的起码知识。壶丘子对他说:“这种不外出的游,乃是游的理想境界啊!达到理想境界而游的人,从来就不知道要到什么地方去;达到理想境界而游的人,从来就不知道要看什么东西;所有事物都游览了,所有事物都内观了,这就是我所说的‘游’,这就是我所说的‘观’。所以说:这种游达到理想境界了!这种游达到理想境界了!”

【原文】

龙叔谓文挚曰①:“子之术微矣。吾有疾,子能已乎②?”文挚曰:“唯命所听。然先言子所病之证③。”龙叔曰:“吾乡誉不以为荣④,国毁不以为辱⑤;得而不喜,失而弗忧;视生如死,视富如贫,视人如豕,视吾如人⑥。处吾之家,如逆旅之舍⑦;观吾之乡,如戎蛮之国⑧。凡此众疾,爵赏不能劝,刑罚不能威,盛衰利害不能易,哀乐不能移。固不可事国君,交亲友,御妻子⑨,制仆隶。此奚疾哉?奚方能已之乎?”文挚乃命龙叔背明而立。文挚自后向明而望之,既而曰:“嘻!吾见子之心矣,方寸之地虚矣[10],几圣人也[11]!子心六孔流通,一孔不达。今以圣智为疾者,或由此乎!非吾浅术所能已也。”

注释

①龙叔:人名,疑为春秋宋国人。文挚:人名,六国时人,曾经给齐威王治过病。或认为是春秋时宋国良医,曾为齐文王治病,使文王怒而病愈。

②已:这里当“治愈”讲。

③证:通“征”,征兆。

④乡誉:家乡赞誉,地方赞誉。

⑤国毁:全国诋毁,国人诋毁。

⑥视吾如人:看待自己如看待别人。意思是,在心目中已经不存在他人与自己的界限了。

⑦逆旅:客舍,旅店。逆,迎。

⑧戎:为我国古代西方民族或部落。蛮:为我国古代南方的民族或部落。戎蛮:戎蛮连称,泛指边远落后不开化的国家或地方。

⑨御:驾御。御妻子:这是指控制、约束老婆和儿女。

⑩方寸:指心,也称“方寸地”。

⑪几:近于,几乎。

【今译】

龙叔对文挚说:“您的医疗技术非常高明。我现在有疾病,您能够治愈吗?”文挚说:“一切听从您的吩咐。不过,您得先说说疾病的症状。”龙叔说:“我受到地方上赞誉,并不以此作为荣耀;受到举国的诋毁,也不因此感到羞辱;有所获得,不觉得欢喜,有所损失,不会忧愁;视生存犹如死亡,视富足犹如贫困,视人犹如猪,视自己犹如他人。居住在我的家里,犹如居住旅店一样;看我的家乡,犹如边远落后愚昧的国家。所有这许多疾病,封赐爵位不能激励我,严酷刑罚不能威逼我,盛衰利害不能改变我,悲哀欢乐不能打动我。所以,我不能服务于国君,不能够交接亲友,不能够约束妻子儿女,不能够制伏仆人奴隶。这是什么疾病呢?有什么药方能治愈它呢?”文挚就叫龙叔背向光亮站着。文挚从他背后向着光亮处看望,过了一会儿,说:“嘻!我看到您的心了,您心地虚静,差不多是圣人了!您的心有六孔通达,只有一孔不通达。现在您把圣人的心智作为疾病看待，或许就是由于这个缘故吧！你的病，不是我这种医术浅陋的人所能治愈的。”

【原文】

无所由而常生者道也①。由生而生②，故虽终而不亡③，常也④。由生而亡⑤，不幸也⑥。有所由而常死者⑦，亦道也。由死而死，故虽未终而自亡者⑧，亦常。由死而生⑨，幸也⑩。故无用而生谓之道，用道得终谓之常；有所用而死者亦谓之道，用道而得死者亦谓之常。

注释

①由：根据。无所由：没有什么根据，意即不凭借什么，引伸为无所作为。

②由生而生：根据生的规律，该生就生。

③终：指生命结束。亡：指“道”亡。虽终而不亡：尽管生命完结了，但仍然未消亡。

④常：正常，必然，符合规律。

⑤由生而亡：按照生之常理应该生存下来却死亡或消亡。

⑥不幸：该生而死为不幸。

⑦有：这里应为“无”。

⑧未终：生命尚未完结。自亡：生命自然地消亡。

⑨由死而生：按照死的规律本来应该死的，却并不死，仍然生存下来。

⑩幸：幸运，侥幸。

【今译】

不依靠什么而经常生存的，这是天道。在一定生存条件下而生存，所以生命虽然完结了，但是仍然没有消亡，这是人事之常。依靠一定条件应该生存，却又消亡了，这是不幸。没有一定条件而永远死去，也是天道。依靠一定条件该死亡的而死亡，所以尽管生命尚未完结而自然而然地消亡，也是人事之常。依靠一定条件该死亡的却生存了，是侥幸。所以，不依靠什么而生就叫天道；依靠天道善终的就叫人事之常；在一定条件下而死去的也叫天道，依靠天道该死亡的也叫人事之常。

【原文】

季梁之死①，杨朱望其门而歌。随梧之死②，杨朱抚其尸而哭。隶人之生[3]，隶人之死，众人且歌[4]，众人且哭。

注释

①季梁：人名，春秋末魏国人，与杨朱友善。

②随梧：人名，事迹不详。

③隶：这里泛指俗人、众人。

④且：或。

【今译】

对于季梁的死，杨朱望着他的大门就歌唱；对于随梧的死，杨朱抚着他的尸体哭泣。一般人无论生也好，死也好，众人便莫名其妙地或者歌唱，或者哭泣。

【原文】

目将眇者先睹秋毫[1]；耳将聋者先闻蚋飞[2]；口将爽者先辨淄渑[3]；鼻将窒者先觉焦朽[4]；体将僵者先亟犇佚[5]；心将迷者先识是非：故物不至者则不反[6]。

注释

①眇（miǎo 秒）：瞎一只眼。这里指严重眼疾。秋毫：鸟兽在秋天新长出的细毛。《孟子·梁惠王上》："明足以察秋毫之末。"朱熹注："毛至秋而末锐，小而难见也。"比喻极纤小的事物。

②蚋（ruì 锐）：昆虫，体长二毫米到三毫米，翅阔透明，吸食人畜的血液。《列子解》："秦呼蚊为蚋。"

③爽：差。淄（zī 兹）：水名，为山东淄河。渑（shéng 绳）：古水名，在今山东省境内。

④焦朽：烧焦，腐朽。

⑤亟：亟待，急切。犇（bēn 奔）：奔驰。佚：逃逸。犇佚：快速奔逃。

⑥不至：不到限度，不到极端。不反：不走向反面，不反回过来。

【今译】

眼睛将要瞎的人，先看清细微的东西；耳朵将要聋的人，先听清小昆虫飞鸣的声音；口里将要失去味觉的人，先能尝出淄水与渑水的差异;鼻孔将要堵塞的人,先嗅得出焦烂腐朽的气息;身体将要僵仆的人,先能迅速奔跑;心神将要迷乱的人,先识别清楚是非:所以,事物不到一定限度,就不会走到它的反面。

【原文】

郑之圃泽多贤[①],东里多才[②]。圃泽之役有伯丰子者[③],行过东里,遇邓析[④]。邓析顾其徒而笑曰:"为若舞彼来者奚若[⑤]?"其徒曰:"所愿知也。"邓析谓伯丰子曰:"汝知养养之义乎[⑥]?受人养而不能自养者,犬豕之类也;养物而物为我用者,人之力也。使汝之徒,食而饱,衣而息,执政之功也[⑦]。长幼群聚,而为牢藉庖厨之物[⑧],奚异犬豕之类乎?"伯丰子不应。伯丰子之从者越次而进曰[⑨]:"大夫不闻齐鲁之多机乎[⑩]?有善治土木者,有善治金革者[⑪],有善治声乐者,有善治书数者,有善治军旅者,有善治宗庙者,群才备也。而无相位者[⑫],无能相使者。而位之者无知[⑬],使之者无能,而知之与能[⑭],为之使焉。执政者乃吾之所使,子奚矜焉?"邓析无以应,目其徒而退[⑮]。

注释

①郑:郑国。圃泽:地名,在河南中牟县。与《天瑞》中的"郑圃"同。

②东里:地名。位于今河南郑县境内。春秋时郑国著名大夫子产居于此地。

③役:门徒,弟子。伯丰子:又写为"百丰",列子门徒。

④邓析:郑国大夫,春秋末法家先驱,实为名家。《吕氏春秋·离谓》说他教人刑法,乃至"学讼者不可胜数"。

⑤舞:通"侮",侮谩,侮弄。朱骏声《说文通训定声》:"舞,借为侮。"

⑥养养(yàng yǎng 样仰):养和被养,即下句的"受人养"和"自养"。义:道理。

⑦执政:掌管政务,掌握政权。

⑧牢:圈,如牛圈、羊圈。藉:竹木做的栅栏。

⑨越次:越过正常次序,不按次序。

⑩齐鲁:齐地和鲁地。机:机巧,机智。

⑪金革:金属与皮革。

⑫相位:相当的地位(官职)。位,通"莅",莅临。相位,也可释为相当权力的官员莅临。

⑬位:这里指已有高官地位之人。无知:意为无知无识,庸碌无为。

⑭知之：指有知有识之人。能为之：指大有作为之人。

⑮邓析无以应，目其徒而退：对于此句，有一注解，为各本所无，今按《列子集释》录之："《四解》本此下有注云：'夫任群才以为理，因众物以为用，使鸡犬牛马咸得其宜，士农工商各安其位者，唯有道者能之耳。岂汝曹自致耶？汝徒见其末而不识其本，欲以螳螂之臂而拒车辙者，是不知量也。邓析理折而耻见其徒，故目之而去也。'但《注》'理析'或为'理折'之误。"

【今译】

郑国圃泽聚集许多贤士，东里聚集许多才子。圃泽的弟子中有个名叫伯丰子的，经过东里，碰上了邓析。邓析回头看了看他的弟子，笑着说："让我为你们对走来的那个人捉弄捉弄，看他怎么样？"弟子说："我们就想知道怎样捉弄他。"邓析对伯丰子说："你懂得自养和受人养的道理吗？受人养而不能自养的人，同狗和猪一个样；蓄养东西而这东西能为我服务，乃是人的本事。叫你们这一类人吃得饱，穿得暖，息得宁，这是管理国政的人的功劳。你们这一类人，长幼大小一大堆，居住在牛羊栅圈里，嚼着厨房里的剩饭剩菜，同狗猪有什么区别呢？"伯丰子根本不理睬邓析这些捉弄。跟随伯丰子的人不按次序，走向前去回答邓析，说："大夫，您难道没有听说过齐鲁之地多的是机智灵敏的人吗？有擅长于土木工程的，有擅长于冶金制革的，有擅长于表演声乐的，有擅长于书法术数的，有擅长于整治军队的，有擅长于主持宗庙仪式的，各种各样的专才都齐备。但是，就没有谁获得相应的高官，无法互相使唤制约。而已经居于高位的人，却无知无识，使唤制约他人的人，毫无本事，而有知有识和大有本事的人反而被使唤制约。您所谓的'执政者'，原来就是被我们这些人所使唤制约的庸才，您还有什么值得矜持得意的呢？"邓析无言可对，看着那个对他说话的伯丰子的随从，只好踽踽退下去。

【原文】

公仪伯以力闻诸侯①，堂谿公言之于周宣王②，王备礼以聘之。公仪伯至。观形③，懦夫也。宣王心惑而疑曰："女之力何如④？"公仪伯曰："臣之力能折春螽之股⑤，堪秋蝉之翼⑥。"王作色曰⑦："吾之力者能裂犀兕之革⑧，曳九牛之尾⑨，犹憾其弱。女折春螽之股，堪秋蝉之翼，而力闻天下，何也？”公仪伯长息退席曰[10]：“善哉，王之问也！臣敢以实对。臣之师有商丘子者[11]，力无敌于天下，而六亲不知，以未尝用其力故也。臣以死事之。乃告臣曰：‘人欲见其所不见，视人所不窥；欲得其所不得，修人所不为。故学眎者先见舆薪[12]，学听者先闻撞钟。夫有易于内者，无难于外。于外无难，故名不出其一家。’今臣之名闻于诸侯，是臣违师之教，显臣之能者也。然则臣之名不以负其力者也，以能用其力者也，不犹愈于负其力者乎[13]？”

注释

①公仪伯：人名。公仪，姓氏，为西周时贤士。闻诸侯：闻名于诸侯。

②堂谿公：人名。堂谿，姓氏，西周时贤士。

③观形：观看相貌，察看外形。

④女：即“汝”。

⑤螽：（zhōng 钟）：昆虫，又叫螽斯，身体绿色或褐色，触角呈丝状，有的种类无翅。《列子释文》：春螽，“一曰蝗也。”股：这里指腿脚。

⑥堪：通“戡”。俞樾：“堪，当读为戡。”《说文》：“戡，刺也。”春螽之股细，故言折；秋蝉之翼薄，故言堪。一说，堪，胜也。古人多以蝉翼指最轻之物。“堪蝉翼”，是说能负荷蝉翼。

⑦作色：脸色起变化。

⑧犀：犀牛，皮粗而厚。兕（sì 似）：雌性犀牛。革：皮。

⑨曳（yè 业）：拖拉，牵引。

⑩长息：长声叹息。退席：即避席，表示尊敬对方的行为。

⑪商丘子：疑为老商氏。

⑫舆薪：车上的柴草。

⑬愈：超过，胜过。负其力：只凭力量，仗恃气力。

【今译】

公仪伯由于气力大而闻名于诸侯各国，堂谿公把公仪伯力大的情况告诉周宣王，周宣王便准备礼品去请公仪伯来。公仪伯来到了。看他的形体，完全是个懦夫的样子。宣王感到不解，问道：“你的力气怎么样？”公仪伯回答说：“我的力气，能折断春螽的腿脚，能刺破秋蝉的羽翼。”宣王的脸色起了变化，说：“我的力气，能撕裂犀兕的皮，能拖住九头牛的尾巴，仍然嫌自己的力量弱小。你可以折断春螽的腿脚，刺破秋蝉的羽翼，却以气力大而天下闻名，是什么原因呢？”公仪伯长叹一声，退出座位，说：“好啊，大王提出这个问题！我请求如实地对您说。我的老师名叫商丘子，他的气力无敌于天下，但是他的六亲都不知道，原因在于未曾使用过他的气力。我甘心情愿侍奉他。他这才告诉我，说‘修道之人，要看别人所不见的，观察别人所不观察的；要得到别人所不得的，修习别人所不做的。所以，练习眼力得先看见车上的柴草，练习听力得先听到撞钟的声音。内心觉得容易办到了，外面实际干起来就不会觉得难了。外面干得一点都不困难，这名声也就传不出去，只限于在家庭里面。’现在，我的名声在诸侯各国传开，是因为我违背了老师的教导，显示出我的能耐。不过，我的名声不是凭着气力大就得到的，而是由于我能够恰当地支配自己的气力，这同仅凭气力而得到名声比较起来，岂不是又要好得多吗？”

【原文】

中山公子牟者[①]，魏国之贤公子也。好与贤人游[②]，不恤国事[③]，而悦赵人公孙龙[④]。乐正子舆之徒笑之[⑤]。公子牟曰：“子何笑牟之悦公孙龙也？”子舆曰：“公孙龙之为人也，行无师，学无友[⑥]，佞给而不中[⑦]，漫衍而无家[⑧]，好怪而妄言[⑨]。欲惑人之心，屈人之口[⑩]，与韩檀等肄之[⑪]。”公子牟变容曰：“何子状公孙龙之过欤？请闻其实[⑫]。”子舆曰：“吾笑龙之诒孔穿[⑬]，言‘善射者，能令后镞中前括[⑭]，发发相及，矢矢相属[⑮]；前矢造准[⑯]，而无绝落[⑰]，后矢之括犹衔弦，视之若一焉。’孔穿骇之。龙曰：‘此未其妙者。逢蒙之弟子曰鸿超[⑱]，怒其妻而怖之[⑲]。引乌号之弓[⑳]，綦卫之箭[㉑]，射其目。矢来注眸子[㉒]，而眶不睫，矢隧地而尘不扬[㉓]。’是岂智者之言与？”公子牟曰：“智者之言，固非愚者之所晓。后镞中前括，钧后于前[㉔]。矢注眸子而眶不睫，尽矢之势也[㉕]。子何疑焉？”乐正子舆曰：“子龙之徒，焉得不饰其阙[㉖]？吾又言其尤者[㉗]。龙诳魏王曰[㉘]：‘有意不心[㉙]。有指不至[㉚]。有物不尽[㉛]。有影不移[㉜]。发引千钧[㉝]。白马非马[㉞]。孤犊未尝有母[㉟]。’其负类反伦[㊱]，不可胜言也[㊲]。”公子牟曰：“子不谕至言而以为尤也[㊳]，尤其在子矣。夫无意则心同[㊴]。无指则皆至[㊵]。尽物者常有[㊶]。影不移者，说在改也[㊷]。发引千钧，势至等也[㊸]。白马非马，形名离也[㊹]。孤犊未尝有母，非孤犊也[㊺]。”乐正子舆曰：“子以公孙龙之鸣皆条也[㊻]。设令发于余窍[㊼]，子亦将承之[48]。"公子牟默然良久告退曰："请待余日[49]，更谒子论[50]。"

注释

①中山公子牟：魏文侯之子，作书四篇，号曰道家。魏伐得中山，以邑子牟，因称中山公子牟。又，据孙诒让：以子牟为魏文侯子，把牟与挚（文侯次子）混为一人，牟并非文侯之子。此说存疑。

②好（hào 号）：爱好，高兴。贤人：有高尚道德品质的人。

③恤（xù 叙）：忧虑。

④悦：欢喜。这里有从内心信服的意思。公孙龙：人名，战国时哲学家，名家的代表人物，赵国人，据传字子秉，公孙为复姓。他的名辩论题有"离坚白"、"白马非马"等，认为石头的"坚"和"白"两种属性可以分离，"白马"和"马"存在着特殊与一般的差别。着重分析了概念的规定性和差别性，对古代逻辑思维的发展有一定贡献。

⑤乐正子舆：人名，乐正为复姓，战国时人。

⑥行无师，学无友：不崇尚不拜求师友，即无师无友。

⑦佞（nìng 拧）：花言巧语对人谄媚。佞给：巧言善辩。不中：不对头，不合事理。

⑧漫衍：无拘无束，自由放任。家：这里指学术流派。无家：无一定的学术流派。指对于儒家、墨家、法家、名家等学术流派，混乱地学习实践，没有固定的流派。

⑨好怪：喜好稀奇古怪的东西。妄言：胡言乱语，无根据地说。

⑩屈：屈服，听从。

⑪韩檀：人名。《庄子·天下篇》作"桓团"。战国时赵人。与公孙龙一起做过平原君门客，以善辩著称。《庄子》称他"饰人之心，易人之意。"肄（yì 义）：学习，研讨。

⑫实：真实，实际情况。

⑬诒（dài 待）：这里当"欺骗"讲。《列子释文》："诒，音待，欺也。"孔穿：孔子之孙。《世纪》以为（公孙）龙弟子。

⑭镞（zú 足）：箭头。括（kuò 扩）：箭的末端。

⑮属（zhǔ 主）：连缀，连续。

⑯造准：射得准确。

⑰绝落：中断落下。

⑱逢蒙：人名，亦作"逢门"、"蠭门"，夏朝善于射箭的人。《孟子·离类下》："逢蒙学射于羿。"鸿超：人名，逢蒙门徒，善射。

⑲怖（bù 步）：害怕，恐吓。

⑳乌号之弓:黄帝之弓。泛指最好的弓,又称“乌号桑柘之劲弓”。

㉑綦卫之箭:綦,地名,出美箭。綦,亦称淇园,在卫国,今河南北部一带。以淇园的美竹为箭,故能与乌号桑柘之劲弓相对。

㉒矢来:“来”应为“末”,箭尖头。《列子集释》:“‘来’字当从《释文》作‘末’。矢末谓矢尖也。”眶:眼眶。睫:睐,即眨,目瞬。

㉓隧:即坠。

㉔中(zhòng 众):正对着。钧:同均。钧后于前:后发射的箭,与前发射的箭,力量均衡。

㉕尽矢之势:箭的势力到了尽头。意即掌握弓箭的发射恰到好处,刚好到特定地方(眼睛),箭矢就不再前进。

㉖饰:掩饰。阙(quē 缺):过失,错误。

㉗尤:甚,特别。

㉘诳(kuáng 狂):欺哄,骗人。

㉙有意不心:产生或存在思虑,不一定就是人的本心。

㉚有指不至:凡事物能够指称的都不是具体事物。有指,这里讲的是名称;不至,这里讲的是触及具体事物。实质上说的是“名”与“实”的关系。

㉛有物不尽:这里讲的是事物有无限的分割性。

㉜有影不移:这里讲的是运动与静止的相对性问题。

㉝发引千钧:头发能牵引千钧重物。这涉及物理力学原理。

㉞白马非马:这是讲形体与颜色的关系,或者部分与整体的关系。说的是概念差异问题。

㉟孤犊:无母之小牛。孤犊未尝有母:无母的小牛未曾有母。既然名之为无母之孤,当然就未曾有母了。这是概念的逻辑关系即不矛盾律的问题。

㊱负类:违背事物互相类比的共性特征。反伦:违反事物的常理。

㊲不可胜言:不可以讲尽,也就是说也说不完。

㊳谕:明白,理解。尤:错误。

㊴无意则心同:不存在任何思虑,就与本心相同。

㊵无指则皆至:失去了对事物的指称,就可以说是任何具体的事物。

㊶尽物:指把事物分割到最末。常有:仍然存在。尽物者常有:把物分割到最后,物仍然剩余下来。

㊷说在改也:是说它在不断地变化改动。实际上,理解这句话为,前一影子过去了,后一影子又改变、发生出来,不停地这么下去,也就仍然觉得影子并未变换,所以才有“影不移”之说。

㊸势:力量。至等:绝对平等,绝对均衡。

㊹形:形体,指具体事物。名:名称。离:分开,区别。

㊺孤犊未尝有母,非孤犊也:据俞樾《诸子平议》:"'有母'下当更迭'有母'二字。本云:'孤犊未尝有母。有母,非孤犊也。'"

㊻鸣:鸣叫,与聒噪同义。条:条理,逻辑。

㊼设:假设。令:言词。余窍:《列子释文》:"穇穴也。"即肛门。

㊽承:承受,接受。子亦将承之:乐正子舆既痛恨公孙龙的雄辩,又气忿公子牟的言论,所以就说出这种卑劣并侮辱的话来。

㊾余日:他日,日后。

㊿论:辩论。更谒子论:《列子解》:"失理而忿者,不可与言,故告退也。"

【今译】

中山公子牟是魏国贤能的公子,喜欢同有德才的人交游,不忧虑国事,却悦服赵国的公孙龙。乐正子舆和他的门徒们对中山公子牟加以嘲笑。公子牟对乐正子舆说:"你们为什么要笑话我悦服于公孙龙呢?"子舆回答说:"公孙龙的为人,实践没有老师指导,学习没有朋友相助,巧言善辩而不合事理,无根无基而不专主某个学派,喜好稀奇古怪的东西而又胡说八道。总想迷惑别人的思想,折服别人的口舌,他只跟韩檀等人混在一起研讨。"公子牟变了脸色说:"你罗列公孙龙的过错为什么这样过分呢?请讲讲他的实际情况。"子舆说:"我笑公孙龙欺骗孔穿,说什么'善射箭的人能使后箭射中前箭之末,发发都紧跟着,箭箭都相连着;箭箭正中靶心,箭箭射出而不中断也不下落,后箭的末端好像搭在弓弦上,看上去正像笔直的一支箭。'孔穿为之万分惊异。公孙龙说:'这还不是最精彩的。逢蒙的弟子叫鸿超,对他的老婆发怒,进而恐吓她。拉开乌号之弓,搭上綦卫之箭,射她的眼睛。箭头射中她的眼珠子,眼睛却眨都不眨一下,箭便坠落地上,尘土也不飞扬。'听听,这难道是有智慧的人说的话吗?"公子牟说:"有智慧的人讲的内容,本来愚笨的人就不会明白。后箭射中前箭末端,原因是力量均衡,瞄准无误,前后一样。箭射中眼珠子而眼睛不眨,原因是箭的力量到睫毛前已经耗尽,射不进眼眶。你有什么值得怀疑的呢?"乐正子舆说:"你呀,是公孙龙一伙的人,怎能不掩饰他的缺陷呢?我再说说他更不像话的情况。公孙龙哄骗魏王,说:'存在思虑并不是人的本心。有所指称的不是具体事物。客观事物分割不尽。外界的影子实际上不移动。发丝能悬千钧。白马并不是马的全体概念。无母的牛犊未曾有母。'违反事物类比的共同特点,违反事物的常理,类似的情况多得说不完。”公子牟说：“你不理解这些至理名言，以为是错误的，其实错误在于你自己。不存在任何思虑，就与本心相同。事物没有指称，就可以说是任何具体事物。把物体分割到最后，物体仍然有剩余。之所以说影子不移动，是因为它处于改变之中。发丝能悬千钧，是因为力量分配得非常均衡。白马非马，是因为形体与名称有区别。无母牛犊未曾有母，有母，便不是无母牛犊。”乐正子舆说：“你拿公孙龙的胡乱聒噪都当作条理贯通的东西了。假设他的言论从屁股喷发出来，你怕也要承受哩。”公子牟沉默很久，与他告辞，说：“请等待日后，再请你一块辩论。”

【原文】

尧治天下五十年，不知天下治欤，不治欤？不知亿兆之愿戴己欤①，不愿戴己欤？顾问左右，左右不知。问外朝②，外朝不知。问在野③，在野不知④。尧乃微服游于康衢⑤，闻儿童谣曰⑥：“立我蒸民⑦，莫匪尔极⑧。不识不知⑨，顺帝之则⑩。”尧喜问曰：“谁教尔为此言？”童儿曰：“我闻之大夫。”问大夫。大夫曰：“古诗也。”尧还宫，召舜，因禅以天下⑪。舜不辞而受之⑫。

注释

①亿兆：指百姓，这里以数词作为代称。戴：爱戴，拥护。

②外朝：朝廷以外的官员。

③在野：散居在各地的才人贤士。

④不知：这里包含着深层的意思，即如果那些人之中有知道的，那么治理之道也就仍然没有实现。

⑤微服：老百姓的服装。官员为查访某种情况，为了不暴露自己的身份，有时改穿老百姓服装，混在老百姓中，以便听取真实的反映。康衢：康庄大道。

⑥谣：民间口头文学之一种。句子短小，容易记诵，能迅速反映社会现实。

⑦立：通“粒”，即谷粒，这里指种粮食养人。蒸民：老百姓。立我蒸民：《诗经·周颂·思文》：“立我蒸民，莫匪尔极。”

⑧极：极至，顶点。《诗集传》：“极，德之至也。”匪：通“不”。

⑨不识不知：字面解释为没有知识，没有智慧，实际上是讲用不着并尽可能泯灭一切知识和一切智慧。这是承袭老庄之言“绝圣弃智”的另一种表达。

⑩帝：天帝。这里指自然出现的有至德的天帝。则：准则，榜样，典范。

⑪禅:以帝位让人。

⑫不辞:不推让。

【今译】

尧治理天下达五十年之久,不知道天下治理好了呢,还是没有治理好?不知道老百姓拥戴自己呢,还是不拥戴自己?他环顾并问左右近臣,近臣说不知道。问宫廷外的官员,回答说不知道。再问民间贤德之士,也说不知道。尧打扮成老百姓的样子闲逛在大街上,听到儿童歌谣,唱道:"种出粮食养老百姓,无不是你的崇高美德。不用知识,不用智慧,只依顺天帝的法则。"尧听了很高兴,问道:"是谁教你们唱这歌谣的?"儿童们回答说:"我们是从大夫那儿听到后学会的。"尧去问大夫。大夫回答说:"这歌谣,其实是古诗。"尧回到宫中,召见舜,就把帝位禅让给他,让舜继续治理天下。舜并不推辞,便接受了帝位。

【原文】

关尹喜曰:"在己无居①,形物其著②,其动若水③,其静若镜④,其应若响⑤。故其道若物者也⑥。物自违道,道不违物。善若道者,亦不用耳,亦不用目,亦不用力,亦不用心。欲若道而用视听形智以求之,弗当矣。瞻之在前,忽焉在后;用之弥满六虚⑦,废之莫知其所⑧。亦非有心者所能得远⑨,亦非无心者所能得近⑩。唯默而得之而性成之者得之⑪。知而忘情,能而不为,真知真能也。发无知⑫,何能情⑬?发不能⑭,何能为⑮?聚块也⑯,积尘也,虽无为而非理也。"

注释

①在己:对于自己。居:这里指固执、偏见。在己无居:宽泛得没有维系之处,或不固定在一个地方。

②其:自。《庄子·天下篇》:"在己无居,形物自著。"其著:自我彰明,自我突出。

③其动若水:这里指行动按照一定的形势(如水向下流的形势),而且只能顺其势,不能逆其势。

④其静若镜:这里指状态非常平静,对于外物,只作反映,不包容,犹如镜子一般。

⑤其应若响:与外物接触,其声只回应,而不自己发出声音,所以像回音那样

发出响声。这里指自身的被动情况，只相应地发出声响。

⑥若：依顺的意思。

⑦六虚：六合，即东、南、西、北、上、下。

⑧废：通“发”。用之弥满六虚，废之莫知其所：亦可标点为“用之弥满，六虚废之，莫知其所”。

⑨有心者：存着这种心的人。得远：保持疏远，存在距离。

⑩无心者：没有存着这种心的人。得近：保持亲近，没有隔阂。

⑪而性成之：应为“性而成之”。《汤问》：“默而得之，性而成之”，即此。性而成之，本性习养达到成功的地步。

⑫发：通“废”。

⑬情：指感情，欲望。

⑭发不能：舍弃无能。

⑮发无知，何能情？发不能，何能为：句式疑有误。陶鸿庆《读列子札记》：疑作“废知何能情？废能何能为？”“废知”即无知，“废能”即无能，所以下文才用“聚块”、“积尘”作比。

⑯瑰：即“块”。

【今译】

关尹喜说：“对于自己不要执著偏狭，客观事物自己会突现出来。活动像顺着水势一样自然，虚静下来像镜子一样只反照不包藏什么，对外物的适应像回音那样不遗漏。所以说‘道’依顺着万事万物。只有物违背道，道不会违背物。善于依顺道的人，也不用耳朵，也不用眼睛，也不用力量，也不用心智。想要依顺于道，又要用视觉、听觉、形体、心智去追求，很不恰当。道这个东西，看起来在跟前，忽然间又到后面去了；正在发生作用的时候，充塞天地宇宙，不发生作用的时候就不清楚究竟在什么地方。也不是存心求道的人能保持一定距离，也不是不存心求道的人能保持亲近。只有虚静自守的能得到，只有本性习养成功的能得到。懂得事理而舍弃情欲，有能力而不作为，是真知真能。舍弃智慧，哪里还能有情欲呢？舍弃能力，哪里还能有作为呢？堆积的土石，聚集的尘埃，尽管它们‘无为’，却并非没有存在的合理性。”

汤　问

第　五

【题解】

本篇的寓言和故事十分丰富，大大小小共计20个。这些寓言和故事有以下特点：

其一，有的是在神话故事或已有典籍记载的基础上，或转述，或修饰润色，或发展创造，形成一则则令人赏心悦目、增长见识、扩展思维的寓言和故事。

其二，有的完全是作者的奇诡想象，甚至荒诞不经，但是却又自然得体，没有矫揉造作，没有哗众取宠。有的还寓藏着深刻的人生体验和哲理智慧。

其三，更重要的是，有一条明确的主旨贯穿全部寓言和故事，这就是对“道”的认识和掌握，决非轻而易举，必须从两方面努力：一方面刻苦地进行实践锻炼，坚持不懈，锲而不舍；另一方面要努力地打破人为的各种限制，发展智力，开阔视野，使自己接近于“道”，进而掌握“道”。

本篇有的地方进行理论上的探索，很能引人深思，耐人寻味。例如，开篇提出的关于物质的有无问题、物质的先后问题、空间有无边际问题等，都极富哲学意味。作者的基本立足点是朴素的唯物观，因此在解释哲学上的这些根本性问题时，闪射出朴素唯物主义的光芒。作者认为，时间无论往前推到多远，物质都是存在的，否则“后人将谓今之无物”,就会陷入不可知论的泥潭。客观物质的存在,相对地说,无所谓先后,无法清理出谁先谁后的头绪;硬要分出先后,就难以推论,无从得知。至于空间,作者坚持无极无穷的观点。因为万物在其中生存,所以无穷;天地都包含在里面,所以无极;不可能存在无极之外还有无极,无尽之中还有无尽的现象。作者有理有据地论证了这些哲学问题,目的在于为人们开拓视野,勇于实践,进而掌握“道”,提供哲学的认识论前提。“均”,是本篇又一重要哲学范畴。作者把“均”提到了“天下之至理”的高度。“均”的作用,完全渗透在人们的行为实践之中。只有“均”,詹何之钓才可能以轻制重,蒲且子之弋才可能以弱制强。这里,作者把“均”当成了进行实践创造的指导准则,甚至可以说,只有把“均”视为“至理”,一切实践才能与“道”相契合。如果不“均”,或“均”受到破坏,行为实践便不可能守常、平衡,从而导致行为实践的混乱和盲目,垂钓则绝(断)纶,射箭则绝弦,与“道”就南辕北辙了。

【原文】

殷汤问于夏革曰[1]:“古初有物乎?”夏革曰:“古初无物,今恶得物?后之人将谓今之无物可乎?”殷汤曰:“然则物无先后乎?”夏革曰:“物之终始,初无极已。始或为终,终或为始,恶知其纪[2]?然自物之外,自事之先,朕所不知也。”殷汤曰:“然则上下八方有极尽乎?”革曰:“不知也。”汤固问[3]。革曰:“无则无极[4],有则有尽[5];朕何以知之?然无极之外,复无无极[6],无尽之中,复无无尽。无极复无无极,无尽复无无尽。朕以是知其无极无尽也,而不知其有极有尽也。”汤又问曰:“四海之外奚有?”革曰:“犹齐州也[7]。”汤曰:“汝奚以实之[8]?”革曰:“朕东行至营[9],人民犹是也。问营之东,复犹营也。西行至豳[10],人民犹是也。问豳之西,复犹豳也。朕以是知四海四荒四极之不异是也[11]。故大小相含,无穷极也。含万物者亦如含天地;含万物也故不穷,含天地也故无极。朕亦焉知天地之表不有大天地者乎[12]?亦吾所不知也。然则天地亦物也。物有不足,故昔者女娲氏炼五色石以补其阙[13];断鳌之足以立四极[14]。其后共工氏与颛顼争为帝[15],怒而触不周之山[16],折天柱[17],绝地维[18],故天倾西北,日月星辰就焉[19];地不满东南[20],故百川水潦归焉[21]。”

注释

①殷汤：殷，古都邑名，在今河南安阳小屯村，商王盘庚迁都于此。从盘庚迁殷到纣亡国，共十二王，八世，二百七十三年，一般亦称之为殷代。整个商代，也称之为殷商或商殷。汤，姓子，名履，字天乙，又称成汤、汤武、武王，商朝的建立者，除灭夏朝，建立商朝。殷汤，这里指人名，即成汤。夏革：人名。《庄子·逍遥游》："汤之问棘也是已。"革与棘，古代同声通用。夏棘，字子棘，为汤大夫，据说夏棘为商代贤人，汤拜棘为师。

②纪：综合整理，以期找出头绪条理。

③固：这里作"坚持"解释。

④无：这里指空间的无限。无极：没有边涯，没有尽头。

⑤有则有尽：应为"有则无尽"。据《列子集释》引陶鸿庆曰："'有则有尽'下'有'字亦当作'无'。……今本误作'有尽'，则非其旨矣。"有，这里指存在的"物"。

⑥无无极：没有无极。意即在无极之外不存在又一个无极。

⑦齐州：中州，中央之州，泛指中国。

⑧实：证实，验证。

⑨营：地名，即柳城，在今辽宁境内。《尚书·虞书·舜典》："肇十有二州。"《尚书正义》："十二州，谓冀、兖、青、徐、荆、杨、豫、梁、雍、并、幽、营也。"

⑩豳（bīn 宾）：地名，在今陕西省境内。豳，同"邠"。

⑪四海、四荒、四极：四海，泛指中国全境；四荒，泛指边远各地；四极，泛指四周极限之处。《尔雅》："九夷、八狄、七戎、六蛮谓之四海。觚竹、北户、西王母、日下谓之四荒。东泰远、西邠国、南濮铅、北祝栗谓之四极。"

⑫表：周围，外表，这里指体积而言。

⑬阙：同"缺"。

⑭鳌（áo 敖）：传说中海里的大鱼或大鳖。

⑮共工氏：人名，传说为炎帝后裔的一支。人面蛇身赤发，乘二龙。曾与颛顼争为帝，战斗激烈残酷。颛顼（zhuān xū 专须）：人名，传说中炎黄联盟重要首领之一，号高阳氏，在争夺最高权力的战斗中，击败共工氏。

⑯不周之山：即不周山，传说中的山名。《山海经·大荒西经》："西北海之外，大荒之隅，有山而不合，名曰不周负子，有两黄兽守之。"这里的"负子"为衍文。不周，郭璞注："此山形有缺坏不周帀（zā 扎）处，因名。"

⑰天柱：传说中支撑天穹的巨柱。

⑱绝：断。地维：传说中大地的四角。远古初民以为天圆地方，天有九柱支撑，地有四维系缀。

⑲就：就位，摆定位置。

⑳地不满东南：大地填不满东南部。“天倾西北，地不满东南”，这是我国古代神话传说对全国地貌总特点的解释。

㉑水潦（lǎo 老）：水聚积。潦，通“涝”。

【今译】

殷汤向夏革问道：“远古时候有‘物’存在吗？”夏革说：“要是远古没有‘物’存在，现在哪里可能有‘物’存在呢？以后的人将会说我们现在没有‘物’存在，能行吗？”殷汤问道：“那么，‘物’的出现没有时间先后之分了吗？”夏革说：“‘物’出现在后或出现在先，最初之时没有定准。在先的或许变为在后的，在后的或许变为在先的，怎么搞得清楚这些头绪呢？如果还要说这个‘物’之外的情况，这个‘事’之先的情况，确实是我所不知道的。”殷汤问：“难道上下八方有尽头吗？”夏革说：“不知道。”殷汤坚持问下去。夏革回答说：“宇宙空间就没有极限，存在的‘物’就不会穷尽，这些复杂的情形我怎么能够知道呢？不过，没有极限之外不会再有‘没有极限’，不会穷尽之中也不会再有‘不会穷尽’。没有极限仍然不存在‘没有极限’，不会穷尽仍然不存在‘没有穷尽’。我只是知道它没有极限不会穷尽，而不知道它有极限会穷尽。”殷汤又问道：“四海之外还存在什么吗？”夏革说：“存在着同齐州差不多的东西。”殷汤问道：“你怎么来验证它的存在呢？”夏革说：“我往东方行走到达营州，那里的人民同齐州人民差不多。询问营州以东的情况，仍然同营州差不多。往西行走到豳州，那里的人民同齐州人民差不多。询问豳州以西的情况，仍然同豳州差不多。这样我便知道四海、四荒、四极并没有什么不同。所以大的空间小的空间互相包容，没有穷尽没有极限。包容万物在其中，正像包容天地在其中一样；包容万物所以没有穷尽，包容大地所以没有极限。我又怎么能够知道天地周围不会存在着比天地更大的天地呢？这同样是我所不知道的。但是，天地也是‘物’。既是‘物’就会有不完全之处，所以古时候女娲氏炼出五色石用来修补天的缺损，斩断鳌的脚来支撑四方。以后，共工氏同颛顼争夺帝位，共工氏愤怒至极，碰撞不周山，这一下折断了支撑天空的巨柱，断绝了维系大地的巨绳，所以天朝着西北倾斜，日月星辰便在那里确定位置；地在东南陷下去，所以大小河流、各种湖沼都归汇在那里。”

【原文】

汤又问："物有巨细乎？有修短乎？有同异乎？"革曰："渤海之东不知几亿万里，有大壑焉[①]，实惟无底之谷[②]，其下无底[③]，名曰归墟[④]。八纮九野之水[⑤]，天汉之流[⑥]，莫不注之，而无增无减焉。其中有五山焉：一曰岱舆[⑦]，二曰员峤[⑧]，三曰方壶[⑨]，四曰瀛洲[⑩]，五曰蓬莱[⑪]。其山高下周旋三万里[⑫]，其顶平处九千里。山之中间相去七万里[⑬]，以为邻居焉。其上台观皆金玉[⑭]，其上禽兽皆纯缟[⑮]。珠玕之树皆丛生[⑯]，华实皆有滋味，食之皆不老不死。所居之人皆仙圣之种[⑰]；一日一夕飞相往来者，不可数焉[⑱]。而五山之根，无所连著[⑲]，常随潮波上下往还，不得暂峙焉[⑳]。仙圣毒之[㉑]，诉之于帝。帝恐流于西极，失群圣之居，乃命禺疆使巨鳌十五举首而戴之[㉒]。迭为三番[㉓]，六万岁一交焉。五山始峙。而龙伯之国[㉔]，有大人，举足不盈数步而暨五山之所[㉕]，一钓而连六鳌，合负而趣[㉖]，归其国，灼其骨以数焉[㉗]。于是岱舆、员峤二山，流于北极，沉于大海，仙圣之播迁者巨亿计[㉘]。帝凭怒[㉙]，侵减龙伯之国使阨[㉚]，侵小龙伯之民使短。至伏羲神农时[㉛]，其国人犹数十丈[㉜]。从中州以东四十万里[㉝]，得僬侥国[㉞]，人长一尺五寸。东北极有人名曰诤人[㉟]，长九尺。荆之南有冥灵者[㊱]，以五百岁为春，五百岁为秋。上古有大椿者[㊲]，以八千岁为春，八千岁为秋。朽壤之上有菌芝者[㊳]，生于朝，死于晦。春夏之月有蠓蚋者[㊴]，因雨而生，见阳而死。终发北之北有溟海者[㊵]，天池也，有鱼焉，其广数千里，其长称焉[㊶]，其名为鲲[㊷]。有鸟焉，其名为鹏[㊸]，翼若垂天之云[㊹]，其体称焉。世岂知有此物哉？大禹行而见之，伯益知而名之[㊺]，夷坚闻而志之[㊻]。江浦之间生麽虫[㊼]，其名曰焦螟[㊽]，群飞而集于蚊睫[㊾]，弗相触也。栖宿去来，蚊弗觉也。离朱子羽[㊿]，方昼拭眥扬眉而望之，弗见其形；䚡俞师旷方夜擿耳俛首而听之[51]，弗闻其声。唯黄帝与容成子居空峒之上[52]，同斋三月，心死形废[53]；徐以神视[54]，块然见之，若嵩山之阿[55]；徐以气听[56]，砰然闻之若雷霆之声。吴、楚之国有大木焉[57]，其名为櫾[58]，碧树而冬生[59]，实丹而味酸；食其皮汁，已愤厥之疾[60]。齐州珍之，渡淮而北，而化为枳焉[61]。鸜鹆不逾济[62]，貉逾汶则死矣[63]，地气然也[64]。虽然形气异也，性钧已[65]，无相易已。生皆全已[66]，分皆足已[67]。吾何以识其巨细？何以识其修短？何以识其同异哉？"

注释

①壑(hè 贺):大的水坑。大壑:实指大海。《山海经·大荒东经》:“东海之外大壑,少昊之国。”

②无底之谷:为形容大壑极深之言。《山海经·大荒东经》郭璞注:“《诗含神雾》曰:‘东注无底之谷’,谓此壑也。”

③其下无底:为形容归墟极深之言。

④归墟:指水流的汇合处。

⑤八纮(hóng 宏):八极。九野:天之八方和中央。九野之名,即钧天、苍天、变天、玄天、幽天、昊天、朱天、炎天、阳天。

⑥天汉:天河,银河。俗传天河与海通。

⑦⑧⑨⑩⑪岱舆、员峤、方壶、瀛洲、蓬莱:均为传说中之海上神山。《列子释文》:“《史记》曰:‘方丈(方壶)、瀛洲、蓬莱,此三神山,在渤海中。盖尝有至者,诸仙人及不死之药皆在焉。未至,望之如云。欲倒,即引而去,终莫能至。”

⑫周旋:周围。

⑬中间:中央部分。相去:相距,相隔。

⑭台观(guàn 冠):有楼台的寺观。

⑮纯缟:单纯的素色(白色)。

⑯玕(gān 甘):美石。

⑰种:类,指同一类型。

⑱数(shǔ 鼠):计算。

⑲连著:连着,连接。

⑳暂峙:短暂的停留。

㉑毒:《列子释文》:“毒,病也。”引伸为烦恼。

㉒禺(yú 于)疆:神话传说中的神名。《山海经·大荒北经》:“北海之渚中,有神,人面鸟身,珥两青蛇,践两赤蛇,名曰禺疆。”

㉓迭:重复,轮流。番:次,批。

㉔龙伯之国:神话传说中的国名,国内之人高大异常。据袁珂《山海经校注》:“《河图玉版》曰:‘从昆仑以北九万里,得龙伯国人,长三十丈,生万八千岁而死。’”《山海经》之《海外东经》《大荒东经》等,载有大人国之事。

㉕不盈数步:不满几步。

㉖合负:归并着背负。趣:同“趋”。

㉗灼:烧。骨:指鳌之类的骨。数:计算,推测,占卜。

㉘播迁:迁移。巨亿计:数字大到以亿为单位计算。

㉙忿(fèn 愤)怒:大怒。

㉚侵:通“浸”。侵减:慢慢地递减。阸(ài 爱):通“隘”,狭小。

㉛伏羲、神农：传说中之帝王。

㉜其国人犹数十丈：见《山海经·大荒东经》："有波谷山者，有大人之国。"又《大荒北经》："有大人之国，釐姓，黍食。"又《海外东经》："大人国在其北，为人大，坐而削船。"

㉝东：应为"西"。王重民《列子校释》："'东'当作'西'，字之误也。"

㉞僬侥国：神话传说中之国名，人矮，为矮人国。《山海经·大荒南经》："有小人，名曰僬侥之国，几姓，嘉谷是食。"又《海外南经》："周饶（僬侥），国在其东，其为人短小，冠带。"

㉟诤（zhèn 正）人：神话传说中之小人，又称为靖人。《山海经·大荒东经》："有小人国，名靖人。"晋人郭璞注："《诗含神雾》曰"'东北极有人长九寸。'殆谓此小人也。或作竫，音同。"清人郝懿行《山海经笺疏》："《说文》（十）云：'靖，细儿。'盖细小之义，故小人名靖人也。《淮南子》作竫人，《列子》作诤人，并古字通用。"

㊱荆：古荆州，在今湖北、湖南一带。冥灵：木名，生江南，以叶生为春，叶落为秋。

㊲大椿：木名。

㊳朽壤：腐败木头和土壤。菌芝：灵芝类野菌。

㊴蠓蚋：小飞虫。

㊵终发北：传说中的古国名。溟海：黑色之海。《列子释文》："《十洲记》云：'水黑色谓溟海。'"传说为极北之大海。

㊶称（chèn）：相称，相等。《列子集释》："称，犹等也。今言相称，读去声。"

㊷鲲：传说中的大鱼，即鲸。

㊸鹏：传说中的大鸟，亦说为凤鸟。

㊹垂天之云：垂落下来的云彩。

㊺伯益：人名。传说中善于畜牧之人。

㊻夷坚：传说中人名。张湛注："夷坚未闻，亦古博物者也。"即古代博学多闻之人。

㊼江浦：江边，水滨。麽（mó 模）：幺麽，极细小。生：有。

㊽焦螟：虫名，传说中之小虫。

㊾蚊睫：蚊子的睫毛。

㊿离朱：人名，黄帝时人，能百步望秋毫之末。子羽：人名，亦为传说中之明目者。眥（zì 字）：通称眼角。

51觗（zhì 治）俞：人名。师旷：人名。《列子释文》："皆古之聪耳人也。"擿（zhì 至）：搔。俛（fǔ 斧）：同"俯"。

52容成子：人名，又称广成子。容成子、广成子，一说均老子别号。《艺文类聚》和《庄子·在宥篇》作广成子。空峒:山名。《庄子·在宥篇》作空同。成玄英说:“空同山,凉州北界。”在今甘肃境内。

㊿心死形废:即心同死灰,形若枯木。

54神视:内观,不用目视。

55嵩(sōng 松)山:山名,我国著名的五岳之一,在今河南省境内。阿(ē):山丘。

56徐以气听:气,指元气,自然而不资外用之气。

57吴:古国名,在今江苏、浙江一带。楚:古国名,在今湖北、湖南一带。

58櫾(yòu 柚):即柚木。小曰橘,大曰柚。

59生:应为“青”。王重民《列子校释》:“‘生’当作‘青’,字之误也。”冬生:冬青,冬季常青。

60愤厥:气不顺而引起的一种疾病。

61淮:河名,即淮河。枳(zhǐ 止):又称枸橘,灌木或小乔木,浆果球形,味酸苦。

62鸜鹆(qú yù 渠玉):俗称八哥。济:水名,现已不存。

63貉:兽名,俗称狗獾。汶:水名,当为四川之岷江,不为山东之汶水。

64地气然也:《周礼·冬官》:“橘逾淮而北为枳,鸜鹆不逾济,貉逾汶则死,此地气然也。”《列子》文字与此同。

65性:生理特性,指性情。钧:均衡,保持常态。已:同“矣”。

66生:指生命条件,生理条件。全:完备,充足。

67分(fèn 奋):天分,天性。

【今译】

殷汤又问:“‘物’有大和小的不同吗?有长和短的差异吗?有同和异的分别吗?”夏革说:“在渤海东面不知道有多少亿万里之处,有无比巨大的海洋,实际上是个没有底的深谷,它的下面因为没有底,就叫做‘归墟’。天的八极九方往下倾泻的流水,天河往下奔腾的流水,无不往这儿汇注,然而这‘归墟’里的水显不出增加,也显不出减少。那巨大的海洋上有五座山:第一座叫岱舆,第二座叫员峤,第三座叫方壶,第四座叫瀛州,第五座叫蓬莱。那些山的上下周围有三万里,那些山峰的平面有九千里。山与山之间相距有七万里,作为近邻矗立着。那些山上的台观全是金玉装饰,飞禽走兽都是纯白颜色。珍珠宝石般的树木到处生长,花儿果实滋味鲜美,吃了花朵或果实人就长生不老。在那里居住的人都与神仙差不多;他们之间,白天晚上飞来飞去互相交往的人非常之多,无法计算。不过,这五座山的底部并不与海底相连接,常常随着潮涨潮落、波涌波平或上或下地来回游移,从未暂时停歇过。神仙圣人们感到很苦恼,便向天帝诉说。天帝惟恐那些山流移到西极去,使众多的神仙圣人无处居住,便下令禺疆指挥十五只巨鳌昂着头,顶着五座大山。轮流三次,每次六万年一交接,这才开始把五座山安顿稳当而不游移。却有龙伯之国的巨人,抬脚不几步就达到了五座山上,垂下钓钩,一连钓了六只巨鳌,把六只巨鳌一肩扛着往自己的国家去,烧灼巨鳌的骨头作为占卜之用。因此岱舆、员峤两座山便朝北极漂流,沉入大海之中,神仙圣人迁移流离之多,数以亿计。天帝大怒,让龙伯之国逐渐狭小,让龙伯之国的人民逐渐矮小。到伏羲、神农时代,龙伯之国的人身高还达数十丈。从中州往西,四十万里之遥有僬侥国,人身长一尺五寸。东北远方有人取名诤人,身长九尺(九寸)。荆州南面有冥灵树,以五百年作为一春,五百年作为一秋。上古有大椿树,以八千年为一春,八千年为一秋。朽木腐壤上有一种菌芝,早晨出生,下晚萎败。春季夏季之间有小飞虫叫做蠓蚋,逢下雨产生,见太阳便死去。终北国的北边有黑海,名为'天池',海中有鱼,这鱼的身体宽达几千里,它的长度也很相称,取名为'鲲'。还有鸟在那儿,取名为'鹏',展开的翅膀好像无边的云彩垂挂在天空中,它的身体同翅膀很相称。社会上哪里能够知道有这种东西呢?大禹走过这里的时候看见过它,伯益晓得以后就给它取上名字,夷坚听说以后就记载了下来。江边附近生长小虫,名叫焦螟,成群地乱飞,然后聚集在蚊子的睫毛上,互相之间不会接触到。飞来飞去,停留栖宿,蚊子都没有感觉出来。即使眼力超人的离朱、子羽,白日里擦拭眼睛睁眼观察,也看不到任何形状;听力超人的鯱俞、师旷,深夜里扯着耳朵低着头谛听,也听不到任何声音。只有黄帝和容成子,他们居住在空峒山上,一块儿素斋三个月,心同死灰,形如枯木;缓缓地用精神来内视,小虫的巨大身体被观察出来,像一座嵩山的丘陵一样;缓缓地用元气谛听,砰地发出响声被听觉感受到,像雷霆的轰鸣一样。吴国和楚国有一种大树,取名为柚,满树碧绿,冬夏常青,果实朱红,味道略酸;吃果实的外皮和汁液,能治好像逆气这样的疾病。齐州人民很珍视它,但是到淮河北岸种植这种树,却变为果实酸涩的枳。鸜鹆不能超过济水,貉越过汶水就死亡,这是土地气候形成的。尽管万物的形体气态各异,而习性却仍旧保持常态，互相之间不可能更换。各种‘物’的存在条件都十分完备，天分条件都十分充足。我用什么去认识它们谁大谁小呢？用什么去认识它们谁长谁短呢？用什么去认识它们谁同谁异呢？”

【原文】

太形、王屋二山[1]，方七百里[2]，高万仞。本在冀州之南[3]，河阳之北[4]。北山愚公者[5]，年且九十[6]，面山而居[7]。惩山北之塞[8]，出入之迂也[9]，聚室而谋曰："吾与汝毕力平险[10]，指通豫南[11]，达于汉阴[12]，可乎？"杂然相许[13]。其妻献疑曰[14]："以君之力，曾不能损魁父之丘[15]，如太形、王屋何？且焉置土石[16]？"杂曰："投诸渤海之尾[17]，隐土之北[18]。"遂率子孙荷担者三夫[19]，叩石垦壤[20]，箕畚运于渤海之尾[21]。邻人京城氏之孀妻，有遗男[22]，始龀，跳往助之[23]。寒暑易节，始一反焉。河曲智叟笑而止之，曰[24]："甚矣汝之不惠[25]！以残年余力，曾不能毁山之一毛，其如土石何？"北山愚公长息曰："汝心之固，固不可彻[26]，曾不若孀妻弱子。虽我之死，有子存焉；子又生孙，孙又生子；子又有子，子又有孙；子子孙孙，无穷匮也[27]，而山不加增，何苦而不平？"河曲智叟亡以应[28]。操蛇之神闻之[29]，惧其不已也，告之于帝。帝感其诚[30]，命夸蛾氏二子负二山[31]，一厝朔东[32]，一厝雍南[33]。自此冀之南，汉之阴，无陇断焉[34]。

注释

①太形（háng 杭）：山名，即太行山，在山西高原和河北平原之间。王屋：山名，在山西省阳县城西南。

②方：方圆，周围，指面积而言。

③冀州：古代九州之一，包括现在河北省、山西省、河南省黄河以北、辽宁省辽河以西的地区。

④河阳：古代县名，在今黄河北岸，河南省孟县西。水的北面，俗称为阳。

⑤愚公：人名，虚构之人物。人们说他愚笨，未必没有头脑，未必不聪明。

⑥且：将近。

⑦面山：向着山，即向着山北。

⑧惩（chéng 成）：原意为“戒”，引伸则为“苦于”。塞（sè 色）：阻塞。

⑨迂：绕道，曲折。

⑩毕力：竭尽全力。险：指险峻的大山。

⑪指通:一直通达出去。豫:古地名,豫州,在今河南省黄河以南。

⑫汉:水名,又称汉江,流经武汉汇入长江。汉阴:汉水南岸。俗称水之南岸为阴。

⑬杂然:纷乱的样子。

⑭献疑:提出疑问。

⑮魁父:小山名。《列子释文》:"魁父,《淮南子》作魁阜,谓小山如阜。"《淮南子》云:"牛蹄之涔,无径尺之鲤;魁父之山,无营宇之材:皆其狭小而不能容巨大。"

⑯置土石:堆放土石。

⑰诸:之于。尾:边上。

⑱隐土:古代传说之地名。《淮南子·坠(地)形训》:"东北薄州曰隐土。"东汉高诱注:"薄,犹平也。气所隐藏,故曰隐土也。"

⑲三夫:三个男子。

⑳叩:击,敲打。垦:挖,起土。

㉑箕畚:撮箕,土筐。

㉒京城:姓氏。孀:寡妇。遗男:孤儿。

㉓龀(chèn 趁):小孩子换牙。始龀:开始换牙,约七八岁。跳:任大椿《列子释文考异》:"《汉书·高帝纪》:'汉王跳'。晋灼曰:'跳,独出意也',即下文'独与滕公出成皋王门'是也。《列子》此节述愚公移山无与为助,而遗男独往助之,故云跳往助之也。跳往之跳,与晋灼之训可以互证。"此一说略备参考。

㉔河曲:地名,河湾,河凹。智叟:人名,有智慧的老头,虚拟之人物。人们说的智慧之人,未必不是愚蠢之人。

㉕甚矣:太过分了。惠:同"慧",聪慧,明智。

㉖固:顽固。彻:通,通达。

㉗匮(kuì 溃):穷尽。

㉘亡(wú 无):同"无"。

㉙操蛇之神:神话传说中的山神,手中拿着蛇,故名。《山海经·大荒北经》:"大荒之中……又有神衔蛇操蛇,其状虎首人身,四蹏(蹄)长肘,名曰彊良。"

㉚诚:精诚,坚定不移。

㉛夸蛾氏:神名,神话传说中的大力神。

㉜厝(cuò 错):同"措",放置。朔东:朔方的东部,今山西省北部一带。

㉝雍:雍州,古代州名,今陕西省甘肃省一带。

㉞陇:土丘。断:截断,阻断。陇断:山冈高地阻隔。

【今译】

太行、王屋两座山，方圆七百里，高达万仞。原来位置在冀州的南部，河阳的北面。山的北边有个叫愚公的人，年纪将近九十，面对着大山而居住。他苦于山的北边交通受到阻塞，出出进进都要走迂回曲折的许多路，便召集全家人一块儿商量，说："我和你们共同竭尽全力削平山的险阻，使道路直通豫州南部，达到汉水南岸，可以吗？"全家人七嘴八舌，纷纷表示同意。愚公的老伴提出怀疑，说道："凭你这把气力，还不可能削损魁父这样的山丘，对于太行、王屋这样的大山又能有什么作为呢？何况，挖出来的大量土石，又堆放到哪里去呢？"大家又七嘴八舌地说："把那些土石扔到渤海边上，隐土的北边去。"就这样，愚公便率领儿子、孙子能够背扛肩挑的三个人，敲击石头挖起泥土，用筐运送到渤海边上。邻居姓京城的寡妇有个男孩，才刚换牙，跳跳蹦蹦地跑去帮忙。天气由寒冬变为热暑，差不多一年时间，才有一次来回。河湾处的智叟嘲笑并劝阻愚公，说："你太糟糕了，太不聪明了！凭你余剩的有限时间和力气，连大山的一草一木都搬不了，对于那些坚硬的石头庞大的土壤又能怎么样呢？"北山愚公长叹一声，说："你的心实在顽固，顽固到死硬不开窍的程度，你竟然连寡妇的幼儿都不如。即使我死了，还有儿子继续下来；儿子又会生下孙子，孙子又有他的儿子；儿子又有儿子，儿子又有孙子；子子孙孙繁衍下去是没有穷尽的，而山不会增加土石，这样一直干下去，还愁不能把它削平吗？"河湾处的智叟再也无法回答愚公的这些话。操蛇之神听了愚公移山这件事情，生怕他们不停地挖下去，便向天帝报告。天帝深受愚公的精诚所感动，便命令夸蛾氏的两个儿子去背走两座山，让一座放置在朔方的东部，一座放置在雍州的南部。自此以后，冀州的南部，直到汉水的南岸，交通就不再有阻隔了。

【原文】

夸父不量力[①]，欲追日影，逐之于隅谷之际[②]。渴欲得饮，赴饮河渭[③]。河渭不足，将走北饮大泽[④]。未至道，渴而死。弃其杖[⑤]，尸膏肉所浸[⑥]，生邓林[⑦]。邓林弥广数千里焉[⑧]。

注释

①夸父:神话传说中人物。事见《山海经·海外北经》:“夸父与日逐走,入日,渴欲得饮,饮于河、渭。河、渭不足,北饮大泽。未至,道渴而死。弃其杖,化为邓林。”又,《山海经·大荒北经》:“大荒之中,有山,名曰成都载天。有人珥两黄蛇,把两黄蛇,名曰夸父。后土生信,信生夸父。夸父不量力,欲追日景,逮之于禺谷。将饮河而不足也,将走大泽,未至,死于此。”

②隅谷:即《山海经》之禺谷。晋人郭璞注:禺谷,为禺渊,“日所入也”。隅谷,为神话传说中太阳夜宿之地。

③河:黄河。渭:渭河。

④大泽:湖泊名。《山海经·海内西经》:“大泽方百里,群鸟所生及所解,在雁门北。”在今山西省境内。

⑤杖:手杖。

⑥膏:脂膏。肉:肤肉。浸:浸润,滋养。

⑦生:长。邓林:桃树林。清人毕沅《山海经新校正》:“邓林即桃林也。邓、桃,音相近。”又,高诱《淮南子·坠(地)形篇·注》:“邓,犹木。”

⑧弥:弥漫,长满。

【今译】

夸父不能正确估计自己的力量,要去追赶太阳的影子,一直追赶到太阳夜宿的隅谷这个地方。口渴已极想要喝水,就急匆匆奔到黄河、渭水那里去。黄河、渭水满足不了他的饮用,便准备奔到北方的大泽去喝个够。没有奔到大泽,途中就渴死了。手杖扔到一边,而尸体腐烂以后,脂膏肌肉慢慢浸润着手杖,便生长出一片桃树林来。这桃树林浓荫密布,宽广达几千里。

【原文】

大禹曰:“六合之间,四海之内,照之以日月,经之以星辰[①],纪之以四时[②],要之以太岁[③]。神灵所生,其物异形;或夭或寿,唯圣人能通其道。”夏革曰:“然则亦有不待神灵而生,不待阴阳而形,不待日月而明,不待杀戮而夭,不待将迎而寿[④],不待五谷而食[⑤],不待缯纩而衣[⑥],不待舟车而行。其道自然,非圣人之所通也。”

注释

①经：经纬，引伸为布满。

②纪：纪律，顺序。

③要：约，规定。太岁：星宿名，学名为木星，俗称岁星。太岁每十二年绕太阳一周，古代把这一周分为十二等分，一等分为一年。

④迎：迎接，这里引伸为接养。

⑤五谷：稻、黍、稷、麦、菽。

⑥缯纩：缯：丝织品，纩：丝棉。

【今译】

大禹说："东南西北上下之间，四海之内，照耀的是日月，布满的是星辰，时序为春夏秋冬，年岁以木星运动为准则。神灵所促成的万物，各有各有的形态；有的夭折有的持久，只有圣人才能够通晓这种规律。"夏革说："不过也有不等待神灵就出现的，不依靠阴阳变化就形成的，不需要日月就发出光亮的，不遭到杀戮就夭折的，不必要接养就持久的，不食用五谷就饱腹的，不穿着缯纩就暖和的，不驾驶船车就行走的。这一切的规律是自然而然的，不是圣人所能全部通晓的。"

【原文】

禹之治水土也，迷而失途[1]，谬之一国[2]。滨北海之北[3]，不知距齐州几千万里，其国名曰终北[4]，不知际畔之所齐限[5]。无风雨霜露，不生鸟、兽、虫、鱼、草、木之类。四方悉平，周以乔陟[6]。当国之中有山，山名壶领[7]，状若甔甀[8]。顶有口，状若员环[9]，名曰滋穴。有水涌出，名曰神瀵[10]，臭过兰椒[11]，味过醪醴[12]。一源分为四埒[13]，注于山下；经营一国[14]，亡不悉遍[15]。土气和，亡札厉[16]。人性婉而从，物不竞不争。柔心而弱骨[17]，不骄不忌；长幼侪居[18]，不君不臣；男女杂游，不媒不聘[19]；缘水而居[20]，不耕不稼；土气温适，不织不衣；百年而死，不夭不病。其民孳阜亡数[21]，有喜乐，亡衰老哀苦[22]。其俗好声[23]，相携而迭谣[24]，终日不辍音。饥倦则饮神瀵[25]，力志和平。过则醉，经旬乃醒。沐浴神瀵，肤色脂泽，香气经旬乃歇。周穆王北游，过其国，三年忘归。既反周室，慕其国，憹然自失[26]。不进酒肉，不召嫔御者数月，乃复。管仲勉齐桓公[27]，因游辽口[28]，俱之其国。几剋举，隰朋谏曰[29]："君舍齐国之广，人民之众,山川之观[30],殖物之阜[31],礼义之盛,章服之美[32],妖靡盈庭[33],忠良满朝,肆咤则徒卒百万[34],视㧑则诸侯从命[35],亦奚羡于彼,而弃齐国之社稷,从戎夷之国乎[36]? 此仲父之耄[37],奈何从之?”桓公乃止,以隰朋之言告管仲。仲曰:“此固非朋之所及也。臣恐彼国之不可知之也。齐国之富奚恋? 隰朋之言奚顾?”

注释

①塗:即“途”,路途,道路。

②谬:错。谬之一国:走错到另一国。

③滨:水边。

④终北:国名,又称穷发。《列子解》:“终北者,言其极幽极微,玄默之地。”

⑤际畔:边界。齐限:界限。

⑥乔:山势高而曲折。陟(zhì 至):山势重叠。

⑦壶领:山名。领,山岭。

⑧甔甀(dān zhuì 单坠):甔,坛子一类的东西;甀,小口瓮。

⑨员:即“圆”。员环:圆环。

⑩滋(fèn 奋):山顶之泉。《列子集释》引郭璞云:“今河东汾阴有水,中如车轮许大,濆沸涌出,其深无底,名曰滋。”

⑪臭:即“味”。兰:兰花。椒:花椒。

⑫醪醴(láo lǐ 劳理):醇厚之美酒。

⑬埒(liè 列):等同,相当。

⑭经营:经过,往来环绕。

⑮悉遍:全部遍及。

⑯札厉:瘟疫。

⑰柔心:心性柔和。弱骨:气质柔弱。

⑱侪(chái 才):同辈。侪居:同辈人共居一处。

⑲媒:这里指说媒。聘:出嫁。

⑳缘:沿着。

㉑孳(zī 姿):繁殖。阜:通“富”,繁盛。亡数:无数,不计其数。

㉒其民孳阜亡数,有喜乐,亡衰老哀苦:“孳阜”应在“有”之后。俞樾《诸子平议》:“‘孳阜’二字疑当在‘喜乐’之上,‘其民亡数,有孳阜喜乐,亡衰老哀苦’。盖以‘衰老’对‘孳阜’,‘哀苦’对‘喜乐’”。

㉓好声:爱好声乐。

㉔迭:反复,轮换。谣:歌谣。迭谣:轮换着唱歌。

㉕惓:同“倦”,疲倦。

㉖惝(chǎng 厂):通“帐”。惝然:怅然。

㉗管仲:人名,即管敬仲,名夷吾,字仲。春秋初期大政治家,被齐桓公任命为卿,尊称仲父。在齐进行改革,帮助齐桓公以“尊王攘夷”相号召,使桓公成为春秋时第一个霸主。齐桓公:人名,姜姓,名小白。春秋时齐国君王。任用管仲进行改革,国力富强,成为春秋时第一个霸主。

㉘辽口:地名,疑在今辽宁境内。亦或为虚拟地名,言其辽远之意。

㉙隰(xí 习)朋:人名,为齐国大夫,与管仲同时,共同辅佐齐桓公。

㉚观:景观,景物。

㉛殖物:物产。殖:生殖,出产。

㉜章:通“彰”,色彩,花纹。章服:彩服,华丽的衣服。

㉝妖:这里指美女,妖艳的女子。妖靡:极漂亮的女子。

㉞肆咤:叱咤。

㉟视:疑作“指”。㧑(huī 灰):即挥。视㧑:指挥。

㊱戎:我国古代对西方民族的称呼。夷:我国古代对东方民族的称呼。戎夷:古代对少数边远民族的贬称,有落后、愚昧、野蛮之意。

㊲仲父:即管仲。耄(mào 冒):老年,指八九十岁的年纪。这里是指老而昏聩。

【今译】

禹整治水土,迷失了道路,错走到一个国家。靠近北海的北面,不知道距离齐州有几千万里之远,国家的名字叫做终北,也不知道它的边界在哪儿。终年没有风雨霜露,不生鸟、兽、虫、鱼、草、木之类。四境全都是平原,周围则有高峻重叠的大山。在国境中部有座山,叫做壶领,形状恰似一个小口的陶罐子。山顶上有个洞,形状正像一个圆环,叫做滋穴。洞内有水涌溢出来,叫做神瀵,水汽的清香赛过兰花和花椒,水质味道赛过醇厚的美酒。一个水源平分为四个支流,不停地往山下流淌;在国境内曲折萦回,各处都流遍了。土质、气候都匀和,没有瘟疫瘴疠。人们的性情和蔼而且随顺,不竞不争。内心柔美,气质温和,不骄躁,不猜忌;老的少的一同居住,不分君臣;男的女的混杂游乐,不用请媒不必聘嫁;沿着流水而居住,不耕种土地,不收获庄稼;土质气候温和适宜,不纺纱织布,不穿着衣裳;长寿百年才死去,不会短命夭折,不会有疾病折磨。人口繁衍旺盛,不计其数,有喜悦和欢笑，没有衰老和哀苦。民风喜好声乐，三三两两相约而轮番唱歌，整天歌声不会停歇。饿了倦了便饮用神瀵，精神便平和如初。饮用超过分量就要醉倒，经过十天左右才甦醒。拿神瀵来洗澡，皮肤就会滋润而有光泽，身上的香气经过十天左右才消失。周穆王北游经过终北国，呆了三年，不思回国。后来已经回到国内，仍然钦慕那个国家，怅然而不知自身的存在。不想饮酒，不愿吃肉，不召唤嫔妃侍从，几个月之后才恢复原来的样子。管仲规劝齐桓公游览辽口之后，乘便一块儿往终北国走走。他们几乎要动身了，隰朋提出不同意见，说："君王舍弃广阔的齐国，众多的人民，美丽的山川，丰富的物产，盛大的礼仪，华美的衣服，全宫的美女，满朝的忠良，叱咤一声就召来兵丁百万，指挥一下就能叫诸侯听从命令，是什么原因使你羡慕那种国家而舍弃齐国的江山社稷，去步落后愚昧国家的后尘呢？这是管仲昏聩的主张，怎么要听他的安排呢？"桓公听了隰朋的一番话以后便打消了出游的念头，把隰朋的话转告管仲。管仲说："这原来就不是隰朋所能考虑得到的。我对于那个国家恐怕了解得不够全面。对比之下，齐国的富庶有什么留恋的呢？隰朋的话有什么值得重视的呢？"

【原文】

南国之人，祝发而裸①；北国之人，鞨巾而裘②；中国之人，冠冕而裳③。九土所资④，或农或商或田或渔，如冬裘夏葛，水舟陆车，默而得之，性而成之。越之东有辄木之国⑤，其长子生，则鲜而食之⑥，谓之宜弟。其大父死⑦，负其大母而弃之，曰："鬼妻不可以同居处。"楚之南有炎人之国⑧，其亲戚死⑨，㕁其肉而弃⑩，然后埋其骨，乃成为孝子。秦之西有仪渠之国者⑪，其亲戚死，聚柴积而焚之。燻则烟上，谓之登遐，然后成为孝子。此上以为政，下以为俗，而未足为异也。

注释

①祝发：剃发。孔安国《尚书》注："祝者，断截其发也。"裸：裸体。

②鞨（mò末）：头巾。鞨巾：裹头巾。

③裳：这里为穿裙子。

④九土：九州大地，泛指全中国。《尚书·禹贡》："禹别九州。"意思是禹区分出九州的疆界。

⑤辄木之国：神话传说中的国名，在今海南岛。

⑥鲜：这里作“解剥”讲。

⑦大父：祖父。

⑧炎人之国：神话传说中的国名，在今越南一带。

⑨亲戚：这里指父母。

⑩朽(guǎ 寡)：剔肉。

⑪仪渠：神话传说中的国名，在今甘肃一带。

【今译】

南方人削发而裸体，北方人裹头巾而穿皮裘，中原人戴帽而穿裙。九州大地提供各种资源，人们有的务农有的经商，有的垦植有的捕鱼；恰如冬天穿裘革夏天穿葛服，水上乘船陆地坐车一样，是潜移默化自然做到，靠着本性自然形成的。越国的东面有个辄木国，头一胎子女一出生，便剖开来吃掉，说是这样做有利于弟妹的生长。祖父去世，就把祖母背到外地抛弃，说：“鬼的妻子不同活人一块儿居住。”楚国的南面有个炎人国，父母去世，把尸肉剐下来扔掉，然后埋葬尸骨，这才能成为孝子。秦国的西面有个仪渠国，父母去世，堆放柴草来焚烧。出现升腾的火焰烟雾，就说是死者登天成仙，然后成为孝子。以上种种情形，当官的作为政务，老百姓作为风俗，并不足以感到有什么异样。

【原文】

孔子东游，见两小儿辩斗。问其故，一儿曰：“我以日始出时去人近[①]，而日中时远也。”一儿以日初出远，而日中时近也。一儿曰：“日初出大如车盖[②]，及日中，则如盘盂，此不为远者小而近者大乎？”一儿曰：“日初出沧沧凉凉[③]，及其日中，如探汤，此不为近者热而远者凉乎？”孔子不能决也。两小儿笑曰：“孰为汝多知乎？”[④]

注释

①去：离，距离。

②盖：圆形的搭在车上的蓬子，如伞状。一说“车盖”并作“车轮”。

③沧沧凉凉：寒冷的样子。沧，寒；凉，微寒。

④为：通“谓”。知：知识。

【今译】

孔子去东方游览，见到两个儿童争论。问他们争论些什么。一个儿童回答说："我认为太阳才升起的时候距离人近些，而太阳到中午的时候距离人远些。"另一个儿童则认为太阳刚出时远些，而中午时近些。前一个儿童说："太阳才升起的时候大得像一个车盖，到了中午的时候，就只像盘子盂盆那么小了，这不说明距离远就小，距离近就大吗？"后一个儿童说："太阳才升起时显得有点凉快，到了中午，就热得像身子在热汤里泡着，这难道不证明距离近的热些，距离远的凉些吗？"孔子对此不能作出判断。两个儿童对孔子笑着说："谁说你是一个知识广博的人呢？"

【原文】

均①，天下之至理也，连于形物亦然②。均发均县轻重而发绝③，发不均也④。均也，其绝也，莫绝⑤。人以为不然，自有知其然者也。詹何以独茧丝为纶⑥，芒针为钩⑦，荆篠为竿⑧，剖粒为饵，引盈车之鱼于百仞之渊⑨、汩流之中⑩，纶不绝，钩不伸，竿不桡⑪。楚王闻而异之，召问其故。詹何曰："臣闻先大夫之言⑫，蒲且子之弋也⑬，弱弓纤缴⑭，乘风振之，连双鸧于青云之际⑮。用心专，动手均也。臣因其事，放而学钓⑯，五年始尽其道。当臣之临河持竿，心无杂虑，唯鱼之念；投纶沉钩，手无轻重，物莫能乱。鱼见臣之钩饵，犹沉埃聚沫，吞之不疑。所以能以弱制强，以轻致重也。大王治国诚能若此，则天下可运于一握⑰，将亦奚事哉？"楚王曰："善！"

注释

①均：均衡，平均，等值。

②形物：有形体的事物。

③县：即"悬"。

④发不均也：发丝极细微，易脆断，能达到不断绝的程度，是因为轻重非常均衡的缘故。

⑤均也，其绝也，莫绝：如果它是均衡的，哪里会有断绝的道理。

⑥詹何：人名，战国时楚国人，以善钓而全国闻名。哲学家，接近老庄思想。纶：垂钓的丝线。

⑦芒：麦芒。芒针：像麦芒那样长而细的针。

⑧篠(diào 掉):小竹子。

⑨盈车之鱼:指鱼大如整车。

⑩汩(gǔ 鼓):疾速。《列子释文》:“汩,疾也。”

⑪桡:曲木,弯曲。

⑫先大夫:曾当过大夫的已去世的父亲。

⑬蒲且子:人名,楚国人,善弋射者。《淮南子·览冥训》:“蒲且子之连鸟于百仞之上,而詹何之骛鱼于大渊之中。”弋(yì 意):带有绳子的箭。

⑭弱弓:力量柔弱的弓箭,与硬弓相对。纤缴:纤细的系在箭上的丝绳。

⑮鸧(cāng 仓):即鸧鹒,也写作仓庚。学名或俗称黄鹂。

⑯放(fǎng 音纺):通“仿”,仿效,模仿。

⑰握:掌握,这里指掌握在手中。

【今译】

均衡,是世界上最高的真理,属于有形体的任何事物都这样。哪怕是毛发,只要力量用得均衡,悬挂物体就不会拉断,如果轻重不均,毛发会拉断,这是由于毛发受力不均衡的缘故。均衡以后,本来可以拉断的也不会拉断。有的人并不以为然,不过自然有知道这其中道理的人。詹何只用一根细茧丝作为钓线,用一根细针作为钓钩,用细小的荆竹作为钓竿,分出半粒米饭作为钓饵,从百丈深渊、湍急流水之中钓到有一整车大的鱼,钓丝不拉断,钓钩不伸直,钓竿不弯曲。楚王听到有这样的事,感到很奇怪,便召唤詹何询问,究竟是什么原因。詹何说:“我曾经听到先父说过,蒲且子射鸟,采用力量柔弱的弓,系上纤细的丝,顺风开弓发箭,一箭把两只黄鹂同时在云际上射中。能做到这一步,是用心专注,手的力量使用均衡的缘故。我从这件事中得到启发,便揣摩着去学习垂钓,经过五年时间才完全掌握其中规律。每当我来到河边拿着鱼竿垂钓的时候,思想上不存在任何别的念头,一心想着钓鱼这事儿;把钓丝放进水中,让钓钩沉到水里,握竿的力量不是时轻时重,身外的事物不能干扰我的专注。鱼儿看见我投放的钓饵,就当作像惯常下沉的尘土和聚拢的泡沫一样,把钓饵吞食下去,一点也不惊疑。我之所以能够做到以柔弱制胜强大,以轻微之物获得沉重之物,就是这么个原因。大王治理国家真正能像蒲且子射鸟、像我钓鱼这样,那么天下就可以在你的掌握之中运行,还有什么事情做不到呢?”楚王说:“好!”

【原文】

鲁公扈、赵齐婴二人有疾[①]，同请扁鹊求治[②]。扁鹊治之。既同愈。谓公扈、齐婴曰："汝曩之所疾，自外而干府藏者[③]，固药石之所已[④]。今有偕生之疾，与体偕长[⑤]，今为汝攻之，何如？"二人曰："愿先闻其验[⑥]。"扁鹊谓公扈曰："汝志强而气弱，故足于谋而寡于断。齐婴志弱而气强，故少于虑而伤于专[⑦]。若换汝之心，则均于善矣。"扁鹊遂饮二人毒酒[⑧]，迷死三日，剖胸探心，易而置之；投以神药，既悟，如初。二人辞归。于是公扈反齐婴之室，而有其妻子[⑨]，妻子弗识。齐婴亦反公扈之室，有其妻子，妻子亦弗识。二室因相与讼，求辨于扁鹊。扁鹊辨其所由，讼乃已。

注释

①鲁：国名。公扈：人名。《列子集释》："《公羊》昭三十一年《传》有公扈子，为邾娄之父兄，亦即《说苑·建本篇》之公扈子，不知是此人不。此固怪诞之言，然人名或有所本。"赵：国名。齐婴：人名，事迹不详。

②扁鹊：人名，姓秦，名越人，渤海郡鄚（今河北任丘）人，战国时著名医学家。《史记》《战国策》有其传略和病案。

③干：干扰，侵扰。府藏：腑脏。

④药石：古代药材和治病的石针。已：完，治愈。

⑤偕生：与生俱来，与生命同时并存。长（zhǎng 掌）：生长，长大。

⑥验：证，症状。

⑦伤：不利，妨害。专：专断，武断。

⑧毒酒：攻病之药酒，这里指起麻醉作用的药酒。

⑨有：占有，占据。妻子：老婆、孩子。

【今译】

鲁国的公扈和赵国的齐婴，二人患有疾病，一块儿去请扁鹊医治。扁鹊为他们治病，二人的病同时治好了。扁鹊对公扈和齐婴说："你们以前的病，是外界事物干扰内脏引起的，本来用草药石针就能治好。如今你二人还有胎里带来的疾病，与身体同时发展，现在想为你们根治，怎么样？"二人同时说："先请你说说病症。"扁鹊向公扈说："你的心性好强，气质却虚弱，所以想得多而决断少。齐婴心性虚弱，气质却刚强，所以想得少而过于独断。如果让你二人交换心脏，各人就都完善了。”扁鹊立即让二人喝下有毒的药酒，麻醉了三天，剖开胸腔，取出心脏，交换放置进去；在胸腔中施以特效药，甦醒过来以后，同原来没有手术时一样。二人告别扁鹊，回到家里去。于是公扈走进齐婴的家里，认为老婆孩子是自己的，而齐婴的老婆孩子不认识他。齐婴同样走进公扈的家里，认为老婆孩子是自己的，而公扈的老婆孩子也不认识他。两家的妻室儿女因此争吵不休，请求扁鹊说明原委。扁鹊说明了事情的缘由，争吵才了结。

【原文】

匏巴鼓琴①，而鸟舞鱼跃，郑师文闻之②，弃家从师襄游③。柱指钩弦④，三年不成章。师襄曰："子可以归矣。"师文舍其琴叹曰："文非弦之不能钩，非章之不能成。文所存者不在弦，所志者不在声。内不得于心，外不应于器，故不敢发手而动弦。且小假之以观其后⑤。"无几何，复见师襄。师襄曰："子之琴何如？"师文曰："得之矣。请尝试之。"于是，当春而叩商弦⑥，以召南吕⑦，凉风忽至，草木成实。及秋而叩角弦⑧，以激夹钟⑨，温风徐迴，草木发荣。当夏而叩羽弦⑩，以召黄钟⑪，霜雪交下，川池暴沍⑫。及冬而叩徵弦⑬，以激蕤宾⑭，阳光炽烈，坚冰立散。将终命宫而总四弦⑮，则景风翔⑯，庆云浮⑰，甘露降⑱，澧泉涌⑲。师襄乃抚心高蹈曰⑳："微矣，子之弹也！虽师旷之清角，邹衍之吹律㉑，亡以加之。被将挟琴执管而从子之后耳。"

注释

①匏（hù 护）巴：人名，古代善于鼓琴的人，传说中的音乐家。

②郑：国名。师文：人名，郑国乐师。《吕氏春秋·审分览·君守》："郑大师文终日鼓琴而兴，再拜其瑟前曰：'我效于子，效于不穷也。'故若大师文者，以其兽者先之，所以中之也。"

③师襄：人名，古代善于奏琴的人。《淮南子·主训术》："孔子学鼓琴于师襄而谕文王之志。"高诱说："师襄，鲁乐太师也。"

④柱指：在琴的柱弦上以手指定音位。钩：应为钧，调也。钩弦：即钧弦，调拨琴弦以谐和音律。

⑤且：暂且。小（shāo 稍）：即少。《说文》："少，不多也。"段玉裁注："不多则小，故古少小互训通用。"假：通"暇"，闲暇，日子宽余。

⑥当春：正值春天。叩：弹拨。商：古代五音之一。五音，宫、商、角、徵、羽。

商，五行中的金行之声，宜秋季弹咏。

⑦召：召应。南吕：古代音乐十二律中的第十律。十二律为黄钟、大吕、太簇、夹钟、姑洗、仲吕、蕤宾、林钟、夷则、南吕、无射、应钟。南吕，为八月律，所以同商弦召应。

⑧角：古代五音之一，木音，属春。

⑨夹钟：为第四律，属二月律，所以同角弦相激发。

⑩羽：古代五音之一，水音，属冬。

⑪黄钟：为首律，属十一月律，所以同羽弦召应。

⑫沍（hù 互）：凝结。

⑬徵（zhǐ 纸）：古代五音之一，火音，属夏。

⑭蕤（ruí）宾：为第七律，属五月律，所以同徵弦相激发。

⑮宫：古代五音之一。五音之外，还有变徵、变宫，又称七音。总四弦：总和春、夏、秋、冬四时之弦律。

⑯景风：美好之风，和顺之风。

⑰庆云：祥云，彩云。

⑱甘露：甜美的露水。

⑲澧泉：即醴泉，醴，甜酒。澧泉，亦即甜美的泉水。

⑳高蹈：跃起。抚心高蹈：有手舞足蹈的意味。

㉑邹衍：人名，号“谈天衍”，齐国人，为燕昭王师，居稷下，著书四十九篇，为战国末期阴阳家。吹律：用管乐吹奏乐曲。

【今译】

瓠巴弹奏琴瑟，能使飞鸟起舞鱼儿欢跃，郑国的师文听说有这样的事，便不顾家庭去跟随师襄学艺。按指调弦，三年之久终不能奏出一支曲子。师襄对师文说：“你可以回去了。”师文放下琴瑟，叹口气，说：“我并非不能调弄琴弦，并非不能弹完一支曲子。我思想上并不单纯考虑琴弦，志趣并不单纯放在声音上。从内心说还不能控制心境，从外部说还不能感应乐器，所以不敢贸然动手去拨弄琴弦。暂且让我有少许时间，以便看看我后来会怎么样。”没过几天，师文再次拜见师襄。师襄问道：“你的琴练习得怎样了？”师文回答道：“已经练习好了。请让我试试吧。”于是，正值春日便弹拨商弦以同南吕律相应，随着乐声凉风忽然吹起，草木都变得成熟了。到了秋日，拨弄角弦以夹钟律激发，乐声起处温和的风徐回吹拂，草木发芽开花。正值夏日便弹拨羽弦以同黄钟律相应，音乐奏起后霜雪纷纷而下，河流湖泊全都凝冻。到了冬天,拨弄徵弦以蕤宾律相激发,乐曲声中阳光炽烈,坚冰迅速消解。演奏快要结束时,变为宫弦,总和春夏秋冬四时的音律,便呈现惠风吹拂,祥云飘飞,甘露降落,醴泉涌起。这时,师襄便兴高采烈手舞足蹈地说:“太精彩了,你弹奏的琴!纵然是师旷吹奏的清角乐曲,邹衍吹奏的管乐声律,不可能超过你了。他们将挟着琴拿着箫和笛追随在你的后面罢了。”

【原文】

薛谭学讴于秦青①,未穷青之技,自谓尽之,遂辞归。秦青弗止。饯于郊衢②,抚节悲歌③,声振林木,响遏行云④。薛谭乃谢求反,终身不敢言归。秦青顾谓其友曰:“昔韩娥东之齐⑤,匮粮,过雍门⑥,鬻歌假食⑦。既去,而余音绕梁欐⑧,三日不绝,左右以其人弗去。过逆旅⑨,逆旅人辱之。韩娥因曼声哀哭⑩,一里老幼⑪,悲愁垂涕相对,三日不食。遽而追之。娥还复为曼声长歌⑫,一里老幼,善跃抃舞⑬,弗能自禁,忘向之悲也⑭。乃厚赂发之⑮。故雍门之人至今善歌哭,放娥之遗声⑯。”

注释

①薛谭:人名,秦国善于歌唱的人。讴(ōu 欧):徒歌(无伴奏)叫做讴。秦青:人名,秦之善歌者。

②饯:饯行,送别。郊衢:城郊途中。

③抚:通“拊”,拍击。节:竹制乐器。

④遏:阻止。

⑤韩娥:韩国善歌者。

⑥雍门:齐国的城门。

⑦鬻:卖。假:通“借”,借支。

⑧欐(lì 丽):房屋的栋梁。

⑨逆旅:旅店。

⑩曼声:长声。

⑪一里:全里,整个乡里。

⑫长歌:高声歌唱。

⑬抃(biàn 便):拍击。抃舞:拍手舞蹈。

⑭向:以前,向来。

⑮厚赂：赠送的财物丰厚。发：送。

⑯放：通“仿”，仿效，学习。

【今译】

薛谭在秦青那儿学习唱歌，还没把秦青的技艺学完，就自认为学完了，便辞别而归。秦青并不挽留。秦青为薛谭在郊外途中饯行，这时秦青拍击着竹制乐器，唱着悲哀歌曲，声响振动着树木森林，阻止着流云飘动。薛谭激动不已，便请求回去继续学习，从此再也不敢说学完归家的话了。秦青回头对他的朋友说：“从前，韩娥东去齐国，没有粮吃了，经过雍门，便卖唱求食。韩娥早已离开了，但她的歌声仍然萦绕房梁，整整三天不断绝，旁边的人还认为歌者并没有离开哩。韩娥经过旅店，旅店的人欺侮她。韩娥感到很痛苦，便长声哀哭，整个乡里老老少少同时感到万分悲愁，流着眼泪相对站着，乃至三天不进饮食。人们连忙去追赶她。韩娥回来以后，又长声高唱，整个乡里老老少少同时欢喜跳跃拍掌舞蹈，不能自禁，忘记了先前的悲愁。人们便赠送她丰厚的财物，让她上路。所以齐国雍门附近的人至今善于唱歌，善于哀哭，是由于仿效韩娥传下来的声音的缘故。”

【原文】

伯牙善鼓琴①，钟子期善听②。伯牙鼓琴，志在登高山③。钟子期曰：“善哉峨峨兮若泰山！”志在流水。钟子期曰：“善哉洋洋兮若江河！”伯牙所念，钟子期必得之。伯牙游于泰山之阴，卒逢暴雨④，止于岩下；心悲，乃援琴而鼓之。初为霖雨之操⑤，更造崩山之音。曲每奏，钟子期辄穷其趣。伯牙乃舍琴而叹曰：“善哉善哉！子之听夫志，想象犹吾心也。吾于何逃声哉？”

注释

①伯牙：人名，传说中人物，相传生于春秋时代，善弹琴。据《乐府解题》：伯牙学琴于成连先生，三年不成。后随成连至蓬莱山，闻海水澎湃，群鸟悲号，心有所感，援琴而歌，从此琴艺大进。

②钟子期：人名，传说中人物，与伯牙同一时代，极善欣赏音乐。

③登：衍文，王叔岷《列子补正》：“‘登’字疑衍。‘志在高山’与下‘志在流

水’相对。”

④卒(cù促):突然。

⑤霖雨:大雨不止,连续的大雨。

【今译】

伯牙善于弹琴,钟子期善于聆听。伯牙弹琴,是想表达登越高山的思想感情。钟子期说:“好啊!仿佛巍峨的泰山就在眼前!”接着表达向往流水之情。钟子期说:“好啊!似乎浩浩荡荡的江河在眼前奔流!”伯牙想到什么,钟子期就一定能够领会到什么。伯牙游览到泰山的北麓,突然之间下起暴雨,被阻于山岩之下,心头十分忧虑,便拿出琴来弹奏。起初弹的是表达连绵大雨情景的曲调,再弹则是表达山崩地塌的声音。每奏一支乐曲,钟子期便能迅速地领会到全部旨趣。伯牙就放下琴,感叹地说:“好啊,好啊!你真是琴声的知音呀!你的志趣和想象,都同我的志趣和想象差不多。我要怎样逃匿才能让琴声不被你领会出它的真实思想感情来呢?”

【原文】

周穆王西巡狩[①],越昆仑,不至弇山[②]。反还,未及中国,道有献工人名偃师[③],穆王荐之[④],问曰:“若有何能?”偃师曰:“臣唯命所试。然臣已有所造,愿王先观之。”穆王曰:“日以俱来[⑤],吾与若俱观之。”翌日[⑥],偃师谒见王。王荐之曰:“若与偕来者何人耶?”对曰:“臣之所造能倡者[⑦]。”穆王惊视之,趋步俯仰[⑧],信人也[⑨]。巧夫,锁其颐[⑩],则歌合律;捧其手,则舞应节。千变万化,惟意所适。王以为实人也[⑪],与盛姬内御并观之[⑫]。技将终,倡者瞬其目而招王之左右侍妾[⑬]。王大怒,立欲诛偃师。偃师大慑,立剖散倡者以示王,皆傅会革、木、胶、漆、白、黑、丹、青之所为[⑭]。王谛料之[⑮],内则肝、胆、心、肺、脾、肾、肠、胃,外则筋骨、支节、皮毛、齿发,皆假物也,而无不毕具者。合会复如初见。王试废其心,则口不能言;废其肝,则目不能视;废其肾,则足不能步。穆王始悦而叹曰:“人之巧乃可与造化者同功乎?”诏贰车载之以归[⑯]。夫班输之云梯[⑰],墨翟之飞鸢[⑱],自谓能之极也。弟子东门贾、禽滑釐[⑲],闻偃师之巧,以告二子,二子终身不敢语艺,而时执规矩[⑳]。

注释

①巡狩:外出视察。狩(shòu 兽):通“守”。巡狩,即巡守。

②弇(yǎn 演)山:古代传说中的山名。亦即崦嵫山,又称弇兹。《穆天子传》卷三:“升于弇山。”郭璞注:“弇,弇兹山,日所入也。”在今甘肃天水县西境。《山海经·西山经》:“鸟鼠同穴山西南三百六十里曰崦嵫山。”郭璞注:“日没所入山也。”不:据王叔岷《列子补正》:“‘不’字疑衍。”若有‘不’字,则与事实、与此文意不合。

③偃(yǎn 演)师:人名,疑为《列子》中虚拟的人物。

④荐:这里应训释为接见。

⑤日:这里应训释为其他时间或他日。

⑥翌日:次日,第二天。

⑦倡:俳优,指歌舞杂要艺人。

⑧趋:行走。

⑨信人:可信之人,真实之人。

⑩顉(hàn 汗):摇动。颐:面颊,这里实指头部。

⑪实人:即信人,真实之人。

⑫盛姬:穆王之美人。

⑬瞬其目:原义为眨着眼睛,这里应解释为以眼睛的活动作为挑逗或传情。

⑭傅:同“附”。傅会:附会,亦即将就、凑合之意。

⑮谛料:认真检查。

⑯诏:命令,派遣。贰车:副车,随从之车。

⑰班输:人名,公输氏,名班,即鲁班,春秋时代鲁国人。我国古代著名的建筑工匠。曾经制造攻城的云梯。云梯:古代攻城时攀登城墙等高大建筑物用的长梯。《墨子·公输》:“公输盘为楚造云梯之械成,将以攻宋。”

⑱墨翟(dí 笛):人名,见《黄帝篇》末段注⑥。飞鸢(yuān 冤):鸟名,亦称老鹰或黑耳鹰。这里指人工造的飞鸢。

⑲东门贾(gǔ 古):人名,为鲁班弟子。禽滑(gǔ 骨)釐:人名,为墨翟弟子。

⑳时执规矩:是说他们不敢谈论技艺方面的事。规矩:一种工具,用以校正方或圆。

【今译】

周穆王到西部去视察,走过昆仑山,来到弇山。视察后返回的途中,还没有到中原之境,路上有个敬献工技的人叫做偃师。穆王让他进见,问道:“你有什么才能呢?”偃师回答说:“我全都听从你的命令,叫我试做什么就做什么。不过，我已经造了一件东西，希望大王先观赏一下。”穆王说：“明天你带它来，我同你一道观赏。”次日，偃师进见穆王。穆王让偃师进见，问道：“与你一道来的是什么人呢？”偃师答道：“这是我制造的能够搞技艺杂耍逗人取乐的人。”穆王感到很惊讶，看了看，那人快走慢行低头抬首，是一个真实的人。巧妙还在于，摇晃着脑袋，便唱出歌，歌声合于音律；两手活动起来，便跳着舞，舞姿合于节拍。千变万化，任由你所想，都会有相应的动作。穆王认为这是个真实的人，便同宠妃盛姬以及宫内嫔妾一道观赏。演出的技艺杂耍快结束的时候，那人以眼色挑逗并勾引穆王身边的姬妾。穆王怒不可遏，要立刻杀掉偃师。偃师万分惧怕，立刻剖开那人给穆王看，原来全都是塞些皮草、木料、粘胶、生漆、白黑丹青物品凑合成的。穆王认真地检查，体内的肝、胆、心、肺、脾、肾、肠、胃，体外的筋骨、肢节、皮毛、牙齿、毛发，全都是假的，却与人体一样，什么都完备。让偃师把剖开的那人合聚起来，又同开始见到的一个样儿。穆王试着除去它的心脏，口就不能说话；除去肝脏，眼就不能看见；除去肾脏，足就不能行走。穆王此时开始高兴起来，赞叹道：“人的技艺之巧妙，同自然造化的奇功差不多了吧？”随即下令，用副车把它装载回宫里去。班输创造出云梯，墨翟创造出飞鸢，自认为技能达到顶点了。班输弟子东门贾，墨翟弟子禽滑鳌，听到偃师的这种奇巧之事，便分别告诉班输和墨翟，这二位著名工艺大师竟然终生不敢再谈论技艺，只能按着规矩做些实实在在的工作。

【原文】

甘蝇①，古之善射者，彀弓而兽伏鸟下②。弟子名飞卫③，学射于甘蝇，而巧过其师。纪昌者④，又学射于飞卫。飞卫曰：“尔先学不瞬，而后可言射矣。”纪昌归，偃卧其妻之机下⑤，以目承牵挺⑥。二年之后，虽锥末倒眦而不瞬也⑦。以告飞卫。飞卫曰：“未也，亚学视而后可。视小如大，视微如著，而后告我。”昌以氂悬虱于牖⑧，南面而望之。旬日之间，浸大也⑨；三年之后，如车轮焉。以睹余物，皆丘山也⑩。乃以燕角之弧⑪，朔蓬之簳⑫，射之，贯虱之心，而悬不绝。以告飞卫。飞卫高蹈拊膺曰⑬：“汝得之矣！⑭”纪昌既尽卫之术，计天下之敌己者一人而已，乃谋杀飞卫。相遇于野，二人交射；中路端锋相触⑮，而坠于地，而尘不扬。飞卫之矢先穷[16]。纪昌遗一矢，既发，飞卫以棘刺之矢扞之[17]，而无差焉[18]。于是二子泣而投弓，相拜于途，请为父子。剋臂以誓[19]，不得告术于人。

注释

①甘蝇：人名，古代传说中擅长于射箭的人。《吕氏春秋·有始览·听言》："蠭门（逢蒙）始习于甘蝇。"高诱注："甘蝇，盖射人姓名。"

②彀（gòu 够）：张开。彀弓：把弓张满。

③飞卫：人名，古代传说中擅长于射箭的人。

④纪昌：人名，古代传说中擅长于射箭的人。

⑤偃卧：仰面睡觉。机：这里系指织布机。

⑥承：接，跟着。牵挺：织机下绳悬两只踏板，用足蹑之，使牵引相上下以织布帛者。

⑦锥末：锥子的尖锋。倒：到也。眦（zì 自）：眼角。

⑧氂（máo 矛）："牦"的异体字。这里是指牦牛的毛。虱（shī 施）：即虱子。

⑨浸：漫漫地，逐渐地。

⑩皆丘山也：看虱子大如车轮，那么看其他事物同等地放大，有如山丘一样了。

⑪燕：国名。角：牛角。

⑫朔：应为"荆"。《列子集释》："'朔'字当为'荆'，形近而误。"荆，指楚国。蓬：干硬的草。簳（gǎn 敢）：蓬草的茎干。

⑬高蹈：高跳，指高兴得跳起来。拊膺：拍击着胸膛。拊：拍击。

⑭汝得之矣：张湛注："视小如大，贯之不足为难。"

⑮中路：中途，这里指中间。相触：相接触，这里指两箭矢锋相碰。

⑯穷：尽，用完。

⑰棘刺：荆棘的利刺。扞（hàn 汉）："捍"的异体字，捍卫，防卫。

⑱无差焉：《列子解》："二矢同道相及而势尽，故坠地而尘不飞者，微之甚也。以棘刺扞之不差，审之至也。"

⑲剋（kè 克）：通"刻"。剋臂：在手臂上用箭矢刻画标记。

【今译】

甘蝇是古时候擅长射箭的人，弓一张开，箭矢一射出，野兽被射中趴在地上，飞鸟被射中坠落下来。他的弟子飞卫，学习他的射箭技术，而技艺却超过了老师。纪昌又去学习飞卫的射箭技术。飞卫说："你先学会看东西不眨眼睛，然后才谈得上学习射箭。”纪昌回到家里，便仰面卧在妻子的织布机下面，眼睛随着一上一下的踏板看着，一眨也不眨。两年之后，即令锥子的锋尖将要刺到眼角了，也不眨一下。做到这种程度，便去报告飞卫。飞卫说：“还不行啊，再把眼力锻炼好了以后才行。等你练到看着小的就好像看着大的，看着细微的就好像看着显著的时候，再来向我说。”纪昌便用牦牛的毛系上虱子，挂在窗前，面向南方盯着。十天时间，悬挂的虱子越看越大；三年时间，把虱子竟看得像车轮一样大。用这个方法盯看其他东西，都变得同山丘差不多大了。他就用燕国的牛角制出硬弓，用楚国的蓬干制出箭杆，朝虱射去，直穿虱的正中，而悬毛不断。做到这种程度，便去报告飞卫。飞卫兴高采烈地跳起来拍着胸脯，说：“你已经学到家了！”纪昌已经把飞卫的射箭技术完全学到手以后，心想，天下能够同我不相上下的，就只有飞卫这个人了，于是存心谋杀飞卫。纪昌和飞卫恰巧在郊外相遇，二人张弓互相对射；发出的箭在他们之间相碰击，坠落在地上，而尘土不飞扬。飞卫的箭先射完。纪昌还剩下一支箭，张弓向飞卫射去，飞卫用荆棘的刺锋防卫，箭与刺锋相碰击毫厘不差。二人激动不已，流着热泪，放下弓箭，在路上互相跪拜起来，并请求结为义父义子。还在手臂上刻下标记，立下誓言，决定不把射箭的绝技告诉别人。

【原文】

造父之师曰泰豆氏①。造父之始从习御也，执礼甚卑②，泰豆三年不告。造父执礼愈谨，乃告之曰：“古诗言：‘良弓之子，必先为箕③，良冶之子，必先为裘④。’汝先观吾趣。趣如吾⑤，然后六辔可持⑥，六马可御。”造父曰：“唯命所从。”泰豆乃立木为途，仅可容足⑦；计步而置，履之而行。趣走往还，无跌失也。造父学之，三日尽其巧。泰豆叹曰：“子何其敏也，得之捷乎？凡所御者，亦如此也。曩汝之行，得之于足，应之于心。推于御也，齐辑乎辔衔之际⑧，而急缓乎唇吻之和⑨；正度乎胸臆之中⑩，而执节乎掌握之间⑪。内得于中心，而外合于马志⑫，是故能进退履绳，而旋曲中规矩⑬，取道致远⑭，而气力有余，诚得其术也。得之于衔⑮，应之于辔；得之于辔，应之于手；得之于手，应之于心。则不以目视，不以策驱⑯；心闲体正⑰，六辔不乱，而二十四蹄所投无差⑱；回旋进退，莫不中节⑲。然后舆轮之外，可使无余辙⑳；马蹄之外，可使无余地[21]。未尝觉山谷之险，原隰之夷[22]，视之一也。吾术穷矣。汝其识之！”

注释

①造父：人名。泰豆氏：人名，亦作大（tài 太）豆，古代传说中擅长于御马者。《吕氏春秋·听言》：“造父始习于大豆。”高诱注：“大豆，盖御人姓名。”

②执礼：执行礼仪，遵守礼节。卑：谦恭。

③箕：竹器，撮箕之类。这里指编箕。

④裘：皮衣，这里指制作皮衣。“良弓之子，必先为箕；良冶之子，必先为裘”，句出《礼记·学记》：“良冶之子，必先为裘；良弓之子，必学为箕。”

⑤趣如吾：急步行走得像我一样。

⑥辔（pèi 佩）：驾驭牲口用的嚼子和缰绳，这里指缰绳。六辔：六条缰绳。

⑦容：放，放置。仅可容足：恰好放得下脚。

⑧齐：调整，一致。辑：《说文》：“辑，车舆也。”这里引伸为马匹。

⑨急缓：指速度，或迅急，或缓慢。唇吻之和：唇吻，即嘴巴，这是指口里的吆喝之声与车马的快慢协调。

⑩正度：恰好适合，指快慢恰到好处。

⑪执节：驾驭的节奏恰当。掌握：指手里握着的六辔。

⑫马志：马的性情，马的意愿。

⑬履绳：马的步履按照缰绳指示行进。旋曲：转弯迂回。中规距：按照一定的规矩办。矩：衍文。

⑭取道：选择道路，走上路途。致远：行走远路。

⑮衔：马嚼子，金属制造。

⑯策：马鞭子。

⑰心闲：心头闲静，不慌不忙。

⑱二十四蹄：即六匹马。古代一般高贵之人用四马，这里六马，是在四马外边各有一匹侧马，故为二十四蹄。

⑲中节：节奏适合，即行走得该快就快，该慢就慢，很合要求。

⑳无余辙：没有多的车辙，意即哪怕是狭窄之路都能恰好过得去，车轮外没有剩下可容车辙之处。

㉑无余地：没有多的地方，意即哪怕是难走的危险地方，马蹄都能踏过去，容下了马蹄就再没有可立足之地了。

㉒原：平地，平原。隰（xí 习）：低温的地方。夷：平直，坦途。

【今译】

造父的老师叫做泰豆氏。造父最初学习驾驭马车技术的时候，礼貌周到态度恭谦，但是三年了，泰豆氏并不给他传授技术。造父礼貌愈加周到态度愈加恭谦，泰豆氏这才对他说："古诗讲：'优秀制弓人的儿子，必须先练习编织竹器撮箕；优秀冶炼匠的儿子，必须先练习缝制皮革裘袍。'你且先观摹我疾走的步法。等到你疾走得和我差不多了，就可以掌握六条缰绳，六匹马的车子就可以驾驭了。"造父说："一切听从你的安排。"泰豆氏树起木桩作为马道，只够脚踏进去；木桩是经过计算马的步伐而安置的，人却要踏着木道行走。疾步前行，往来迂回，不能有任何闪失。造父学着他的样子去做，仅三天就把这技术学到手了。泰豆氏赞叹地说："你学习得这么灵活，掌握得这么迅速呀！凡是学习驾驭马车的人，都应该这样训练。刚才你在木桩道上行走，靠脚迈步，而心却呼应着。用到驾车上，在调整马匹的缰绳和嚼子的当儿，无论紧急还是舒缓都要同口头的吆喝声和谐一致；疾缓的分寸在胸臆中要把握住，走动的节奏在缰绳上要掌握好。在内一切由心中安排，在外则适应马的情绪，就这样，无论前进还是后退，就像踏着既定墨线一样，无论迂回还是环绕，就像遵照规矩行走一样，选定道路叫它远行，力量依然有剩余，这才算是真正掌握了驾驭技术。再进一步，嚼子的要领掌握了，便要同缰绳的要领相适应；缰绳的要领掌握了，便要同手腕动作的要领相适应；手腕动作的要领掌握了，便要同内心所想的相适应。做到这一步，驾起马车来就用不着眼睛去看，用不着马鞭驱赶；从从容容，坐得端正，六条缰绳井然在握，二十四只马蹄自由奔驰分毫不差；迂回旋转前进后退，无不按一定节奏进行。这一步做到了，又可以在极狭窄极险峻的路上奔驰，车轮之外不可能再有别的车迹，马蹄之外不可能再有什么地面；就不会感到高山峡谷有什么危险，平原低地有什么路平路不平，心目中都当作一回事儿。我所有的驾驭技术，就到此为止了。望你记住吧！"

【原文】

魏黑卵以暱嫌杀丘邴章[①]。丘邴章之子来丹谋报父之仇。丹气甚猛，形甚露[②]，计粒而食[③]，顺风而趋。虽怒，不能称兵以报之[④]。耻假力于人[⑤]，誓手剑以屠黑卵[⑥]。黑卵悍志绝众[⑦]，力抗百夫，筋骨皮肉，非人类也。延颈承刃，披胸受矢[8]，铓锷摧屈[9]，而体无痕挞[10]。负其材力，视来丹犹雏鷇也[11]。来丹之友申他曰[12]："子怨黑卵至矣，黑卵之易子过矣[13]，将奚谋焉？"来丹垂涕曰："愿子为我谋。"申他曰："吾闻卫孔周其祖得殷帝之宝剑[14]，一童子服之[15]，却三军之众，奚不请焉？"来丹遂适卫，见孔周，执仆御之礼[16]，请先纳妻子[17]，后言所欲。孔周曰："吾有三剑，唯子所择；皆不能杀人，且先言其状。一曰含光，视之不可见，运之不知有。其所触也，泯然无际，经物而物不觉[18]。二曰承影，将旦昧爽之交[19]，日夕昏明之际，北面而察之，淡淡焉若有物存[20]，莫识其状。其所触也，窃窃然有声[21]，经物而物不疾也。三曰宵练，方昼则见影而不见光[22]，方夜见光而不见形[23]。其触物也，騞然而过[24]，随过随合，觉疾而不血刃焉[25]。此三宝者，传之十三世矣，而无施于事[26]。匣而藏之，未尝启封。"来丹曰："虽然，吾必请其下者[27]。"孔周乃归其妻子，与斋七日。晏阴之间[28]，跪而授其下剑，来丹再拜受之以归。来丹遂执剑从黑卵。时黑卵之醉[29]，偃于牖下，自颈至腰三斩之。黑卵不觉。来丹以黑卵之死，趣而退。遇黑卵之子于门，击之三下，如投虚[30]。黑卵之子方笑曰："汝何蚩而三招予[31]？"来丹知剑之不能杀人也，叹而归。黑卵既醒，怒其妻曰："醉而露我[32]，使我嗌疾而腰急[33]。"其子曰："畴昔来丹之来[34]，遇我于门，三招我，亦使我体疾而支强[35]，彼其厌我哉[36]！"

注释

①魏：国名。黑卵、丘邴章：人名，事迹不详，当为春秋时代人。黑卵，亦称黑卵。暱嫌：私仇。《列子解》："夫以私嫌而杀伤，嗜欲而夭物者，皆世俗之常情，非有道之士也。"

②形甚露：身体很瘦弱。形：身体。露：羸，没有力量。

③计粒：数着饭粒，意思是食量极少。

④称兵：使用武器。

⑤假力：借别人的力量。

⑥手剑：用自己的手拿剑（去报仇）。

⑦悍志：志气骠悍，性情骠悍。绝众：与众人不同，超出众人。

⑧披胸：衣服敞开，露出胸脯。

⑨铓锷：武器的利刃。摧屈：折断弯曲。

⑩痕挞：打伤的痕迹。胡怀琛《列子张湛注补正》："痕挞"疑倒，应为"挞痕"。

⑪雏𪏆(kòu 寇):稚鸟,雏鸟。《列子释文》:“生而须哺曰𪏆,自食曰雏。”

⑫申他(tuó 佗):人名,一作“申抱”。他,作“佗”。

⑬易:这里指小看人,轻视。

⑭卫:国名。孔周:人名,事迹不详,当为春秋时代人。殷帝:殷代的帝王,这里指商代的成汤。

⑮服:佩。服与佩,古音相同,“服”为借字。

⑯执:行,遵循。仆御:仆人,马车夫,这里指下等人。

⑰纳:收下。纳妻子:收下老婆孩子,有用老婆孩子作抵押的意思。

⑱经物:经过事物。经物而物不觉:意思是触及到事物,人们不会觉察出来。

⑲旦:清晨。昧:昏暗。爽:明彻。昧爽之交:在将明亮又未完全明亮的交递时刻。

⑳淡淡焉:很轻飘、虚浮的样子。

㉑窃窃:拟声词。窃窃然:窃窃的声音十分清晰的样子。

㉒方昼:白天,或正当白天之时。

㉓方夜:晚上,或正当夜晚之时。

㉔䂄(huō 豁):东西破裂的声音。

㉕觉疾:感到速度极快。不血刃:刀剑锋刃上不沾血迹。

㉖施:使用。无施于事:在任何事情上都还没有使用过。

㉗下:下等品。请其下者:请求给予下等的宝剑。

㉘晏:晴天。《说文》:“晏,无云之处也。”晏阴之间:半阴半晴的时候。

㉙时(sì 似):这里指观察,守候。

㉚投虚:投落在空虚之处。

㉛蚩(chī 痴):通“嗤”,嗤笑,嘲笑。招:这里指举起手,像打招呼一样。子:应为“予”。

㉜露我:让我在外面(偃卧)。

㉝嗌(yì 益):《说文》:“嗌,咽也。”嗌疾:咽喉有疾病。腰急:腰部有疾病。

㉞畴(chóu 仇)昔:从前。

㉟支:通“肢”。强:通“僵”。支强:肢体僵直。

㊱厌:应为“压”。这里以“压”为妥,作为压迫、强制解释。

【今译】

魏国的黑卵,由于怀着私仇而杀死了丘邴章。丘邴章的儿子来丹,图谋为父亲报仇雪耻。来丹想报仇的气势显得凶猛,但是力不从心,身体非常单薄,吃的饭粒差不多数得清,要顺着风才迈得开步子。

尽管怒不可遏，却不能拿起凶器直接去报仇。想依靠别人的力量，又觉得羞耻，发誓亲自手执宝剑杀掉黑卵。黑卵性情骠悍，与众不同，能以一当百。肢节、骨头、皮肤、肌肉，人们都无法同他相比。伸出脖颈承受刀剑砍杀，敞开胸脯承受箭矢射击，刀剑折断，箭矢弯曲，身体却没有一点受打击的痕迹。凭着他的身材和气力，看来丹不过是雏鸟罢了。来丹有个朋友叫做申他，对来丹说："你仇恨黑卵到极点了，黑卵不把你当一回事也太过分了，报仇的事你将怎样谋划呢?"来丹哭泣起来，说："希望你为我谋划一下。"申他说："我听说卫国有个孔周，祖上曾得到殷代帝王的宝剑，由一个儿童佩戴在身上，单是这样就能吓退所有的敌军，你为什么不去请求帮忙呢?"来丹便去卫国，拜见孔周，行最谦恭的礼节，并且请求先将自己的老婆儿子作抵押，然后才讲自己的要求。孔周说："我有三把宝剑，任由你选择哪一把；但三把剑都不能杀人，这里我先说说它们的情况。第一把宝剑叫做含光，看上去没没形状，挥舞起来不会感到它的存在。它触及之处，完全没有什么限制，刺杀人体也不会有疼痛感觉。第二把宝剑叫做承影，在天亮未亮的时候，在黄昏未黑的当儿，朝着北面认真细看，虚虚浮浮好像有把剑在那儿，辨别不出它的形状；一旦触及它，窃窃地发出轻微的声音，刺杀人并不感到疼痛。第三把宝剑叫做宵练，白天只见到影子却看不见闪射的光芒，晚上见到光芒却见不到形状。一旦触及身体，有如撕裂东西一般闪过，迅速而去，迅速而合，只感到疼痛，却在剑锋上不留丝毫血迹。这三件宝物，共传十三代了，却从未在任何事情上使用过。都在剑匣里收藏着，从未打开过。"来丹说："尽管它们都神奇无比，我就请求使用第三把宝剑吧。"于是孔周归还来丹的老婆儿子，二人同时斋戒七天。天气时晴时阴之际，孔周跪着把宝剑交给来丹，来丹拜了两拜，接受宝剑，赶回自己的家。于是来丹提着宝剑，跟踪着黑卵。等到黑卵酩酊大醉仰卧在窗下的时候，从脖颈到腰间一连斩了三剑，黑卵没有什么感觉。来丹以为黑卵死了，赶快退出，离开这里。刚好在门口碰上黑卵的儿子，来丹用剑斩了黑卵儿子三下，好像什么也没有触及到一样。黑卵的儿子这时笑了起来，说："你为什么这样愚蠢，却来这里对我举手打三次招呼呀?"来丹才晓得这宝剑不能杀人，叹口气，回家去了。黑卵睡醒过来，对老婆大发脾气，说："我醉了，却让我躺在窗外露天里，使我咽喉出毛病，腰身不舒服。"黑卵的儿子说："不久前，来丹到这里，在门口与我碰见，三次举手招呼我，也使我身体难受，四肢发直，大约他能使用强压招儿对付我们吧！”

【原文】

周穆王大征西戎[①]，西戎献锟铻之剑[②]，火浣之布[③]。其剑长尺有咫[④]，练钢赤刃[⑤]，用之切玉如切泥焉。火浣之布，浣之必投于火；布则火色，垢则布色[⑥]；出火而振之，皓然疑乎雪。皇子以为无此物[⑦]，传之者妄。萧叔曰[⑧]：“皇子果于自信[⑨]，果于诬理哉[⑩]！”

注释

①西戎：我国古代泛称西北地区戎族为西戎，分布在今黄河上游和甘肃西北部一带。

②锟铻（kūn wú 坤无）：山名，在今新疆境内。山上所产的铁能铸刀剑，其宝剑因名为“锟铻”。

③浣（huàn 幻）：洗。火浣：在火中洗涤。能在火中洗涤之布，古代只有石绵布，又称为“不灰木”。

④尺有咫：一尺八寸。咫（zhǐ 止）：八寸为咫，乃周代量度单位。

⑤钢：通“刚”，锋利。练钢：冶炼得极其锋利。赤刃：剑刃没有任何杂质。

⑥垢（gòu 购）：脏。垢则布色：污垢在火中的颜色呈布的原色。

⑦皇子：皇太子。《列子集释·伯峻案》：“此皇子则指魏文帝（曹丕）无疑。”

⑧萧叔：人名，事迹不详，约为魏代人。

⑨果于自信：只相信自己的主规判断。

⑩诬：缺乏事实根据的言论。诬理：没有根据的事理。

【今译】

周穆王重兵征服西戎以后，西戎向周穆王敬献稀世之锟铻宝剑和火浣布匹。宝剑一尺八寸，锋利而质纯，使用起来，削切玉石好像削切泥土一样。火浣布匹，要清除污垢只能放在火中洗涤；布匹呈火的颜色，污垢呈布匹的颜色；把布匹从火中取出，抖开来，光洁得让人误以为一片白雪。皇太子却不相信有这样的东西，认为是传播者胡乱说的。萧叔说：“皇太子过于相信个人的主观判断，对于实际事物太不相信了。”

力　命

第　六

【题解】

本篇从强调、夸大天命入手，表达了作者关于天命不可违逆，必须顺其自然（天命）的社会观和宇宙观。它提示人们，“人力”是不可忽视的，虽然人力与天命斗争的结果，总是天命起决定性的作用，不过，办事若不靠人力，同样终归一事无成。这说明，《列子》的社会观和宇宙观包含着深刻的矛盾：唯心的成分很重，看到的多是天命的决定因素；但是，也存在朴素唯物主义的因素。当作者用唯心的观点对社会问题解释不通或于理不顺的时候，就想到人，想到人的主观作用——人力，这样也就在文章中存在大量合理的可以吸收的思想观点。

同时，人力与天命对抗的本身，也是一个重大的社会问题。作者撇开具体纷争，只作哲学上的抽象思考。思考的结果，面对种种恶势力，找不出惩治的良方，面对强大的自然力量，没有征服的本领，便只能从另一方面去寻求出路，去找到答案。这其实也就是对社会恶势力无可奈何的屈服，是对自然暴力束手无策的顺从。这依然反映出作者思想的局限和时代的局限。然而，字里行间又可以看出作者对黑暗现状的厌恶和憎恨，对罪恶势力的仇恨和轻蔑。作者要呼唤的，就是公平、合理，这才能抚慰人们愤疾的心情，才能求得人生和社会的安宁、稳定。

这里一再宣称的天命，究竟是什么呢？其一，在认识论上乃是不可知的。通过“力”与“命”的辩争，作者明确地说：“朕岂能识之哉？朕岂能识之哉？”其二，又是可以了悟得到，并能诉诸实践的。北宫子与西门子辩争，东郭先生的一席话，使北宫子甘于短褐、茙菽、蓬室、筚辂，被誉为“一言能寤（悟）”。其三，是注定如此的，不由个人意志决定的。“管仲与鲍叔”一段，对于管仲贬责鲍叔、管仲奖掖隰朋，这种“厚薄之去来”，作者申明“弗由我也。”其四，是独立的，不能干预，不能触犯。所谓“天道自会”、“天道自运”和“独往独来，独出独入”；所谓“天地不能犯，圣智不能干，鬼魅不能欺”，就是其形象的表达。其五，是不能迎合，不能揣度的，只能安于天命。“迎天意，揣利害，不如其已”，是其旨归。季梁病危，不用医，不诊治，却能很快“自瘳”，正是安于天命的事例。其六，天命与天道，是二而一、一而二的。天命符合天道，天道包容天命。也就是说，社会观（天命观）与宇宙观（天道观）是完全一致的。

全篇共有故事和寓言 9 个。从性质上分为两类。一类从天命不可违逆，只能顺其自然的角度，说明“生生死死，非物非我”，完全由天命安排，由天命决定。一类从行为实践的角度，说明并证实，个人的或寿或夭、或贵或贱、或哀或乐、或安或危、或爱或憎、或顺或逆、或是或非，都是必然的，行为实践一旦有差错，就将受到惩罚。齐景公想的和做的都与天命不符，只能“举觞自罚”。

【原文】

力谓命曰：[①]“若之功奚若我哉[②]？”命曰：“汝奚功于物，而欲比朕？”力曰：“寿夭、穷达、贵贱、贫富，我力之所能也。”命曰：“彭祖之智不出尧、舜之上[③]，而寿八百；颜渊之才不出众人之下，而寿四八[④]。仲尼之德，不出诸侯之下，而困于陈、蔡[⑤]；殷纣之行，不出三仁之上[⑥]，而居君位。季札无爵于吴[⑦]，田恒专有齐国[⑧]。夷、齐饿于首阳[⑨]，季氏富于展禽[⑩]。若是汝力之所能，奈何寿彼而夭此，穷圣而达逆，贱贤而贵愚，贫善而富恶邪？”力曰：“若如若言，我固无功于物，而物若此邪[⑪]，此则若之所制邪？”命曰：“既谓之命，奈何有制之者邪？朕直而推之[⑫]，曲而任之[⑬]。自寿自夭，自穷自达，自贵自贱，自富自贫，朕岂能识之哉？朕岂能识之哉？”

注释

①力：力量，人力。命：命运，天命。这一段，以寓言形式，假托"人力"与"天命"的对话，表达其"天命"决定一切的思想。

②若：你。功：功绩，功劳。后一"若"字解释为如，似。

③彭祖：我国古代传说中人物，姓篯名铿，生于夏代，活到767岁，旧时因此把彭祖作为长寿的象征。《楚辞・天问》："彭铿斟雉帝何飨？受寿永多夫何久长？"王逸注和洪祖补注：彭祖善调雉羹以事帝尧，为尧所赞美，封之于彭城。

④寿四八：活了三十二岁。

⑤困于陈、蔡：（孔子）在陈、蔡两国受困。《史记・孔子世家》："孔子在陈、蔡之间，楚使人聘孔子，孔子将往拜礼。陈、蔡大夫谋曰：'孔子贤者，所刺讥皆中诸侯之疾。今者久留陈、蔡之间，诸大夫所设行皆非仲尼之意。今楚，大国也，来聘孔子。孔子用于楚，则陈、蔡用事大夫危矣。'于是乃相与发徒役围孔子于野。不得行，绝粮。"

⑥三仁：三位仁者，三位有高尚道德品质的人，指微子、箕子、比干这三个人。《论语・微子》："微子去之。箕子为之奴。比干谏而死。孔子曰：'殷有三仁焉。'"微子，名启，殷纣王的庶兄，封于微（今山东境内），因见殷代将亡，屡谏纣王，纣王不听，遂出走。箕子，为殷纣王诸父（叔伯辈），官太师，劝谏纣王，不听，被囚禁。比干，殷纣王叔父，官少师，因屡劝纣王，被剖心而死。

⑦季札：人名，又称公子札，春秋时吴国人，吴王诸樊之弟，多次推让君位，以贤者著称。封于延陵（今江苏常州），称延陵季子。

⑧田恒：一名田常，即田成子。春秋时齐国大臣。以大斗借贷，小斗收进，争取民心。齐简公四年（公元前481年），杀死简公，拥立齐平公，任相国，尽杀公族中的强者，扩大封邑，从此齐国由田（陈）氏专权。

⑨夷：即伯夷。商末孤竹君长子，名士。孤竹君以次子叔齐为继承人。孤竹君死后，叔齐让位，伯夷不受。后来伯夷、叔齐投奔到周。武王灭商后，二人逃到首阳山，不食周粟而死。齐：即叔齐，商末孤竹君之次子，名士。首阳山：山名，在今山西省境内。

⑩季氏：即季孙氏，春秋后期掌握鲁国政权的贵族。展禽：名获，字禽，即柳下惠，春秋时鲁国大夫，食邑柳下，谥惠，以善于讲究贵族礼节著称。

⑪邪（yě野）：通"也"。下一句之"邪"（yē耶），疑问词。

⑫直：正直，合理。推：推动，协助。

⑬曲：不合理。任：任随，不管。

【今译】

人力对天命说："你的功绩哪里能同我的功绩相比呢？"天命说：

“你对万物有些什么功绩，却想来同我比高低呢？”人力说：“寿长寿短、穷困亨通、显贵低贱、贫苦富足，都是我的力量所能实现的。”天命说：“彭祖的智力赶不上尧、舜，而享年八百；颜渊的才智不比众人低下，而只活三十二年。孔子的仁德超出各个诸侯，而受困在陈、蔡两国之间；殷纣王的德行赶不上微子、箕子、比干这三个人，而高居君位。贤者季札在吴国没有爵禄，伪者田恒在齐国独擅权柄。有气节的伯夷、叔齐在首阳山饿死，运用权术的季孙氏比展禽还富有。假若是你的力量能改变现状，为什么偏要让那人长寿这人短命，让圣人穷困而逆者亨通，贤者低贱而蠢人尊贵，好人贫穷而恶人富足呢？”人力说：“如果像你所说的那样，我原本对万物并没有什么功绩；倘若万物不像那样，难道是你所主宰而出现的吗？”天命说：“已经称呼为‘天命’了，哪里还存在主宰呢？我对于合理的事物促进其发展，对于不合理的事物就放任不管。自个儿长寿还是夭折，自个儿穷困还是亨通，自个儿尊贵还是低贱，自个儿富足还是贫穷，我哪里能认识到是什么原因呢？我哪里能认识到是什么原因呢？”

【原文】

北宫子谓西门子曰[①]：“朕与子并世也[②]，而人子达[③]；并族也[④]，而人子敬；并貌也，而人子爱；并言也[⑤]，而人子庸[⑥]；并行也，而人子诚；并仕也[⑦]，而人子贵；并农也，而人子富；并商也，而人子利。朕衣则裋褐[⑧]，食则粢粝[⑨]，居则蓬室[⑩]，出则徒行。子衣则文锦[⑪]，食则粱肉，居则连欐[⑫]，出则结驷[⑬]。在家熙然有弃朕之心[⑭]，在朝谔然有敖朕之色[⑮]。请谒不相及[⑯]，遨游不同行，固有年矣。子自以德过朕邪？”西门子曰：“予无以知其实。汝造事而穷[⑰]，予造事而达，此厚薄之验欤[⑱]？而皆谓与予并，汝之颜厚矣[⑲]。”北宫子无以应，自失而归。中途遇东郭先生。先生曰：“汝奚往而反，偊偊而步[⑳]，有深愧之色邪？”北宫子言其状。东郭先生曰：“吾将舍汝之愧[㉑]，与汝更之西门氏而问之。[㉒]”曰：“汝奚辱北宫子之深乎[㉓]？固且言之[㉔]。”西门子曰：“北宫子言世族、年貌、言行与予并，而贱贵、贫富与予异。予语之曰：‘予无以知其实。汝造事而穷，予造事而达，此将厚薄之验欤？而皆谓与予并，汝之颜厚矣。’”东郭先生曰：“汝之言厚薄，不过言才德之差，吾之言厚薄异于是矣。夫北宫子厚于德，薄于命；汝厚于命，薄于德。汝之达，非智得也[25];北宫子之穷,非愚失也[26]。皆天也,非人也。而汝以命厚自矜,北公子以德厚自愧[27],皆不识夫固然之理矣[28]。”西门子曰:“先生止矣!予不敢复言。”北宫子既归,衣其裋褐,有狐貉之温[29];进其茙菽[30],有稻粱之味;庇其蓬室,若广厦之荫;乘其筚辂[31],若文轩之饰[32]。终身逌然[33],不知荣辱之在彼也,在我也。东郭先生闻之曰:“北宫子之寐久矣,一言而能寤,易怛也哉!”

注释

①北宫子、西门子:《列子》中虚拟的人物。

②并:同。世:年代,社会。并世:同代,同辈,同社会。

③人子达:有人让你尊贵显达。

④并族:同在一个家族。

⑤并言:讲相类似的话。

⑥庸:用。《列子集释·伯峻案》:“庸借为用。”

⑦并仕:一样做官。

⑧裋(shù 树)褐:粗布衣服。多为僮仆所穿,示其低贱之意。

⑨粢(zī 资):稻饼;另一义是古代作为祭祀用的谷物。粝(lì 利):糙米。粢粝:粗糙的饭食。

⑩蓬:飞蓬,草类。蓬室:草房。

⑪文:通“纹”,花纹。文锦:有花纹的锦。

⑫连欐:高楼大厦。

⑬驷(sì 四):四匹马拉的车。结驷:四匹马组合牵拉的车子。

⑭熙然:高兴貌。《字林》:“欢笑也。”

⑮谔(è 饿):直话直说。谔然:说话无顾忌,显出得意的样子。

⑯谒(yè 页):进见。请谒:拜见。不及相:互相之间不往来。

⑰造:做。造事:做事,遇事。穷:困。

⑱厚:这里指德高。薄:指德差。验:验证,反应。

⑲颜:脸。颜厚:厚脸皮,不知羞耻。

⑳偊(yǔ 羽):同“踽”,独行。

㉑舍:舍弃,消除。

㉒更:又,再次。之:走,去。后一“之”字作语尾助词,或作人称代词。

㉓深:这里作严重、过分讲。

㉔固:即“姑”。《列子集释》:“固读为姑。”固且:姑且。

㉕智:智力,聪明。智得:以智力而得到,以智力而实现。

㉖愚失：以愚笨则失去（好的）。

㉗公：当为“宫”。汝以命厚自矜，北宫子以德厚自愧：德厚应为“命薄”。据胡怀琛《列子张湛注补正》：“既自知德厚，则不应自愧。故‘以德厚自愧’，文义不安。应云，‘以命薄自愧’。此非传写之误，乃《列子》原文小疵耳。”

㉘固然：自然。《列子集释》：“‘固然’疑当作‘自然’。”固然之理：自然之理，原本之理。

㉙狐貉之温：穿上狐、貉的皮衣而温暖。

㉚戎菽（róng shū 荣书）：大豆。

㉛筚（bì 必）：植物名，泛指柴草。辂（lù 路）：车辕上挽车的横木。筚辂：装柴草的车子。

㉜文轩：有纹彩图案的高贵车子。

㉝逌（yóu 由）：舒适。逌然：舒适自得的样子。

【今译】

北宫子对西门子说：“我同你都生活在一个社会上，却有人让你亨通显达；同是本家门族，却有人对你尊敬；同你的外貌差不多，却有人对你宠爱；同你一样的说话，却有人对你的话特别重视；同你一样的活动，却有人对你特别信任；同样的做官，却只有你受到别人的提拔；同样的务农，却有人使你富裕；同样的经商，却有人使你赚钱。我的身上穿的是粗布衣裳，饭碗里面则是糙米杂粮，住的房屋是茅草棚子，外出就只能迈开两脚。你却穿的是华贵的锦衣，吃的是细粮美味，住的是高楼大厦，出行是驷马车辆。在家里，你神气活现地故意冷落我，在朝廷中，你得意洋洋地对我表现出高傲神色。你对我从来就不打招呼，郊游也不同我一块儿走，实在是多年如此了。你是不是自认为德才比我高一等呢？”西门子说：“我无从知道这其中的究竟。你做事老是困难重重，我做事又全都亨通适意，这大概反映出德才的高低吧？你却总在说样样都同我差不多，你的脸皮厚极了。”北宫子找不到理由回答，只好怏怏而归。路上遇到东郭先生。东郭先生问：“你去哪里才回来，一个人闷闷不乐地走，脸色又很羞愧呀？”北宫子把自己同西门子的一番对话告诉他。东郭先生说：“我设法消除你的羞愧之心，我同你再找西门子问清楚。”东郭先生对西门子说：“你是不是对北宫子侮辱得过分了？就请你说说吧。”西门子说：“北宫子谈到，无论在社会和家族上、在年龄和外貌上，还是在言论和行为上，都跟我差不多，却在低贱和尊贵方面、贫穷和富足方面有很大不同。我就告诉他,说:‘我无从知道这其中的究竟。你做事老是困难重重,我做事又全都亨通适意,这大概反映出德才的高低吧?你却总在说样样都同我差不多,你的脸皮厚极了。’”东郭先生说:“你谈到高低问题,不过指的是才德的差别,我谈的高低问题,同你说的不一样。北宫子的才德高尚,但是命运却浅薄;你的命运极好,但是才德却不行。你的亨通适意,不是凭聪明实现的;北宫子的穷困,不是他愚笨造成的。都是天命如此,人力做不到的。你以天命高厚得意,北宫子却以天命浅薄羞愧,都是不理解自然事理的缘故。”西门子说:“请先生不必说下去了!我再也不敢说那些话了。”北宫子回家以后,穿的虽还是粗布衣服,却觉得像穿狐貉皮衣一样暖和;吃的仍然是豆类杂粮,却有米饭细粮的香味;住的依旧是茅草木棚,却像住在高楼大厦里一样;坐在摇晃的柴草车上,就像乘坐在华贵高大的车上。一生其乐融融,不去考虑荣辱在他身上,还是在我身上。东郭先生听说北宫子变了,说:“北宫子糊里糊涂地生活就像睡了很久一样,一番言论而能让他醒悟过来,也算是容易醒悟啊!”

【原文】

管夷吾、鲍叔牙二人相友甚戚[①],同处于齐。管夷吾事公子纠[②],鲍叔牙事公子小白[③]。齐公族多宠[④],嫡庶并行[⑤]。国人惧乱。管仲与召忽奉公子纠奔鲁[⑥],鲍叔奉公子小白奔莒[⑦]。既而公孙无知作乱[⑧],齐无君,二公子争入[⑨]。管夷君与小白战于莒道,射中小白带钩[⑩]。小白既立[⑪],胁鲁杀子纠[⑫],召忽死之,管夷吾被囚。鲍叔牙谓桓公曰:“管夷吾能,可以治国。”桓公曰:“我仇也,愿杀之。”鲍叔牙曰:“吾闻贤君无私怨,且人能为其主,亦必能为人君。如欲霸王[⑬],非夷吾其弗可。君必舍之[⑭]!”遂召管仲。鲁归之齐,鲍叔牙郊近,释其囚[⑮]。桓公礼之,而位于高、国之上[⑯],鲍叔牙以身下之[⑰],任以国政,号曰仲父。桓公遂霸。管仲尝叹曰:“吾少穷困时,尝与鲍叔贾[⑱],分财多自与[⑲];鲍叔不以我为贪,知我贫也。吾尝为鲍叔谋事而大穷困,鲍叔不以我为愚,知时有利不利也。吾尝三仕[⑳],三见逐于君,鲍叔不以我为不肖,知我不遭时也。吾尝三战三北[㉑],鲍叔不以我为怯,知我有老母也。公子纠败,召忽死之,吾幽囚受辱;鲍叔不以我为无耻,知我不羞小节,而耻名不显于天下也。生我者父母,知我者鲍叔也!”此世称管、鲍善交者,小白善用能者。然实无善交,实无用能也。实无善交实无用能者,非更有善交、更有善用能也。召忽非能死,不得不死;鲍叔非能举贤,不得不举;小白非能用仇,不得不用。及管夷吾有病,小白问之曰:“仲父之病疾矣[22],可不讳云[23],至于大病[24],则寡人恶乎属国而可[25]?”夷吾曰:“公谁欲欤[26]?”小白曰:“鲍叔牙可。”曰:“不可。其为人洁廉善士也[27],其于不己若者不比之人[28],一闻人之过,终身不忘。使之理国,上且钩乎君[29],下且逆乎民。其得罪于君也,将弗久矣。”小白曰:“然则孰可?”对曰:“勿已,则隰朋可。其为人也,上忘而下不叛[30],愧其不若黄帝,而哀不己若者[31]。以德分人,谓之圣人;以财分人,谓之贤人。以贤临人[32],未有得人者也;以贤下人者,未有不得人者也。其于国有不闻也,其于家有不见也。勿已,则隰朋可。”然则管夷吾非薄鲍叔也[33],不得不薄;非厚隰朋也,不得不厚。厚之于始,或薄之于终;薄之于终,或厚之于始[34]。厚薄之去来,弗由我也。

注释

①鲍叔牙:春秋时齐国大夫,以知人著称。与管夷吾友善,齐乱,随公子小白出奔于莒,管夷吾随公子纠出奔于鲁。襄公被杀以后,小白与纠争夺君位,小白胜(为齐桓公)。齐桓公命鲍为宰相,他不就,保举管夷吾。齐经管夷吾治理,遂称霸于诸侯。戚:密切,亲近。

②公子纠:姓吕,名纠。小白之兄。

③公子小白:姓吕,名小白。齐襄公和公子纠之弟。

④公族:诸侯的同族。

⑤嫡(dí 笛):宗法制度下家庭的正支。庶(shù 树):宗法制度下家庭的旁支。并行:同等,平等。嫡庶并行:系指齐僖公母弟所生之公孙无知,僖公宠爱,下令对待公孙无知同太子一样。这被视为礼仪上的混乱。

⑥召忽:齐国大臣。奉:捧,拥。

⑦莒(jǔ 举):古国名,在今山东省境内。

⑧公孙无知:人名。齐襄王时,废除公孙无知与太子平等之礼仪,公孙无知便杀掉襄公,自立为王。此后,公孙无知被齐国人渠丘大夫雍林所杀。

⑨争人:即争夺王位。

⑩带钩:衣带上的金属小钩。

⑪小白既立:小白已经被拥立为齐国君王。

⑫胁:胁迫,强迫。

⑬霸:称霸。霸王:又称霸主,春秋时势力最为强大,处于首领地位的诸侯。

⑭舍:通“释”。舍之,释放他,赦免他。

⑮囚:囚牢,监狱。释其囚:从监狱释放出来。

⑯高、国:家族姓氏。高、国两族,都曾为齐国卿大夫。

⑰下之:在(他)之下,指地位处于管夷吾之下。

⑱贾(gǔ 古):经商。

⑲分财多自与:分配钱财给自己多分一些。

⑳三仕:三次做官。

㉑北:败逃,打败仗。

㉒病疾:急病。

㉓不可讳:是说病很严重,不能隐瞒不说。

㉔大病:死亡。不直说死亡,是为婉词。

㉕恶(wū 乌):疑问词。属:通“嘱”,嘱托,托付。属国:把国政托付(给人)。

㉖谁欲:想给谁。

㉗善士:好的士人。

㉘不己若者:不像自己那样,或比不上自己的人。比:亲近。

㉙钩:钩取,钩攀。这里有献媚取宠之意。钩乎君:牵连于君王。逆乎民:违背民意。

㉚上忘而下不叛:自己身处高位而忘掉这显赫的身价,那么下人便不会离散、叛逃。

㉛不若黄帝:在德行上比不上黄帝。这里的“黄帝”即圣人。实际是说比不上圣人。哀:怜悯,同情。

㉜临:原意为临近,引伸为临头,在人之上。以贤临人:认为自己贤能便凌驾于别人之上。

㉝薄:轻薄,鄙薄,看不起。

㉞厚之于始,或薄之于终;薄之于终,或厚之于始:字有错置。陶鸿庆《读列子札记》:“‘薄之于终,或厚之于始’,当作‘薄之于始,或厚之于终’。如今本则与上二句意复。”

【今译】

管夷吾与鲍叔牙很亲密,二人都居住在齐国。管夷吾为公子纠办事效劳,鲍叔牙则为公子小白尽力服务。齐国同族人中受到国君宠爱的人很多,嫡系与庶出都能一样对待。嫡庶不分,国人怕引起内乱。管仲和召忽护拥着公子纠逃往鲁国,鲍叔牙护拥着公子小白逃往莒国。果然,没多久,公孙无知作乱,齐国一时没有君王,公子纠和公子小白便争夺王位,抢先回到齐国。管夷吾同公子小白在莒国路途上交战,射中了小白衣带上的钩子。此后,公子小白成为齐国君王,便胁迫鲁国把公子纠杀掉,召忽自杀身亡,管夷吾则被囚禁起来。鲍叔牙对齐桓公说:“管夷吾有才能,可以治好齐国。”桓公说:“管夷吾是我的仇敌,要杀掉他。”鲍叔牙说:“我听古人说,贤君不应当有私仇,何况他能为当时的主人效劳,也就一定能为君王服务。如果想要成为诸侯霸主,就非有管夷吾不可。君王,您务必赦免他!”于是齐桓公就召见管仲。鲁国把管夷吾送回齐国,鲍叔牙特地到郊外相迎,完全解除对他的囚禁。桓公以应有的礼仪对待他,而且得到的官位在高、国二卿大夫之上,鲍叔牙自愿在管夷吾之下,让他执掌国家政权,尊称为仲父。齐桓公便因此而成为诸侯霸主。管仲曾经叹息说:“我年轻穷困时,曾同鲍叔牙经商,分配钱财便自己多占一些;鲍叔牙并不以为我贪心,晓得我是由于家里贫穷。我曾为鲍叔牙谋划事业而受到很大挫折,鲍叔牙不认为我蠢笨,晓得时机有时利有时不利。我曾三次当官,三次都被君王赶走,鲍叔牙不认为我不贤能,晓得我没有遇上时机。我曾三次参加作战三次都败逃,鲍叔牙不认为我怯懦,晓得我还有老母亲。公子纠垮台了,召忽走上自绝之路,我被幽禁身受屈辱;鲍叔牙不认为我是无耻之徒,晓得我不怕在小节上丢脸,仅只羞耻于事业不能在天下显扬。生我的是父母,理解我的是鲍叔呀!”这便是社会上交口称赞的管、鲍美好的交情,以及齐桓公善于任用贤能的情况。不过,实际上没有什么美好交情,没有什么任用贤能。实际上没有美好交情和没有任用贤能,也就不再有美好交情和任用贤能。召忽不一定能够自杀身亡,是因为不得不自杀身亡;鲍叔牙不一定能够举荐贤能,是因为不得不举荐;桓公小白不一定能够起用仇人,是因为不得不起用。当管夷吾生病的时候,小白探望他,说:“仲父的病很沉重了,我不能再对你忌讳了。要是发展到‘大病’的地步,那么我把国家政务嘱托给谁才行呢?”夷吾问:“你想嘱托给谁呢?”小白说:“鲍叔牙行。”夷吾说:“不行。鲍叔牙的为人,堪称廉洁的善士,只是对于比自己稍差的人就疏远,一旦听到别人有过失,就终身忘不掉。让这样的人治理国家,对上连累君王,对下违背民意。他得罪君王的日子,不会久了。”小白说:“那么,谁才行呢?”夷吾回答说:“我好不了,那么隰朋能行。隰朋的为人，对于所处的高官他无所谓，对于下属群僚和民众能不让他们离叛，他因为道德不及圣人而惭愧，又因为他人的道德比不上自己而哀怜。以道德给予别人的称为圣人，以钱财施舍别人的称为贤人。但是认为自己贤能凌驾于别人之上的人，不会受到人们的支持；认为自己贤能又甘居人下的人，无不得到人们的支持。这种人，对于国务决不会巨细都过问，对于家务则视若不见。我的病好不了，隰朋能治理齐国。”夷吾的这些话，并不是对鲍叔牙的轻视，却又不得不轻视；并不是对隰朋的厚爱，却又不得不厚爱。从厚爱开始，有时到头来则轻视；从轻视开始，有时到头来则厚爱。什么时候该轻视，什么时候该重视，并不由我的意志决定。

【原文】

邓析操两可之说①，设无穷之辞②，当子产执政③，作《竹刑》④。郑国用之，数难子产之治⑤。子产屈之⑥。子产执而戮之⑦，俄而诛之。然则子产非能用《竹刑》，不得不用；邓析非能屈子产，不得不屈；子产非能诛邓析，不得不诛也。

注释

①两可之说：此亦可，彼亦可，无是无非，无所可否，是一种折衷、调和、模糊是非界限的学说。

②设：创设，编造。无穷之辞：说不完的话，意为教人诉讼，讲些巧于讼辩的话。

③子产：即公孙侨、公孙成子。春秋时郑国人，官至卿相，著名政治家。郑简公十二年(公元前543年)为卿，二十三年执政，实行改革，铸造刑鼎，不毁乡校，使郑国逐渐强盛。

④《竹刑》：子产公布《刑书》三十余年后，邓析根据当时的形势，对郑国的刑法进行修改，并刻在竹简上，史称《竹刑》。

⑤数(shuò 硕)：屡次。难：为难，造成困难。

⑥屈：理屈。

⑦执：逮捕，捉住。戮(lù 路)：杀。

【今译】

邓析主张“两可”的学说，创设巧于讼辩的言辞。当子产在郑国执政的时候，邓析编制出一部《竹刑》。郑国按照《竹刑》施行以后，他屡次责难子产对国家的治理工作。子产被弄到理屈的地步。子产便下令逮捕邓析，并要将他杀掉，不久果然杀掉了。子产并不是能够施行《竹刑》，而是不得不施行；邓析并不是能够让子产理屈，而是子产不得不理屈；子产并不是能够杀掉邓析，而是不得不杀掉。

【原文】

可以生而生，天福也；可以死而死，天福也。可以生而不生，天罚也；可以死而不死，天罚也。可以生，可以死，得生得死，有矣；不可以生[①]，不可以死[②]，或死或生，有矣。然而生生死死，非物非我，皆命也，智之所无奈何。故曰，窈然无际[③]，天道自会[④]，漠然无分[⑤]，天道自运[⑥]。天地不能犯[⑦]，圣智不能干[⑧]，鬼魅不能欺。自然者，默之成之，平之宁之，将之迎之[⑨]。

注释

①不可以生：据陶鸿庆《读列子札记》："'不'字衍文，本作'可以生'。"

②不可以死：据陶鸿庆《读列子札记》："'不'字衍文，本作'可以死'。"

③窈（yǎo 咬）：幽远。

④自会：自然地会合聚拢。

⑤漠：广漠，迷茫。

⑥自运：自然地运行。

⑦犯：触犯，违背。

⑧干：干预，干扰。

⑨将：送。迎：接。

【今译】

应该生存而得到生存，这是天命该有的福分；应该死掉而果真死掉，这是天命该有的福分。应该生存而不能生存，这是天命的惩罚；应该死亡而不死亡，这是天命的惩罚。应该生存，应该死亡，得到生存得到死亡，这种情况是存在的；应该生存，应该死亡，有的该生存却死亡，有的该死亡却生存，这种情况同样存在。但是，生也好死也好，不由外物也不由我决定，都由天命决定，人的智力不起什么作用。所以说，深邃无际，"天道"自然能够聚合，迷茫无界，"天道"自然能够运行。天和地的变化运动规律不能触犯,圣贤的才智不能干扰,妖魔鬼怪不能欺凌。天命这种自然的东西,是缄默的是有成就的,是平静的是安宁的,不会遗漏丧失,就像送往迎来一样。

【原文】

杨朱之友曰季梁。季梁得疾,七日大渐[①]。其子环而泣之,请医[②]。季梁谓杨朱曰:"吾子不肖如此之甚,汝奚不为我歌以晓之[③]?"杨朱歌曰:"天其弗识[④],人胡能觉[⑤]?匪祐自天[⑥],弗孽由人[⑦]。我乎汝乎!其弗知乎!医乎巫乎[⑧]!其知之乎?"其子弗晓,终谒三医[⑨]。一曰矫氏,二曰俞氏,三曰卢氏,诊其所疾[⑩]。矫氏谓季梁曰:"汝寒温不节,虚实失度,病由饥饱色欲。精虑烦散[⑪],非天非鬼,虽渐,可攻也。"季梁曰:"众医也,亟屏之[⑬]!"俞氏曰:"女始则胎气不足[⑬],乳湩有余[⑭]。病非一朝一夕之故,其所由来渐矣,弗可已也。"季梁曰:"良医也,且食之[⑮]!"卢氏曰:"汝疾不由天,亦不由人,亦不由鬼。禀生受形[⑯],既有制之者矣[⑰],亦有知之者矣,药石其如汝何?"季梁曰:"神医也,重贶遣之[⑱]!"俄而季梁之疾自瘳[⑲]。

注释

①大渐:极大地加剧,更加恶化。

②请医:应为"请谒医"。王重民《列子校释》:"《太平御览》七百三十八引'请'下有'谒'字,谒示请也,盖谓请于其父而请医。下文'终谒三医'即其事也。若无谒字,则语义不明。"当从此说。

③歌以晓:用歌唱的办法让其明白。

④天其弗识:老天对于这病也不知道。

⑤觉:察觉,领悟。

⑥匪祐自天:不能靠老天保祐。

⑦孽(niè 聂):罪恶。

⑧巫:这里指巫师。

⑨终:结果;也释为"普遍"。谒:请。

⑩诊:候脉。

⑪精虑烦散:可释为精烦虑散,即精神过于忧烦,思虑过于涣散。

⑫亟(jí 及):急迫。屏:屏退,退除。

⑬胎气:婴儿在胎盘中的元气。

⑭湩(dòng 动):乳汁。

⑮食(sì 四):吃。

⑯禀:承受。

⑰制:控制,主宰。

⑱贶(kuàng 况):赠,赐。

⑲瘳(chōu 抽):病愈。

【今译】

杨朱的朋友叫做季梁。季梁生病,第七天病情很危急。他的儿子在他周围不停地哭泣,请求去找医生来治病。季梁对杨朱说:“我的儿子非常幼稚不明事理,你为什么不为我歌唱几句让他明白过来呢?”杨朱唱道:“老天对这病都不知道,而人哪里能够察觉得到?不靠老天保祐,不由人们作孽,不论我啊还是你啊,统统都不知道哩!不论是医师啊还是巫师啊,他们可能知道吗?”季梁的儿子不知道歌词含义,终于请来三个医生。第一个叫矫氏,第二个叫俞氏,第三个叫卢氏,他们给季梁拿脉医治。矫氏对季梁说:“你对于冷热不能很好调节,虚实失去控制,疾病是因为饥饱不均色欲过度造成的。精神过于忧烦,思虑过于涣散,不是老天不是鬼神作怪,尽管病情危急,还能够治好。”季梁说:“这是平常的医生,赶快叫他出去!”俞氏对季梁说:“你原先就存在胎气不足的缺陷,出生以后吃的奶汁倒是绰绰有余。疾病不是一朝一夕产生的,而是逐渐积累逐渐加深起来的,这种病再也没有办法治好了。”季梁说:“这是可信的好医师,就拿饭来请他吃吧!”卢氏对季梁说:“你的疾病不是老天造成的,也不是人造成的,也不是鬼神造成的。任何人获得了生命接受了形体,既然存在控制人的,同时也就存在理解人的,那么药物针石对于疾病又有多大的效力呢?”季梁说:“这是神医,重金赠送给他!”没过多久,季梁的疾病不经治疗就痊愈了。

【原文】

生非贵之所能存[1],身非爱之所能厚[2];生亦非贱之所能夭,身亦非轻之所能薄。故贵之或不生,贱之或不死;爱之亦不厚,轻之或不薄。此似反也[3],非反也;此自生自死,自厚自薄。或贵之而生,或贱之而死;或爱之而厚,或轻之而薄。此似顺也,非顺也,此亦自生自死,自厚自薄。鬻熊语文王[④]曰:“自长非所增,自短非所损。算之所亡若何[⑤]?”老聃语关尹曰:“天之所恶,孰知其故[⑥]?”言迎天意[⑦],揣利害[⑧],不如其已。

注释

①生:生命,年寿。若与下句之“夭”相应,则释为年寿为当。存:生存,长存,与“夭”相对。

②身:身体。爱:爱护,爱惜。厚:厚实,结实,引伸为健康,强壮。

③反:相反,矛盾的相反的两方面。

④鬻熊:人名,传说为周代楚的祖先,一说为周文王的老师。语(yù 玉):说。

⑤算:这里指智慧。

⑥天之所恶,孰知其故:此二句出自《老子》七十三章。

⑦言:说。若承上语气,则释为“这是说”、“说的是……。”迎:迎合,接受。

⑧揣:揣摸,推测。

【今译】

年寿不会因为极其珍视就能长存,身体不会因为极其爱护就能强健;年寿也不会因为受到贱视就能夭折,身体也不会因为受到轻视就能衰弱。所以年寿受到珍视很可能不会继续生存下去,年寿受到贱视很可能不会死亡;身体受到爱护很可能不会强健,身体受到轻视很可能不会衰弱。这二者好像完全相反,实际上并不相反;年寿有各自的发展规律和死亡规律,身体有各自的强健规律和衰弱规律。有的人珍视年寿而能长存,有的人贱视年寿便死亡;有的人爱护身体而能强健,有的人轻视身体便衰弱。这二者好像是一致的,实际上并不一致,这同样表现为年寿有各自的发展规律和死亡规律,身体有各自的强健规律和衰弱规律。鬻熊告诉周文王,说:“主观地强迫事物增加长度,并不是事物发展自身所增加的长度,主观地强迫事物缩短下去,并不是事物发展自身所减少下去的。人的智力又能有什么作为呢?”老聃对关尹说:“对于老天所厌恶的事物,谁明白是什么原因呢?”老聃这句话的意思说明,迎合天意,揣测利害,不如就此停止。

【原文】

杨布问曰[①]:“有人于此,年兄弟也[②],言兄弟也[③],才兄弟也,貌兄弟也；而寿夭父子也[4]，贵贱父子也，名誉父子也，爱憎父子也。吾惑之。”杨子曰：“古之人有言，吾尝识之，将以告若。不知所以然而然，命也。今昏昏昧昧，纷纷若若[5]，随所为，随所不为。日去日来，孰能知其故？皆命也。夫信命者亡寿夭，信理者亡是非；信心者亡逆顺，信性者亡安危。则谓之都亡所信，都亡所不信。真矣，悫矣[6]，奚去奚就？奚哀奚乐？奚为奚不为？黄帝之书云：‘至人居若死[7]，动若械[8]。’亦不知所以居，亦不知所以不居；亦不知所以动，亦不知所以不动。亦不以众人之观易其情貌，亦不谓众人之不观不易其情貌。独往独来，独出独入，孰能碍之？”

注释

①杨布：杨朱之弟。

②年：年龄。兄弟：这里不是指同胞之兄弟，而是借以说明二者相差不多。

③言：这里不是指说话，是指行历。俞樾《诸子平议》释“言”为“訾程”，即资历。当从之。

④寿：年寿。父子：这里不是指有血统关系之父子，而是借以说明二者相差极大。

⑤纷纷若若：纷纭复杂，繁乱缭绕。

⑥悫（què 确）：诚实。

⑦居：这里指静坐。若死：一动不动，犹如死人一般。

⑧械：机械，木偶。

【今译】

杨布问杨朱：“假定这里有这么两个人，年龄相差无几，资历相差无几，才能相差无几，长相相差无几；但是寿夭差别极大，贵贱差别极大，名誉差别极大，爱憎差别极大。我感到困惑不可理解。”杨朱说：“古人说过这样的话，我曾经记下来，现在我就告诉你。不知道何以这样而成为这样的，乃是天命。如今昏昏昧昧，纷繁复杂，随意所为，随意所不为。日子过去了，新的一天又到来，谁能知道其中的究竟呢？不过都是天命罢了。相信天命的人，对他来说就无所谓长寿夭折；相信事物自身规律的，就无所谓是与非；相信心之所适的人，就无所谓顺境逆境；相信个人性命的人，就无所谓安全危险。这就叫做都无所谓相信什么，都无所谓不相信什么。真正老实的态度，哪里还去考虑何去何从、何哀何乐、何为何不为的问题呢？黄帝之书说：‘至人坐着如死人，行动时有如机械。’也不知道之所以坐着，也不知道之所以不坐着；也不知道之所以行动，也不知道之所以不行动。也不因为人们的观看就改变他的性情外貌，也不因为人们不观看就不改变他的性情外貌。独往独来，独出独进，谁能够阻碍他呢？”

【原文】

墨杘、单至、啴咺、憋懯四人相与游于世①，胥如志也②；穷年不相知情，自以智之深也。巧佞、愚直、婩斫、便辟四人相与游于世③，胥如志也；穷年而不相语术④，自以巧之微也。狡伢、情露、謇极、凌谇四人相与游于世⑤，胥如志也；穷年不相晓悟，自以为才之得也。眠娗、諈诿、勇敢、怯疑四人相与游于世⑥，胥如志也；穷年不相谪发⑦，自以行无戾也⑧。多偶、自专、乘权、只立四人相与游于世⑨，胥如志也；穷年不相顾眄⑩，自以时之适也。此众态也。其貌不一，而咸之于道⑪，命所归也。

注释

①墨杘（chì 痴）：假托的人名，内心狡诈而外表装得愚蠢的样子。以下若干人，均以性情或外表的特征假托为名。单至（shàn xì 善戏）：人名，行为轻浮的样子。啴咺（chǎn xuān 产宣）：人名，迂腐缓慢的样子。憋懯（biē fū 瘪夫）：人名，匆匆忙忙的样子。

②胥（xū 虚）：全部。如：顺心，如愿。

③巧佞：人名，巧言佞色的样子。愚直：人名，厚道纯朴的样子。婩斫（àn zhuó 岸浊）：人名，不明白不清醒的样子。便辟：人名，逢迎周旋的样子。

④术：权术，处世之术。

⑤狡伢（jiǎo jiā 狡加）：人名，乖张而烦闷的样子。情露：人名，性情充分外显的样子。謇（jiǎn 蹇）极：人名，口吃而急躁的样子。凌谇（suì 岁）：人名，找岔子骂人的样子。

⑥眠娗（tiǎn 舔）：人名，平平常常的样子。諈诿（chuí wěi 垂委）：人名，对烦重事务推委于人的样子。

⑦谪：即“谪”。谪发：指谪揭发。

⑧戾（lì 利）：乖张。

⑨多偶：人名，顺和多友的样子。自专：人名，独自专断的样子。乘权：人名，

乘用权势的样子。隻立:人名,孤独自立的样子。

⑩眄(miǎn 免):斜着眼看。

⑪咸之于道:都符合"道"的要求。

【今译】

墨㞞、单至、啴咺、憋懯四人在社会上交成朋友,全都称心如意;虽是朋友,一年到头互不了解情况,自认为智慧高深得很。巧佞、愚直、婩斫、便辟四人在社会上交成朋友,全都称心如意;虽是朋友,一年到头互不议论为人处世,自认为灵巧到了极点。𤞞㤉、情露、𧮪极、凌谇四人在社会上交成朋友,全都称心如意;虽是朋友,一年到头互不沟通信息,自认为才能最有作用。眠娗、諈诿、勇敢、怯疑四人在社会上交成朋友,全都称心如意;虽是朋友,一年到头互不随意责难,自认为行为没有不对之处。多偶、自专、乘权、隻立四人在社会上交成朋友,全都称心如意;虽是朋友,一年到头互不顾盼一下,自认为适合于社会潮流。这些社会众生相,其表现很不相同,却全都符合于"道"的要求,这是天命让各自有其归宿。

【原文】

佹佹成者[①],俏成也[②],初非成也。佹佹败者,俏败者也,初非败也[③]。故迷生于俏[④],俏之际昧然[⑤]。于俏而不昧然,则不骇外祸,不喜内福;随时动,随时止,智不能知也。信命者,于彼我无二心[⑥]。于彼我而有二心者,不若揜目塞耳[⑦],背阪面隍[⑧],亦不坠仆也。故曰:死生自命也,贫穷自时也[⑨]。怨夭折者,不知命者也;怨贫穷者,不知时者也。当死不惧,在穷不戚[⑩],知命安时也。其使多智之人,量利害[⑪],料虚实,度人情,得亦中[⑫],亡亦中。其少知之人[⑬],不量利害,不料虚实,不度人情,得亦中,亡亦中。量与不量,料与不料,度与不度,奚以异?唯亡所量,亡所不量,则全而亡丧。亦非知全,亦非知丧,自全也,自亡也,自丧也。

注释

①佹佹(guī 轨):几乎或将近的样子。

②俏:相似。

③初非败:原本就没有失败。

④迷:迷惑。迷生于俏:迷惑是由差不多而产生的。

⑤际:当儿,时刻。昧然:昏暗的样子,这里指模糊不清的样子。

⑥二心:两种不同的心情。

⑦揜(yǎn 眼):同“掩”。

⑧阪(bǎn 板):斜坡。隍(huáng 皇):无水之城壕。

⑨贫穷:应为“贫富”。陶鸿庆《读列子札记》:“‘贫穷’当作‘贫富’,与上句‘死生自命也’语意一律。”时:时机,形势。

⑩在:处于,存在于。戚:悲戚,忧愁。

⑪其:倘若。量:测量,计算。

⑫中:这里应释为“半”。

⑬知:同“智”。知全:认识到保全的情况。

【今译】

差不多成功了,好像成功了,却原本就没有成功。差不多失败了,好像失败了,却原本就没有失败。所以在好像成功好像失败的情况下人们往往产生迷惑,也就是分不清“好像”与“真实”的界限。尽管好像与真实的界限不清楚,但是却有不受它迷惑的,那么这种人对于外面袭来的祸害就不会惊骇,对于个人得到的福分就不会高兴;因为能够做到随时势而行动,随时势而停止,智力就不可能作出决断。相信天命的人,对于无论出现外祸还是内福,都不会有不同的心情。对于外祸和内福有不同心情的人,倒不如蒙着眼睛塞上耳朵,即使背向斜坡面朝壕沟,也不会仆倒下去。所以说:死也好生也好都来自天命,贫也好富也好都来自时机。埋怨寿命夭折的人,乃是不知道天命的作用;埋怨家境贫穷的人,乃是不知道时机的作用。面临死亡不畏惧,处于贫穷不忧愁,这乃是知道天命的作用知道正确对待时机的表现。倘若让智力发达的人去估计利害,预料虚实,斟酌人情,正确有一半,失误有一半。倘若让智力不足的人不去估计利害,不去预料虚实,不去斟酌人情,正确也有一半,失误也有一半。估计与不估计,预料与不预料,斟酌与不斟酌,有什么不同之处呢?唯有对什么都不去估计,而又无所不估计,这就完满了,就不会丧失了。也不是认识到完满,也不是认识到丧失,是由于自自然然地完满,自自然然地消亡,自自然然地丧失。

【原文】

齐量公游于牛山[①]，北临其国城而流涕曰："美哉国乎！郁郁芊芊[②]，若何滴滴去此国而死乎[③]？使古无死者，寡人将去斯而之何[④]？"史孔、梁丘据皆从而泣曰[⑤]："臣赖君之赐，疏食恶肉[⑥]，可得而食，怒马稜车[⑦]，可得而乘也，且犹不欲死，而况吾君乎？"晏子独笑于旁。公雪涕而顾晏子曰[⑧]："寡人今日之游悲，孔与据皆从寡人而泣，子之独笑，何也？"晏子对曰："使贤者常守之[⑨]，则太公、桓公将常守之矣[⑩]；使有勇者而常守之，则庄公、灵公将常守之矣[⑪]。数君者将守之，吾君方将被蓑笠而立乎畎亩之中[⑫]，唯事之恤[⑬]，行假念死乎？则吾君又安得此位而立焉？以其迭处之，迭去之[⑭]，至于君也，而独为之流涕，是不仁也。见不仁之君，见谄谀之臣[⑮]；臣见此二者，臣之所为独窃笑也。"景公惭焉，举觞自罚[⑯]；罚二臣者，各二觞焉。

注释

①量：量为"景"字之误。齐景公：人名，名杵臼，春秋时齐国君主，庄公的异母弟。牛山：地名，在今山东省临淄县。

②芊芊（qiān 千）：茂盛貌。

③滴滴：流动的样子。《列子释文》："滴滴或作滂滂，流荡貌。"

④斯：这，此处指这里。

⑤史孔：又作艾孔，齐景公之臣僚。梁丘据：复姓梁丘，名据，齐景公之臣僚。

⑥疏食：即粗食。

⑦怒马：为驽马之误。《广雅》："驽，骀也。"《文选·李善注》："谓马迟顿者也。"稜车：栈车，即竹木编制的车。

⑧雪：拭，擦。雪涕：拭去眼泪。

⑨守之：指守护国家。

⑩太公：即姜太公。姓姜，名望，俗称姜太公。桓公：即齐桓公。

⑪庄公：即齐庄公，齐之国君。灵公：即齐灵公，齐之国君。

⑫畎（quǎn 犬）：田间小沟。畎亩：田土。

⑬事：这里指畎亩之农事。恤（xù 叙）：忧虑。

⑭迭：更迭。迭处之：这里指轮换地处于君王之位。迭去之：这里指君王轮换地下台或死去。

⑮谄谀：为了讨好，卑贱地对人奉承。

⑯觞（shāng 伤）：古代称酒杯为觞。

【今译】

齐景公在牛山巡游，向北眺望国都临淄而流泪，说：“齐国呀，多美啊！草木繁盛，郁郁葱葱，为什么时间会像江河那样迅速流逝，而人也会离开国土死去呢？倘若自古以来不存在死人，我将离开此地而往何处去呢？”史孔、梁丘据都随着齐景公哭泣起来，说：“我们依赖着君王的恩赐，哪怕是粗食臭肉还可以得到饱腹，驽马栈车还可以乘坐，尚且不愿死去，何况我们的君王呢？”晏子在旁边独自冷笑。齐景公拭去眼泪，回头对晏子说：“我今天巡游牛山感到悲忧，史孔和梁丘据等人都随着我而悲泣，你独自冷笑，为什么呢？”晏子回答说：“让贤明的君王一直守护齐国，那么太公、桓公就将一直守护着了；让英勇的君王一直守护着齐国，那么庄公、灵公就将一直守护着了。若干君王都将一直守护着齐国，我们当今的君王就将会披蓑衣戴斗笠站在田土之中，只能做农活而感到忧愁了，您还有多余时间到这里来考虑关于死亡的问题吗？那么我们的君王又怎么可能得到今天的王位而立于各诸侯国之中呢？因为历代君王轮换地登基轮换地离去，这才轮到您哩，而您单单为死亡之事流泪，是缺乏仁德的表现。见着缺乏仁德的君王，见着阿谀谄媚的臣僚；我看着这两种人，我也就独个儿暗自发出冷笑了。”齐景公非常惭愧，举起酒杯，自饮一杯权当受罚；同时也罚史孔、梁丘据，令他二人各饮两杯。

【原文】

魏人有东门吴者[①]，其子死而不忧。其相室曰[②]：“公之爱子，天下无有。今子死不忧，何也？”东门吴曰：“吾常无子[③]，无子之时不忧。今子死，乃与向无子同[④]，臣奚忧焉？”

注释

①魏：国名。东门吴：姓吴，因居住在东门而得名。

②相室：管家。《列子集释》：“相室，疑即家相。”俗称管家。

③常：当作“尝”，曾经。

④向：向来，从来。

【今译】

魏国有个叫东门吴的人，他的儿子死了他并不感到忧伤。他的管家说："您对儿子的疼爱，天下谁都比不上。今天您的儿子死了，你一点儿都不忧伤，这是什么原因呢？"东门吴回答说："我曾经没有儿子，当一个人没有儿子的时候就不会有什么忧伤。今天，我的儿子死了，就跟从来不曾有过儿子一样，我为什么忧伤呢？"

【原文】

农赴时[1]，商趣利，工追术，仕逐势，势使然也。然农有水旱，商有得失，工有成败，仕有遇否，命使然也。

注释

①赴时：赶上时令。

【今译】

务农必须赶上时令，经商必然追求利润，做工一定讲究技术，当官肯定追逐权势，这是社会形势发展的必然结果。但是，务农会有水旱灾害，经商会有赔本赚钱，做工会有成功失败，当官会有机遇与没有机遇，这是天命造成的结果。

杨　朱

第　七

【题解】

本篇假托春秋末期人物杨朱之口，集中地表达了作者“唯贵放逸”，“不违自然所好”的人生态度和社会观点。全篇强调的就是“厚味、美服、好色、音声”，只有获得这些并尽情享受，才能充分满足性情，才能充分娱悦耳目，这也才能称之为“达乎生生之趣”。

对于《杨朱》一篇，传统的看法是，它鲜明地提出了享乐主义、纵欲主义的人生观，强烈地反映了魏晋时期世家大族荒淫纵欲、悲观厌世的思想情绪。

这种传统看法有一定道理，但尚不全面。首先，《杨朱》明确地否定君臣纲常、礼义教条。多次表示，必须让君臣之道止息，认为礼义是伪名，不过是追逐个人荣利的遮羞布。其次，它力主按照人的天性生活并处理人际关系。认为正确的生活态度应该是“不违自然所好”。它抨击为寿、为名、为位、为货的行为，倡导人与人的关系应该是“公天下之身，公天下之物”。只有抱着这种生活态度和这样处理人际关系，才能保持人的天性，进而达到做人的理想境界。再次，对当时的丑恶现实是厌恶的，是有批判锋芒的。它指出，名声是虚伪的，并以古讽今，对子产准备私授其弟以禄位的事情，实实在在地嘲弄了一番。“今有名则尊荣，亡名则卑辱”，对于社会的不公平，对于人心的险恶，在一定程度上作了揭露和批判。从这些方面看，《杨朱》是有积极的社会意义的。

当然，它的纵欲享乐，被渲染得太浓重了，有严重的消极影响，是不应忽视的。它还强调劳动者与富贵者其习性、生活环境生来就不可更移，这就是唯心的宿命观了。

全篇有4则寓言和故事，共同表达“唯贵放逸”、“不违自然所好”的基本思想。

《杨朱》，又称《达生》。

【原文】

杨朱游于鲁①，舍于孟氏②。孟氏问曰：“人而已矣，奚以名为？”曰：“以名者为富。”“既富矣，奚不已焉？”曰：“为贵。”“既贵矣，奚不已焉？”曰：“为死。”“既死矣，奚为焉？”曰：“为子孙。”“名奚益于子孙？”曰：“名乃苦其身，燋其心③。乘其名者泽及宗族④，利兼乡党⑤；况子孙乎？”“凡为名者必廉，廉斯贫；为名者必让，让斯贱。”曰：“管仲之相齐也⑥，君淫亦淫⑦，君奢亦奢，志合言从，道行国霸⑧，死之后，管氏而已⑨。田氏之相齐也⑩，君盈则己降⑪，君敛则己施，民皆归之，因有齐国⑫；子孙享之，至今不绝。”“若实名贫，伪名富。”曰：“实无名，名无实⑬；名者，伪而已矣。昔者尧舜伪以天下让许由⑭、善卷⑮，而不失天下，享祚百年⑯。伯夷、叔齐实以孤竹君让⑰，而终亡其国，饿死于首阳之山⑱。实伪之辩⑲，如此其省也⑳。”

注释

①杨朱：春秋末战国初哲学家，魏国人，主张“贵生”、“重己”，“全性葆真，不以物累形”，重视个人生命的保存，反对他人对自己的侵夺，也反对侵夺别人。他被孟子讥讽为“拔一毛而利天下不为也”。鲁：鲁国，今山东一带。

②舍：住宿。孟氏：姓孟的人，不详。

③燋(jiāo 交)：烧灼。

④乘：与“趁”同义。泽：恩惠。

⑤乡党：周朝以五百家为党，一万二千五百家为乡；现泛指乡里。

⑥管仲：春秋初期政治家，被齐桓公任命为卿，尊称“仲父”，在齐国进行多方面改革，帮助齐桓公成为春秋时第一个霸主。相齐：当齐国的宰相。

⑦君淫亦淫：君，指齐君齐桓公。淫：过分，无节制，有“纵欲”的意思。

⑧道：主张、措施、方法。国霸：国家成为霸主。

⑨管氏：即管仲。

⑩田氏：指田乞。其先田完原为陈（陈、田二字春秋战国时通用）厉公之子，因国难出奔，仕于齐。传至田乞，“其收赋税于民，以小斗受之其粟，予民以大斗行阴德于民。”田氏因此“得齐众心，宗族益彊（强），民思田氏。”乞死，子田常弑齐简公，自为齐相，独揽大权。至田常曾孙田和，灭姜姓的齐，建立田姓的齐国。事见《史记·田敬仲完世家》。

⑪盈：满，这里指奢侈、骄横。降：贬抑、降落。

⑫有齐国：建立田姓齐国。

⑬实无名：真实的失去名声。名无实：有名声的失去真实。

⑭许由：相传尧要把君位让给他，他逃到箕山下，自耕而食。尧又请他做九州长官，他到颍水边洗耳朵，表示不愿听。

⑮善卷：卷，亦作绻（quǎn犬）。相传为尧时的有道之士。《吕氏春秋·下贤篇》：“尧不以帝见善绻，北面而问焉。尧，天子也；善绻，布衣也。何故礼之若此其甚也。善绻，得道之士也。……”又，《庄子·让王篇》：“尧以天下让许由，许由不受。……舜以天下让善卷，善卷曰：‘余立于宇宙之中，冬日衣皮毛，夏日衣葛絺。春耕种，形足以劳动；秋收敛，身足以休食。日出而作，日入而息，逍遥于天地之间，而心意自得。吾何以天下为哉！悲夫，子之不知余也。’遂不受。”

⑯祚（zuò坐）：福。

⑰孤竹君：孤竹国的君王。孤竹国在今河北卢龙南，存在于商、西周、春秋时。让：指把君王位置和平地自愿地移让给别人。

⑱首阳山：又称雷首山，在今山西永济县南。相传为伯夷、叔齐采薇隐居之地。

⑲辩：通“辨”，辨别。

⑳省：非常明白。

【今译】

杨朱在鲁国游览，居住在孟氏家里。孟氏问道：“人，不过就这样罢了，还要名声来干什么？”杨朱回答说：“获取名声是为了发财致富。”“既然已经发财致富了，为什么还不休止呢？”答道：“为着进一步做官高贵。”“既然已经做官高贵了，为什么还不休止呢？”答道：“为了自己的死亡。”“既然已经死去了，还想干什么呢？”答道：“为着子孙后代。”“名声能给子孙后代以福荫吗？”答道：“名声这东西能让身体受折磨，让心志烧灼不安。趁着有名声的时候，恩惠及于宗族，还可以兼带着让乡里受益，何况子孙后代得到的福荫呢？”“大凡追求名声的人必然廉洁，一旦廉洁就会贫困；追求名声的人必然谦让，一旦谦让也就卑贱。”杨朱答道：“管仲在齐国任宰相，国君纵欲无度，他也纵欲无度，国君奢侈，他也奢侈，他同国君志趣投合，国君也听他的主张，而他的治国措施有成效，齐国能称霸于各诸侯国，管仲死了以后，管仲也不过如此罢了。田氏任齐国宰相，国君骄奢，而田氏就谦俭，国君贪聚，而他就施舍，老百姓都拥护他，因而取代了姜姓齐国；子孙后代享受着荣华富贵，直到现在仍然如此。”“果然是老实地追求名声的人贫困，虚假地追求名声的人富贵。”杨朱说：“老实、诚恳的人没有名声，有名声的人不可能老实、诚恳；名声这东西，其实虚伪得很。以前，尧、舜假意把君位让给许由、善卷，而尧舜的天下并没有失掉，享有君位很长时间。伯夷、叔齐老老实实地把孤竹国的王位让出去，反而丧失了自己的国家，他们饿死在隐居的首阳山里。老实、虚伪的分别，就是这样的明白。”

【原文】

杨朱曰：“百年寿之大齐①；得百年者，千无一焉。设有一者，孩抱以逮昏老②，几居其半矣。夜眠之所弭，昼觉之所遗，又几居其半矣。痛疾哀苦，亡失忧惧③，又几居其半矣。量十数年之中④，逌然而自得，亡介焉之虑者，亦亡一时之中尔。则人之生也奚为哉？奚乐哉？为美厚尔⑤，为声色尔⑥。而美厚复不可常厌足，声色不可常玩闻。乃复为刑赏之所禁劝，名法之所进退；遑遑尔竞一时之虚誉⑦，规死后之余荣⑧；偊偊尔慎耳目之观听⑨，惜身意之是非；徒失当年之至乐，不能自肆于一时⑩。重囚累梏⑪，何以异哉？太古之人，知生之暂来，知死之暂往，故从心而动⑫，不违自然所好，当身之娱⑬，非所去也，故不为名所劝。从性而游，不逆万物所好，死后之名，非所取也，故不为刑所及。名誉先后，年命多少，非所量也。”

注释

①大齐：大限，最大限度。

②孩抱：襁褓中的孩子。昏老：衰老，晚年。

③亡失：这里是失意、不得志的意思。

④中：恰到好处。

⑤美厚:美,幸福;厚,殷实。

⑥声色:声,动听的声音;色,美丽的颜色。声色,指歌舞和美女。

⑦遑遑:匆匆忙忙的样子。

⑧规:图谋。余荣:留下来的荣耀。

⑨偊偊(yǔ 雨):独行无亲的样子。

⑩肆:放纵,不受拘束。

⑪重囚:严加囚禁。累梏:加倍束缚。

⑫从:即"纵"。

⑬当身:应为"当生",当自己生存于世的时候。俞樾《诸子平议》:"'当身'乃'当生'之误。下云,'死后之名非所取也','当生'与'死后'正相对。下文云,'且趣当生,奚遑死后',是其证。"

【今译】

杨朱说:"能活到一百年,寿命到了极限了;活到一百年的,一千人中难有一人。纵然有那么一个人,从襁褓之时到衰老的晚年,襁褓与衰老差不多占去他的一半时间了。晚上睡足了整个黑夜,白天醒来以后又有所损失,又差不多占去他的一半时间了。疾病哀苦的折磨,失意忧惧的纠缠,又差不多占去他一半时间了。估计十多年之中,能够舒适自得,能够不被些微之事忧虑,这种恰到好处的时刻也不过非常短暂。那么,人生活在社会上为的什么呢?高兴什么呢?只不过为幸福、财富,为享乐、女人罢了。然而,幸福、财富又不可能经常得到满足,歌舞、女人不可能经常欣赏玩弄。而且还为刑罚、嘉奖所禁止所劝导,为名声、法规所约束;急急忙忙地去争夺一时的空名,求得死后留下来的荣耀。只有自己一人谨慎地观察聆听,珍惜个人心灵上的是非判断;白白地失去当年最大的快乐,不能够任由自己纵情于一时。如果是这种情况,那同受到严厉关押、加重镣铐,有什么差别呢?上古的人知道生于世间的时间短暂,知道死去的时间短暂,所以他们放纵自己去做认为要做的事,不违背自然的喜好,当自己生活在世的时候不失去欢愉的机会,因而不被名声所诱导。放纵性情去玩乐,不违背万物的喜好,死后的名声不去争取,这样就不会让自己受刑罚所害。名声先来后来,寿命是多是少,不去计较这些东西。"

【原文】

杨朱曰:"万物所异者生也[①],所同者死也;生则有贤愚贵贱,是所异也；死则有臭腐消灭，是所同也。虽然，贤愚贵贱，非所能也[2]；臭腐消灭，亦非所能也。故生非所生[3]，死非所死，贤非所贤，愚非所愚，贵非所贵，贱非所贱。然而万物齐生齐死[4]，齐贤齐愚，齐贵齐贱。十年亦死，百年亦死，仁圣亦死，凶愚亦死。生则尧舜，死则腐骨；生则桀纣，死则腐骨。腐骨一矣，熟知其异？且趣当生，奚遑死后[5]？"

注释

①生：生命，生存状况。

②能：人的主观能动作用。

③生非所生："所"后面承前有一"能"字，即生不是自己所能生。

④齐：均，同。

⑤遑：闲空。

【今译】

杨朱说："万事万物所不同的在于生存，所相同的在于死亡；生存则有贤、愚、贵、贱，这是它们的不同之处；死亡则有臭、腐、消、灭，这是它们的相同之处。但是，贤愚贵贱这种情况，不是个人能力可以做到的；臭腐消灭这种情况，也不是个人能力可以做到的。所以，生存不是自己所能做到生存，死亡不是自己所能做到死亡，贤才不是自己所能做到贤才，愚笨不是自己所能做到愚笨，富贵不是自己所能做到富贵，卑贱不是自己所能做到卑贱。然而，万事万物全都有生存有死亡，全都有贤才有愚笨，有富贵有卑贱。仅仅生存十年也得死亡，生存一百年还得死亡，仁义者圣贤者也得死亡，作恶者愚蠢者仍然要死亡。生存的时候便是高贵的尧舜，死亡以后就变成一堆腐臭尸骨；生存的时候便是暴虐的桀纣，死亡以后就变成一堆腐臭的尸骨。腐臭的尸骨完全一样呀，哪个知道谁是尧舜谁是桀纣呢？只管去追求当前生存的快乐，哪里还有闲空去考虑死后的事情呢？"

【原文】

杨朱曰："伯夷非亡欲[1]，矜清之郵[2]，以放饿死[3]。展季非亡情[4]，矜贞之郵[5]，以放寡宗[6]。清贞之误善之若此[7]。"

注释

①欲:物欲,欲望。

②矜(jīn 今):拘谨,慎重。清:清白。邮:通“尤”。《尔雅》:“尤,过也。”

③放:至。《列子释文》:“《公羊传》曰:‘放死不立’。刘兆注曰:‘放,至也。’”

④展季:展禽,即柳下惠。春秋时鲁国大夫。鲁僖公二十六年(公元前634年),齐攻鲁,他派人到齐劝说退兵。以善于讲究贵族礼节著称。相传他是个坐怀不乱的人,所以文中才说他“矜贞之邮”。

⑤贞:坚定不移。

⑥寡宗:家族不盛,人丁很少。

⑦误:弊端,害处。善:容易,轻易。

【今译】

杨朱说:“伯夷不是没有个人欲望的人,只是过分地拘泥于保持自己的清白,以至饿死。展季不是没有与人交往的情谊,只是过分地拘泥于坚持自己的节行,以至宗族不兴旺。清白节行的弊端是容易达到这种程度的。”

【原文】

杨朱曰:“原宪窭于鲁①,子贡殖于卫②。原宪之窭损生,子贡之殖累身。”“然则窭亦不可,殖亦不可,其可焉在?”曰:“可在乐生③,可在逸身④。故善乐生者不窭,善逸身者不殖。”

注释

①原宪:孔子的学生,字子思,鲁人,一说宋人。孔子死后,原宪隐居于卫。窭(jù 据):贫寒。

②殖:做生意,积聚财货。

③乐生:愉悦生命,意即一生快活。

④逸身:安逸身体,意即身体舒适。

【今译】

杨朱说:“原宪在鲁国受穷苦,子贡在卫国发大财。原宪穷苦损害了自己的生命,子贡发财拖累了自己的身体。”“那么,穷苦也不可以,发财也不可以,可以的是什么呢?”杨朱答道:“可以做的在于求得一生快乐,可以做的在于求得身体舒适。所以善于一生快活的人就不被穷苦损害生命,善于身体舒适的人就不为发财而拖累身体。”

【原文】

杨朱曰:“古语有之[①]:‘生相怜[②],死相捐[③]。’此语至矣[④]。相怜之道[⑤],非唯情也;勤能使逸,饥能使饱,寒能使温,穷能使达也[⑥]。相捐之道[⑦],非不相哀也;不含珠玉,不服文锦[⑧],不陈牺牲[⑨],不设明器也[⑩]。”

注释

①有之:现存的,已有的。

②相怜:互相怜爱,互相亲近。

③相捐:互相捐弃,互相舍掉。

④至:完善,顶点。

⑤道:途径,办法。

⑥穷:失意。达:通达,得意。

⑦相捐之道:互相抛弃的这条途径。

⑧服:佩饰,服饰。

⑨陈:陈设。牺牲:古代为祭祀宰杀的牲畜。

⑩明器:殉葬的器物。活人所用的器物叫明器,死人所用的器物叫阴器。人死后,将活人用的器物或仿制品摆设出来,以示死后在阴间仍能使用。

【今译】

杨朱说:“古代有句成语:‘活着相互怜爱,死去相互抛弃’。这话说得何等的好啊!互相怜爱的途径,并非仅仅依靠感情维系;勤劳能使人感到舒适,饥饿能使人想到饱足,寒冷能使人需要温暖,失意能使人求得通达。互相抛弃的途径,不是不让人们相哀伤;对于已经抛弃的人,应该做到口中不含珠玉,身上不装饰文锦,在他灵前不陈设牺牲,不使用明器。”

【原文】

晏平仲问养生于管夷吾[①]。管夷吾曰:“肆之而已[②],勿壅勿阏[③]。”

晏平仲曰："其目奈何[4]？"夷吾曰："恣耳之所欲听[5]，恣目之所欲视，恣鼻之所欲向，恣口之所欲言，恣体之所欲安，恣意之所欲行。夫耳之所欲闻者音声，而不得听，谓之阏聪；目之所欲见者美色，而不得视，谓之阏明[6]；鼻之所欲向者椒兰[7]，而不得嗅，谓之阏颤[8]；口之所欲道者是非，而不得言，谓之阏智；体之所欲安者美厚，而不得从，谓之阏适；意之所欲为者放逸，而不得行，谓之阏往[9]。凡此诸阏，废虐之主[10]。去废虐之主，熙熙然以俟死[11]，一日一月，一年十年，吾所谓养[12]。拘此废虐之主，录而不舍[13]，戚戚然以至久生[14]，百年千年万年，非吾所谓养。"管夷吾曰："吾既告子养生矣，送死奈何？"晏平仲曰："送死略矣，将何以告焉？"管夷吾曰："吾固欲闻之。"平仲曰："既死，岂在我哉[15]？焚之亦可，沈之亦可[16]，瘗之亦可[17]，露之亦可[18]，衣薪而弃诸沟壑亦可[19]，衮衣绣裳而纳诸石椁亦可[20]，唯所遇焉。"管夷吾顾谓鲍叔黄子曰[21]："生死之道[22]，吾二人进之矣。"

注释

①晏平仲：（？—公元前500年）即晏婴，字仲，谥平。春秋时齐国大夫，夷维（今山东高密）人。曾奉景公命，往晋联姻，与晋大夫叔向议论齐政，预言齐国政权终将为田氏所取代。养生：保养生命、身体。管夷吾：（？—公元前645年）名夷吾，字仲，颍上（颍水之滨）人。晏平仲与管夷吾二人不同时，相隔百余年，二人不可能一块对话。作者之所以这么写，是一种假托，以寓言形式出现。

②肆：放纵，无拘束。

③壅（yōng庸）：堵塞。阏（è遏）：同"遏"，遏制。

④目：细目，具体事项。

⑤恣：放纵。

⑥明：明亮，这里指视觉。

⑦椒：花椒。兰：兰草。椒、兰，为香料和香花。

⑧颤：用鼻子嗅。张湛注："鼻通曰颤。"

⑨往：应作"性"。性，天性。

⑩废虐：摧残。《列子释文》："废虐，毁残也。"主：主导，主因。

⑪熙熙然：欢乐的样子。俟（sì似）：等待。

⑫养：养生。

⑬录：禁止，检束。《列子集释》："《荀子·修身篇》：'程役而不录。'杨倞注：'录，检束也'，即是此义。"

⑭戚戚然：忧愁的样子。

⑮在我：由我。

⑯沈：同"沉"，沉于水里。

⑰瘗（yì 意）：用土埋葬。

⑱露：裸露，这里指尸体不加遮盖地放在郊外。

⑲衣薪：身上裹着柴草。沟壑（hè 贺）：深沟。

⑳衮（gǔn 滚）衣：卷龙衣，古代天子的礼服。绣裳：锦绣衣裳。石椁：石头做的套棺。

㉑鲍叔黄子：不详。鲍叔，疑为鲍叔牙，春秋时齐国大夫。少年时和管夷吾友善。齐桓公曾任命他为宰相，他辞谢，保举管夷吾为宰相。黄子，齐国大夫，与管仲同时。

㉒道：途径，方法。

【今译】

晏平仲向管夷吾问养生术。管夷吾说："尽情快乐罢了，不加堵塞，不要制止。"晏平仲说："具体事项是些什么呢？"夷吾回答说："任凭耳朵想听什么就听什么，任凭眼睛想看什么就看什么，任凭鼻子想闻什么就闻什么，任凭嘴巴想说什么就说什么，任凭身体觉得怎样舒服就怎样去享受舒服，任凭心意想怎样做就怎样做。耳朵想听到的是声音，而不让听，就叫抑制听觉；眼睛想看到的是美色，而不让看，就叫抑制视觉；鼻子想闻到的是椒兰之类的香气，而不让闻，就叫抑制嗅觉；嘴巴想说的是与非，而得不到说，就叫抑制智慧；身体想得到最好的享受，而不让得到，就叫抑制安适；心意想尽量地舒畅，而不让做，就叫抑制天性。诸如此类的抑制，是毁残人的主要因素。抛弃毁残人的这些主要因素，愉快地生活直到去世，一天、一月、一年、十年，就这么过下去，我所要说的养生术就是这样。完全拘束于毁残人的主要因素，受到束缚而不放松，忧忧愁愁地活得长久，百年、千年、万年，绝不是我所说的养生术。"管夷吾说："我已经告诉你养生术了，怎么样送别死亡呢？"晏平仲说："送别死亡太简单了，用什么告诉你呢？"管夷吾说："对于送别死亡之术，我原来就很想听一听。"平仲说："人已经死了，哪里由我主宰呢？烧化也行，沉水也行，土埋也行，露野也行，柴草裹着身体丢在任何一个沟壑里面也行，穿龙袍锦服而放进任何一口石棺里面也行，仅仅看遇到什么情况怎样处置罢了。"管夷吾回过头来对鲍叔黄子说："养生术和送死术，晏平仲和我所说的这些算是说透彻了。"

【原文】

子产相郑[①]，专国之政三年[②]，善者服其化[③]，恶者畏其禁[④]，郑国以治。诸侯惮之。而有兄曰公孙朝，有弟曰公孙穆[⑤]。朝好酒，穆好色。朝之室也，聚酒千钟[⑥]，积麹成封[⑦]，望门百步[⑧]，糟浆之气逆于人鼻[⑨]。方其荒于酒也[⑩]，不知世道之安危[⑪]，人理之悔吝[⑫]，室内之有亡[⑬]，九族之亲疏，存亡之哀乐也。虽水火兵刃交于前，弗知也。穆之后庭[⑭]，比房数十，皆择稚齿婑媠者以盈之[⑮]。方其耽于色也，屏亲昵，绝交游，逃于后庭[⑯]，以昼足夜[⑰]；三月一出，意犹未惬。乡有处子之娥姣者[⑱]，必贿而招之[⑲]，媒而挑之，弗获而后已[⑳]。子产日夜以为戚，密造邓析而谋之曰[㉑]："侨闻治身以及家[㉒]，治家以及国，此言自于近至于远也。侨为国则治矣，而家则乱矣！其道逆邪[㉓]？将奚方以救二子[㉔]？子其诏之[㉕]！"邓析曰："吾怪之久矣！未敢先言。子奚不时其治也[㉖]，喻以性命之重，诱以礼义之尊乎？"子产用邓析之言，因间以谒其兄弟而告之曰[㉗]："人之所以贵于禽兽者智虑，智虑之所将者礼义[㉘]。礼义成则名位至矣。若触情而动，耽于嗜欲，则性命危矣。子纳侨之言，则朝自悔而夕食禄矣[㉙]。"朝、穆曰："吾知之久矣，择之亦久矣，岂待若言而后识之哉！凡生之难遇，而死之易及；以难遇之生，俟易及之死，可孰念哉？而欲尊礼义以夸人，矫情性以招名，吾以此为弗若死矣[㉚]。为欲尽一生之观，穷当年之乐，唯患腹溢而不得恣口之饮[㉛]，力惫而不得肆情于色，不遑忧名声之丑，性命之危也。且若以治国之能夸物，欲以说辞乱我之心[㉜]，荣禄喜我之意[㉝]，不亦鄙而可怜哉[㉞]！我又欲与若别之。夫善治外者，物未必治[㉟]，而身交苦；善治内者，物未必乱，而性交逸。以若之治外，其法可暂行于一国，未合于人心；以我之治内，可推之于天下，君臣之道息矣[㊱]。吾常欲以此术而喻之[㊲]，若反以彼术而教我哉[㊳]？"子产忙然无以应之[㊴]。他日以告邓析。邓析曰："子与真人居而不知也[㊵]，孰谓子智者乎？郑国之治偶耳，非子之功也。"

注释

①子产：（？—公元前522年）名侨，字子产，一字子美，又称公孙侨、公孙成

子。春秋时政治家。郑简公十二年(公元前554年)为卿,二十三年(公元前543年)执政,实行改革,给郑国带来新的气象,郑国遂治。

②专:执掌。政:政权。

③善者:良民百姓。化:教化。

④恶者:触科犯律的人,坏人。禁:禁令,刑律。

⑤公孙朝、公孙穆:未详。据称为郑子产之兄之弟。

⑥钟:古代量器名,一钟为六斛四斗。

⑦麹:酒曲。《列子释文》:“麹,作麯。”封:坟,小山包。

⑧望:相望,引伸为隔着。

⑨糟浆:酒糟水。逆:触。

⑩方:当。荒:沉迷。

⑪世道:社会局势。

⑫人理:人情、事理。

⑬室内:家里,引申为家业。

⑭后庭:后面的房舍。比:连着。数十:几十(间房子)。

⑮稚齿:稚嫩的牙齿,指年龄较小而言。婑媠(wǒ duò 我堕):美好的样子。

⑯逃:躲藏。

⑰以昼足夜:用白天补足晚上。

⑱处子:处女,未婚女子。娥姣:美好,漂亮。

⑲贿:用财物买通。

⑳弗:疑为衍文。

㉑邓析:(公元前545—公元前501年)春秋末法家先驱,名家。郑国人,郑国大夫。邓析“操两可之说。设无穷之词”,对后来辩者颇有影响。

㉒侨:即郑子产。治身:治理自身,自我修养。

㉓道:方法。

㉔奚方:什么方法。二子:指公孙朝、公孙穆二人。

㉕诏(zhào 兆):告诉,告诫。

㉖时其治:适当时候进行整治。

㉗因间:乘着空暇时间。

㉘将:凭借,依据。

㉙食禄:获取俸禄,即当官。

㉚此:指代“欲尊礼以夸人,矫情性以招名”这两种情况。

㉛患:怕。腹溢:腹腔内装的东西满出来,意即过饱。恣口之欲:任由嘴巴吃喝。

㉜说(shuì 税):劝说。

㉝荣禄：荣誉和禄位。

㉞鄙（bǐ 比）：低下，粗俗。

㉟必治：意即治本。

㊱君臣之道：君与臣之间的纲常等级的教律。

㊲此术：指公孙朝、公孙穆所说的一套肆情、纵欲、享乐的办法。

㊳彼术：指郑子产用邓析之言向公孙朝、公孙穆二人所讲的重性命、尊礼义的办法。

㊴忙然：即茫然。

㊵真人：真正的人，看透世事的人。

【今译】

子产任郑国的宰相，独揽全国的大权；三年时间，良民百姓都接受他的教化，为非作歹的人害怕他制定并执行的禁律，郑国因此大治。各国诸侯也害怕郑国的强大。子产有位哥哥叫公孙朝，有位弟弟叫公孙穆。公孙朝好酒，公孙穆好色。公孙朝的家里堆存着大量的酒，堆放的酒曲像小山包一样，远远地就会闻到他家酒糟的气味。当公孙朝沉迷在饮酒上的时候，世道的安危，人情事理的厚薄，家业有没有，家族亲或疏，存亡的人是哀是乐，统统不晓得了。即令是水、火、兵、刃逼到他面前，也不晓得了。公孙穆家有后房几十间，全都挑选年轻美貌的女子让她们把房间住满。当他沉迷于女色的时候，摒弃亲朋好友，拒绝与朋友交游，躲到后房里同美女欢乐，夜晚玩得不够，白天补足；三个月才出门一次，心意仍觉得不满足。邻里有漂亮的未婚女子，他一定用财物买通而招引过来，请媒人挑选弄来，不得到手不罢休。子产日夜为兄弟二人忧虑，悄悄地告诉邓析并请他出主意，说："我郑子产听说过修养自身来影响家庭，治了家就可以进而影响国，这个说法是从近处逐渐说到远处。我为郑国出力国家得治了，家庭却乱得不像样呀！治身、治家、治国的途径是相反的吗？你将用什么办法来挽救这两兄弟呢？请你去告诫他们吧！"邓析回答说："我对这两个人早就有怀疑哩！只是不好事先对你说。你为什么不在适当时候对他俩整治一下，对他们说清楚性命的贵重，引导他们敬重礼义呢？"子产采纳邓析的主张，抽空找到兄弟二人并告诫说："人之所以比禽兽可贵在于有智虑，而智虑的根本在于礼义。只要一个人有礼义的修养，那么名誉地位也就会得到。如果纵情并行动，沉溺于嗜好情欲，性命就非常危险了。你二人请听进我的话，这样去做就可以很快地悔悟过来并得到官位俸禄。”公孙朝、公孙穆回答说：“你这番道理，我们早就知道了，我们选择这种生活方式已经很久了，难道等你教训以后才认识呀！大凡生存是很难得到的，而死亡却容易碰上；用很难得到的生存，去等待容易碰上的死亡，还有什么可以考虑的呢？而你想敬重礼义来对人夸耀，想改变自己的情欲、本性来获得名声，我看这样做倒不如死了的好。要满足情欲必须享尽一生的欢乐，竭尽有生之年的快活，只怕肚子太饱不能让嘴巴尽量吃喝，只怕精力疲乏不能让情欲尽量迷恋女色，顾不上去担心名声不好，顾不上去担心性命危险。况且，你用治理郑国的才能向社会夸耀，还想用劝告的言辞迷乱我们的思想，拿荣誉禄位来博得我们的欢喜，这样做你不觉得既低下又可怜吗！我们还要同你分辩清楚。那种善于治理身外事物的办法，事物并没有整治到根本上，反而让人的身心交苦；那种善于整治内心的办法，事物的根本不乱，反而能使身体和天性都安逸。用你的办法治身外的事物，你的办法可以在某一国暂时有效，却与人的天性不符合；用我们的办法治理身心，就可以推广到普天之下，君臣之间的一切等级纲常教律都可以不用了。我们经常要用这种养生术向外人宣传，现在你反而要用你那种养生术来教训我们呀？”子产茫然不知道用什么来回答。过些日子把这些情况告诉邓析。邓析说：“你同真正的人居住在一起而不知道，谁说你是有智慧的人呢？郑国能治理是偶然出现的，并非你的功劳。”

【原文】

卫端木叔者[①]，子贡之世也。藉其先赀[②]，家累万金。不治世故[③]，放意所好。其生民之所欲为[④]，人意之所欲玩者，无不为也，无不玩也。墙屋台榭，园囿池沼[⑤]，饮食车服，声乐嫔御[⑥]，拟齐楚之君焉。至其情所欲好，耳所欲听，目所欲视，口所欲尝，虽殊方偏国[⑦]，非齐土之所产育者，无不必致之，犹藩墙之物也[⑧]。及其游也，虽山川阻险，途径修远，无不必之，犹人之行咫步也[⑨]。宾客在庭者日百住[⑩]，庖厨之下，不绝烟火；堂庑之上[⑪]，不绝声乐。奉养之余，先散之宗族；宗族之余，次散之邑里；邑里之余，乃散之一国。行年六十，气干将衰[⑫]，弃其家事，都散其库藏、珍宝、车服、妾媵[⑬]，一年之中尽焉，不为子孙留财。及其病也，无药石之储[⑭]；及其死也，无瘗埋之资。一国之人，受其施者，相与赋而藏之[15]，反其子孙之财焉[16]。禽滑釐闻之曰[17]："端木叔狂人也，辱其祖矣。"段干生闻之曰[18]："端木叔达人也，德过其祖矣。其所行也，其所为也，众意所惊，而诚理所取。卫之君子多以礼教自持[19]，固未足以得此人之心也。"

注释

①卫：卫国。端木叔：据传为子贡后裔。

②藉：凭借。先赀：祖财。

③不治：不从事。世故：社会上的事务。

④生民：一般人，众人。

⑤园囿：花园、兽圈。

⑥嫔：美女。御：马夫。

⑦殊方：异域。偏国：边远国家。

⑧藩墙：围墙。

⑨咫(zhǐ 止)：周朝八寸为咫。咫步：比喻路程很近，没有几步。

⑩百住：百数。俞樾《诸子平议》："住，当为数，声之误也。《黄帝篇》：'沤鸟之至者百住而不止'，张注曰：'住，当作数'，是其证矣。"百住，百数，即以百计数。

⑪庑(wǔ 武)：正房对面和两侧的小屋子。

⑫气干：血气、躯干。

⑬媵(yìng 映)：小老婆。

⑭药石：药材、针石。

⑮赋：按人口出钱。藏：同"葬"。

⑯反：同"返"，退回。

⑰禽滑釐：战国初人。初受业于子夏，后学于墨子，尽传其学，尤精研攻防城池的战术。

⑱段干生：应为段干木。战国初，魏人。原为晋的市侩，求学于子夏。魏文侯给他官做，他不受。文侯乘车过他的住所，必伏轼致敬。

⑲自持：自我控制，自我衡量。

【今译】

卫国的端木叔，是子贡的后代。凭借他祖先留下的财产，家里富裕拥有万金。他不干社会事务，任由心愿所好而作为。只要是一般人要做的，一般人想玩的，他无不做，无不玩。家里的墙屋、台榭、园囿、池沼、饮食、车服、声乐、嫔御，同齐、楚两国国君所拥有的差不多。至于他情性所喜好，耳朵所想听，眼睛所想见，嘴巴所想尝，尽管所想的这些东西出在异域远国，并非中原土地所育产，却没有弄不到手的，犹如在围墙内育产的东西那样。说到他外出游览，虽然山隔水阻，路途遥远，没有去不到的，犹如只走几步就到了一样。他的宾客在厅堂的每天以百计，厨房不绝烟火，厅堂厢房不绝音乐。对于家产，只要养活自己，余下的首先散发给宗族本家；散发宗族本家还有余，其次散发给邻里乡亲；散发邻里乡亲还有余，就散发给全国民众。他活到六十岁，血气躯干逐渐衰弱，干脆抛弃家室，全部散发所有库藏财物、珍珠宝石、车马服饰、妾媵女仆，不到一年这些东西荡然无存，不为自己子孙留下一点财产。他生了病，家里连一点药物都没有；到他死了，连埋葬的钱也没有。国内凡是接受过他施舍的人，互相商量按人口凑一笔钱作为安埋费，退还他子孙该收回的财产。禽滑釐听到端木叔这些事情以后，说："端木叔是个狂荡的人，辱没了他的祖宗。"段干木听到端木叔这些事情以后，说："端木叔是个通达的人，他的德操比他的祖宗还好。他所行的，他所为的，人们心中感到惊奇，然而实在是情理所要求这么做的。卫国的君子们多以礼教作为自我衡量的尺度，他们从来就不可能深入理解端木叔这个人的思想。"

【原文】

孟孙阳问杨子曰[①]："有人于此，贵生爱身，以蕲不死[②]，可乎？"曰："理无不死。""以蕲久生，可乎？"曰："理无久生。生非贵之所能存，身非爱之所能厚。且久生奚为？五情好恶[③]，古犹今也；四体安危，古犹今也；世事苦乐，古犹今也；变易治乱，古犹今也。既闻之矣，既见之矣，既更之矣[④]，百年犹厌其多，况久生之苦也乎？"孟孙阳曰："若然，速亡愈于久生；则践锋刃，入汤火，得所志矣。"杨子曰："不然。既生，则废而任之，究其所欲，以俟于死。将死则废而任也，究其所之，以放于尽。无不废，无不任，何遽迟速于其间乎[⑤]？"

注释

①孟孙阳：杨朱的弟子。

②蕲：请求。

③五情：喜怒哀乐怨。

④更：经历。

⑤遽（jù 巨）：匆忙，惊慌。

【今译】

孟孙阳问杨朱："这地方有一个人，他珍贵自己的生命，爱护自己的身体，想求得不死，行吗？"杨朱答道："从事理上说没有不死的。""想求得久生，行吗？"杨朱答道："从事理上说没有久生的。生命并不因为珍贵它就能存在下去，身体并不因为爱护它就能结实起来。况且久生干什么呢？五情好恶，古今差不多；身体安危，古今差不多；世事苦乐，古今差不多；变化治乱，古今差不多。从已经听到的，看到的，经历的复杂情况来说，活上一百年还嫌它时间长了，何况长久地生存下去不是苦不堪言了吗？"孟孙阳说："如果真是你说的这样，早死好于久生；那么踏在刀刃上，进到开水里，正好满足心愿了。"杨朱说："不对。既然生存下来了，就对生命听之任之，只考虑想干什么就干什么，这样一直到老死。即使快要死去了，依然听之任之，也只考虑该往哪儿去，这样一直到生命终结。没有什么可顾惜的，没有什么责任可承担的，既然如此，还惊惊慌慌地去忧虑生命在这其间结束得快还是慢干什么呢？"

【原文】

杨朱曰："伯成子高不以一毫利物①，舍国而隐耕②。大禹不以一身自利③，一体偏枯④。古之人，损一毫利天下，不与也，悉天下奉一身，不取也。人人不损一毫，人人不利天下，天下治矣。"禽子问杨朱曰⑤："去子体之一毛，以济一世⑥，汝为之乎？"杨子曰："世固非一毛之所济。"禽子曰："假济⑦，为之乎？"杨子弗应。禽子出，语孟孙阳。孟孙阳曰："子不达夫子之心⑧，吾请言之。有侵若肌肤获万金者⑨，若为之夫？"曰："为之。"孟孙阳曰："有断若一节得一国⑩，子为之乎？"禽子默然有间。孟孙阳曰："一毛微于肌肤，肌肤微于一节，省矣⑪。然则积一毛以成肌肤，积肌肤以成一节。一毛固一体万分中之一物，奈何轻之乎？"禽子曰："吾不能所以答子。然则以子之言问老聃、关尹，则子言当矣；以吾言问大禹、墨翟，则吾言当矣。"孟孙阳因顾与其徒说他事。

注释

①伯成子高:传说为周时的隐士。毫:毫毛。物:事物。

②舍国:离开国家,抛弃国家。隐耕:隐居躬耕。

③大禹:相传为上古治水能人,曾三过家门而不入,表现“不以一身自利”的精神。

④一体:全身。偏枯:中医指半身不遂的病。

⑤禽子:即禽滑釐。

⑥去:这里作“取”讲。济:接济,拯救。一世:整个社会。

⑦假济:假设能够济世。

⑧达:通达,这里当“理解”讲。夫子:指杨朱。

⑨侵:触犯。

⑩断:砍断,折断。一节:身体的一部分。

⑪省:察,明白。

【今译】

杨朱说:“伯成子高不愿拿出一根毫毛来有利于万事万物,离开自己国家而去过隐居躬耕的生活。大禹不拿个人的身份来谋取私利,全身因操劳过度患有重病。古代的人损失一根毫毛有利于天下都不愿干,让整个天下都归他所有也不要。每个人都不愿损失一根毫毛,每个人都不做有利于天下的事,天下大治了。”禽子问杨朱说:“取出你身上一根毫毛就可以接济全社会,你能不能这样做?”杨子答道:“社会本来就不会是一根毫毛所能救济的。”禽子说:“假使一根毫毛能够接济整个社会,你干不干呢?”杨子不再回答他。禽子走出来告诉孟孙阳。孟孙阳说:“你不理解杨朱夫子的思想,让我来说好了。有这样一种情况,触犯你的肌肉皮肤就能得到万金,你干还是不干?”禽子说:“愿意干。”孟孙阳说:“砍断你一节身体能得到一国,你干还是不干?”禽子沉默一会儿。孟孙阳说:“一根毫毛比之肌肤非常微小,肌肤比之身体的一节又显得微小,这是不说自明的。然而,一根一根的毫毛积聚起来才成为肌肉皮肤,把全部肌肤积聚起来才成为一节一节的身体。一根毫毛原本就是全身万分中的一分,为何要轻视这一根毫毛呢?”禽子说:“我不知道该怎样回答这个问题。但是,用你的话去问老聃、关尹,你的话就讲得很恰当了;用我的话去问大禹、墨翟,我的话就很恰当了。”孟孙阳回过头去同他的学生讲另外的事情。

【原文】

杨朱曰："天下之美归之舜、禹、周、孔[1]，天下之恶归之桀、纣[2]。然而舜耕于河阳，陶于雷泽[3]，四体不得暂安，口腹不得美厚；父母之所不爱，弟妹之所不亲。行年三十，不告而娶[4]。及受尧之禅[5]，年已长，智已衰。商钧不才[6]，禅位于禹，戚戚然以至于死：此天人之穷毒者也[7]。鲧治水土[8]，绩用不就[9]，殛诸羽山[10]。禹纂业事雠[11]，惟荒土功[12]，子产不字[13]，过门不入；身体偏枯，手足胼胝[14]。及受舜禅，卑宫室[15]，美绂冕[16]，戚戚然以至于死：此天人之忧苦者也。武王既终[17]，成王幼弱[18]，周公摄天子之政。邵公不悦[19]，四国流言[20]。居东三年，诛兄放弟[21]，仅免其身，戚戚然以至于死：此天人之危惧者也。孔子明帝王之道，应时君之聘，伐树于宋，削迹于卫，穷于商周，围于陈蔡，受屈于季氏，见辱于阳虎[22]，戚戚然以至于死：此天民之遑遽者也[23]。凡彼四圣者，生无一日之欢，死有万世之名。名者，固非实之所取也。虽称之弗知，虽赏之不知，与株块无以异矣[24]。桀藉累世之资，居南面之尊[25]，智足以距群下[26]，威足以震海内[27]；恣耳目之所娱，穷意虑之所为，熙熙然以至于死[28]：此天民之逸荡者也[29]。纣亦藉累世之资，居南面之尊；威无不行，志无不从；肆情于倾宫[30]，纵欲于长夜；不以礼义自苦，熙熙然以至于诛：此天民之放纵者也。彼二凶也，生有纵欲之欢，死被愚暴之名[31]。实者固非名之所与也，虽毁之不知，虽称之弗知，此与株块奚以异矣。彼四圣虽美之所归，苦以至终，亦同于死矣。彼二凶虽恶之所归，乐以至终，亦同归于死矣。"

注释

①周：周公，姓姬，名旦，因采邑在周（今陕西岐山北），世称周公。曾助武王灭商。武王死后，成王年幼，由他摄政。相传他制礼作乐，建立典章制度，被视为圣人。

②恶：坏，这里指名声极坏。

③陶：制作陶器。

④不告：不报告（父母）。娶：娶妻，成婚。

⑤禅（shàn 善）：和平地把帝位让给别人。

⑥商钧：一作商均，舜的儿子。

⑦天人：天下之人。穷毒：穷困孤独。毒，同"独"。

⑧鲧（gǔn 滚）：为"鲧"的异体字。相传为禹之父。奉尧之命治水，九年未治

平,被舜杀在羽山。

⑨不就:不成功,没有完成。

⑩殛(jí 级):杀死。羽山:在今山东郯(tán 谈)城县东北。

⑪纂业:继承事业。事雠:事,侍奉;雠,“仇”的异体字。意为侍奉杀害自己父亲的仇人舜。

⑫土功:指治理水土的功夫。

⑬子产:儿子出生。不字:不爱。

⑭胼胝(pián zhī 骈知):手掌或脚掌因长期劳动、走动而生成的硬皮,也叫老趼(jiǎn 茧)。

⑮卑:谦词,浅陋。《列子释文》:“卑作蔽。”蔽与“敝”通。敝,常用作谦词,不好,不理想。

⑯绂(fú 弗)冕:朝冠。

⑰武王:即周武王,姓姬,名发,西周王朝的建立者。

⑱成王:西周国王。姓姬,名诵。其父武王死时,年幼,由叔父周公摄政。后周公归政于成王。

⑲邵公:即召公,姓姬,名奭(shì 是),周之支族,与周公共同辅佐成王。

⑳四国:《诗经·豳风·破斧》:“周公东征,四国是皇。”四国,指管国、蔡国、商国、奄国。流言:没有根据的诬蔑或挑拨的话。

㉑诛兄放弟:管叔、蔡叔与武庚共同背叛周朝,周公东征,杀掉管叔,放逐蔡叔。管叔为周公之兄,蔡叔为周公之弟,故曰诛兄放弟。

㉒应时君之聘:孔子曾受鲁定公、卫灵公、楚昭王等的聘用。伐树于宋:孔子到宋国,与弟子司礼于大树下,桓魋(tuí 颓)欲杀孔子,伐其树。削迹于卫:孔子在卫国,怕卫灵公加害于他,便躲起来,随后悄然离卫。穷于商周:鲁国的阳虎暴凌,孔子像貌与阳虎相似,人们抓住孔子,关押了几天。围于陈蔡:孔子被鲁大兵围困在陈、蔡的野地里。受屈于季氏:孔子委屈地受任季孙氏管牲口的小官。见辱于阳虎:孔子往赴季孙氏的宴会,被阳虎阻挡并受辱。以上事见《史记·孔子世家》。

㉓遑遽:匆忙急促,惊慌窘迫。

㉔株块:树木土块,泛指土木。

㉕南面:面向南。古代以面朝南为尊位,君主临朝南面而坐,所以谓之“居南面之尊”。

㉖距:同“拒”。

㉗海内:四海之内,全国之内。

㉘熙熙然:和乐的样子。

㉙逸荡:安逸放荡。

㉚倾宫:即顷宫,占地一顷的宫室。

㉛被:披。

【今译】

杨朱说:"天下的美名归于舜、禹、周公、孔子,天下的恶名归于桀、纣。然而舜在河阳耕种,在雷泽制陶器,手足得不到暂时休息,嘴巴肚子得不到丰厚甘美的食物;父母对他不疼爱,弟妹对他不亲近。年纪三十,不报告父母就娶妻室。及至他接受尧的禅让,年纪已经大了,智力已衰退了。儿子商钧无才,只好把王位禅让给禹,忧忧郁郁地直到死的时候:这就是普天下之人中最穷困孤独的一个人。鲧整治水土,任务没有完成,被舜杀死在羽山。禹继承父亲鲧的事业并侍奉仇人舜。他惟恐荒废整治水土的功夫,儿子出世都不管,经过自己家门都不进去;身体劳累而患了重病,手掌脚掌都打起老趼。及至他接受舜的禅让,修筑低小的宫室,佩戴漂亮的王冠,忧忧郁郁地直到死的时候:这就是普天下之人中最忧愁痛苦的人。周武王去世了,成王年龄幼小,周公掌握全国的政权。而邵公不满意,在几个国家散布流言蜚语。周公三年东征,诛杀自己的兄长,放逐自己的弟弟,征战中自身幸免于祸,忧忧郁郁地直到死的时候:这就是普天下之人中最危险恐惧的人。孔子深谙帝王统治之道,接受当时诸侯国君的聘请,在宋国司礼于树下,大树当即被砍伐,在卫国被追赶而脱逃,在商国穷愁潦倒,在陈蔡被人围困,委屈于季氏之前,被阳虎当面侮辱,忧忧郁郁地直到死的时候:这是普天下之人中最忙碌窘迫的人。他们这四位圣人,有生之年没有一天欢乐过,死了以后享有万世盛名。其实名声这东西,本来就不是人的实际所需要的。死了以后虽然名声被社会称颂也不知道了,虽然被奖赏也不知道了,与土木没有什么不同。桀凭借若干代的资历,取得国君之尊,其才智足以抗衡群臣,声威足以震慑海内;任凭耳目得到欢娱,尽量按照心意去作为,和和乐乐地直到死的时候:这是普天下之人中最舒服放荡的人。纣同样凭借若干代的资历,取得国王之尊;声威使他的命令通行无阻,意志没有任何人敢不服从;在深宫之中放纵情欲,整个夜晚放纵情欲;不拿礼义来束缚自己,和和乐乐地直到被诛杀:这是普天下之人中最放纵的人。那两个元凶,活着的时候得到纵欲的欢乐,死后有愚蠢暴君的恶名。其实实际需要的东西，本来就不是名声所给予的，对于名声，人死了以后虽然被诋毁他也不知道，虽然被称颂他也不知道，这同土木没有什么不同。那四位圣人虽然一切美名都归之于他们，却劳苦以至于终结，同样走死亡这条道路；那两个元凶，虽然一切恶名都归之于他们，却欢乐以至于终结，一样地走向死亡这条道路。”

【原文】

杨朱见梁王[①]，言治天下如运诸掌[②]。梁王曰：“先生有一妻一妾，而不能治；三亩之园，而不能芸[③]，而言治天下如运诸掌，何也？”对曰：“君见其牧羊者乎？百羊而群，使五尺童子荷箠而随之[④]，欲东而东，欲西而西。使尧牵一羊，舜荷箠而随之，则不能前矣。且臣闻之：吞舟之鱼[⑤]，不游枝流[⑥]；鸿鹄高飞，不集污池。何则？其极远也。黄钟大吕[⑦]，不可从烦奏之舞，何则？其音疏也[⑧]。将治大者不治细，成大功者不成小，此之谓矣。”

注释

①梁王：战国时魏国君主，建都大梁（今河南开封），公元前369—公元前319年在位。

②如运诸掌：如在手掌上玩耍东西一样。

③芸：同“耘”，除草。

④荷箠（chuí 垂）：拿着鞭子。荷，原为背或扛。

⑤吞舟之鱼：形容非常大的鱼，可以把船都吞得下去。

⑥枝：同“支”。枝流：支流。

⑦黄钟、大吕：为我国古代乐律名称。这里的黄钟、大吕，代表庄严肃穆的庙堂音乐。烦：杂乱。舞：调弄。

⑧疏：稀，引申为宏阔，音域宽广。

【今译】

杨朱进见梁王，说他若治理天下就像在手掌上玩小东西一样轻松自如。梁王说：“杨朱先生，你有一妻一妾都管治不好，三亩大的园子都没有耕耘好，现在轻言治天下如运转于手掌之中，是什么原因呢？”杨朱回答说：“大王见过牧羊的情况吗？百来只羊群，让五尺小孩执鞭跟随着，想叫羊群往东就往东，想叫羊群往西就往西。倘若让尧牵着一只羊，舜执鞭跟随着，羊群就不可能顺利前行。而且我听说：能吞舟的鱼，不在小河支流上游动；高飞的鸿鹄，不聚集在污浊的浅水池塘上。为什么呢？它们的目的地非常远大。黄钟、大吕这种庙堂音乐，不可与其他杂乱的音乐凑合在一起，为什么呢？因为它的音域宽广，声音宏大。将要治理大事物的不去计较小事物，成就大功劳的不去办理小事情，就是这个道理。"

【原文】

杨朱曰："太古之事灭矣，孰誌之哉？三皇之事①，若存若亡；五帝之事②，若觉若梦；三王之事③，或隐或显，亿不识一④。当身之事⑤，或闻或见，万不识一。目前之事或存或废，千不识一。太古至于今日，年数固不可胜纪。但伏羲已来三十余万岁，贤愚、好丑、成败、是非，无不消灭⑥，但迟速之间耳。矜一时之毁誉，以焦苦其神形，要死后数百年中余名，岂足润枯骨？何生之乐哉？"

注释

①三皇：传说中的远古帝王。《史记·秦始皇本纪》指天皇、地皇、泰皇。一说指天皇、地皇、人皇，一说指伏羲、女娲、神农，一说指伏羲、神农、祝融，一说指伏羲、神农、共工，一说指燧人、伏羲、神农。

②五帝：传说中远古帝王。《史记·五帝本纪》指黄帝、颛顼、帝喾、唐尧、虞舜。一说指太皞（伏羲）、炎帝（神农）、黄帝、少昊、颛顼。一说指少昊（皞）、颛顼、高辛（帝喾）、唐尧、虞舜。

③三王：夏禹、商汤、周文王。一说指夏禹、商汤、周代的文王武王。

④亿：计数单位，这里言其数大。

⑤当身：身体活着的时候。

⑥消灭：消失、泯灭。

【今译】

杨朱说："远古的事情已经泯灭了，谁能够清楚地记载下来呢？三皇之事好像有好像无，五帝之事好像清楚好像梦中，三王之事有的隐约知道有的十分明白，一亿件事情还不能知道其中一件事情。现实之事有的听到有的看到，一万件事情还不能知道其中一件事情。目前之事有的正在进行有的已经过去，一千件事情还不能知道其中一件事情。远古至今天，年数本来就不可能清楚地记载下来。但是，从伏羲以来三十多万年，贤愚、好丑、成败、是非，全都消失了，仅只是消失得快还是消失得慢而已。拘泥于一时的毁誉，以此而折磨自己的身心，等到死了以后几百年留下名声，难道名声足以润泽已经枯朽的尸骨吗？这样生活在世上有什么意思呢？”

【原文】

杨朱曰：“人肖天地之类[①]，怀五常之性[②]，有生之最灵者人也[③]。人者，爪牙不足以供守卫，肌肤不足以自捍御，趋走不足以逃利害，无毛羽以御寒暑，必将资物以为养[④]，性任智而不恃力。故智之所贵，存我为贵；力之所贱，侵物为贱。然身非我有也，既生不得不全之；物非我有也，既有不得不去之。身固生之主，物亦养之主。虽全生身，不可有其身；虽不去物，不可有其物。有其物有其身，是横私天下之身[⑤]，横私天下之物。其唯圣人乎！公天下之身[⑥]，公天下之物，其唯至人矣[⑦]！此之谓至至者也[⑧]。”

注释

①肖：像，类似。

②五常：即喜、怒、哀、乐、怨五欲。一说，五常即金、木、水、火、土五行。

③有生：所有的生灵。灵者：最灵敏的，最有灵性的。

④资物：利用外物。

⑤横私：蛮横的私利。天下之身：天下人的身体。

⑥公：共有。

⑦至人：古代常以“至人”指那些思想道德才智达到最高境界的人。

⑧至至者：至上之人。亦可解释为达到至者境界的人。

【今译】

杨朱说：“人同天地万物相似，有着五常禀性，是所有生灵中最灵敏的。人，指爪和牙齿不足以供自己护卫，肌肉和皮肤不足以捍卫自己，奔走不足以选择趋向有利的地方而逃避有害的地方，没有皮毛羽翼用来抵御严寒酷暑，一定要利用身外的事物来作为自己的给养，这就只能用才智而不依靠力量，才智之可宝贵，是因为能够保存自己才可宝贵;力量之为低下,是因为侵害身外的事物才为低下。但是身体并不是个人所有的,既然已经出生了,不得不保全身体;身外的事物并不是个人所有的,事物既然已经存在了,不得抛弃它。身体原本就是生命的主要依存条件,外物也是用来作为育养这身体的资源。尽管保全生命,却不可以个人占有自己的身体;尽管不抛弃外物,却不可以个人占有那些外物。个人占有外物,个人占有身体,是个人蛮横地占有天下之人的身体,个人蛮横地占有天下的事物。这只有圣人才了解!共有天下人的身体,共有天下的事物,这只有至人才知道!这就叫做达到至人境界的人了。"

【原文】

杨朱曰:"生民之不得休息,为四事故[1]:一为寿[2],二为名,三为位,四为货。有此四者,畏鬼,畏人,畏威,畏刑,此谓之遁人也[3]。可杀可活,制命在外[4]。不逆命,何羡寿?不矜贵,何羡名?不要势,何羡位?不贪富,何羡货?此之谓顺民也[5]。天下无对,制命在内[6]。故语有之曰:人不婚宦[7],情欲失半;人不衣食,君臣道息。周谚曰[8]:田父可坐杀[9]。晨出夜入,自以性之恒;啜菽茹藿[10],自以味之极;肌肉粗厚[11],筋节𢓜急[12],一朝处以柔毛绨幕[13],荐以梁肉兰橘[14],心痟体烦[15],内热生病矣[16]。商鲁之君与田父侔地[17],则亦不盈一时而惫矣[18]。故野人之所安,野人之所美,谓天下无过者。昔者宋国有田夫,常衣缊黂[19],仅以过冬。暨春东作[20],自曝于日,不知天下之有广厦隩室[21],绵纩狐貉[22]。顾谓其妻曰:'负日之暄[23],人莫知者;以献吾君,将有重赏。'里之富室告之曰[24]:'昔人有美戎菽[25],甘枲茎芹萍子者[26],对乡豪称之。乡豪取则尝之,蜇于口,惨于腹[27],众哂而怨之[28],其人大惭。子此类也。'"

注释

①事故:事情的缘故。

②寿:寿命,长寿。

③遁人:逃遁躲藏的人。

④制:牵制,控制。在外:在于外物。

⑤顺民:顺应自然本性的人。

⑥内：内在，自我。

⑦婚宦：结婚、当官。

⑧周谚：周地谚语。周地，今陕西、河南一带。

⑨田父：老农民。坐杀：即坐以待毙。“田父可坐杀”，意思是：老农民有劳动习惯，假如整天不事农务地闲着，就要生病以至于死亡，无异于“坐杀”。

⑩啜（chuò）：吃，饮。菽（shū 书）：豆类。茹（rú 如）：吃。藿（huò 货）：豆叶。

⑪肌肉：肌肤肉质。

⑫筋节：筋肉骨节。𢞁急：紧张。𢞁（kuì 溃），《列子释文》作𦢊，急也。

⑬绨幕：丝绸帐幕。绨（tì 替）：较为粗糙的丝棉织品。

⑭兰橘：香兰橘子。

⑮痟（yuān 渊）：忧愁。

⑯内热：心内燥热，发烧。

⑰商：这里指春秋时的宋国。侔（móu 谋）：相等。

⑱不盈一时：不到一会儿。

⑲缊黂：用麻代替絮的衣服。黂（fèn 奋）：乱麻。

⑳暨春：开春。东作：春耕。

㉑隩室：温暖的房间。隩（ào 拗）：通“燠”。

㉒绵：蚕丝物品。纩（kuàng 况）：丝棉。

㉓负日：以身体背面晒太阳。暄（xuān 宣）：暖和。

㉔里：乡里，同乡。

㉕戎菽：大豆。

㉖枲（xǐ 洗）：麻。萍：即苹，蒿类植物，可食。

㉗惨：剧烈疼痛。

㉘哂（shěn 审）：笑。

【今译】

杨朱说：“生民之所以得不到休养生息，因为有四件事的缘故：一是为长寿，二是为名声，三是为地位，四是为财货。有了这四件事，怕鬼，怕人，怕威势，怕刑罚，这就叫违背自然本性的人。对于这种人，可以让其死去，可以让其活着，生命完全受外在事物支配。不背逆天命，为什么要羡慕长寿呢？不看重高贵，为什么要羡慕名声呢？不要求有权有势，为什么要羡慕地位呢？不贪图财富，为什么要羡慕货物呢？这种人就叫做顺应自然本性的人。社会上无可匹敌，支配权完全在自己。所以俗话说：人不娶妻当官，情欲消失一半；人不穿衣吃饭，君臣之道停息。周地的谚语说：老农能够闲着死。农夫早出晚归，自以为长期养成的习性；吃豆子吃豆叶，自以为味道好极了；肌肤肉质粗糙厚实，筋肉节骨经常活动，一旦睡到毛毯绸帐里，吃的是细粮精肉香果，内心便忧愁，身体便烦燥，就发烧生病了。宋国和鲁国的君主如果同老农一样操劳，那么用不了多久就疲乏不堪了。所以农夫所安居的，农夫所欢美的，自认为天下没有超过他们的。从前宋国有个农夫，时常穿着麻絮衣服勉强地度过寒冬。开春以后进行耕作，自己在太阳下晒着，不知道世上还有高楼大厦温房暖舍，不知道还有暖和无比的丝棉绸缎狐貉皮毛。回头对妻子说：'晒着太阳，身上暖和，谁也不知道这种取暖方法。拿这方法献给君王，将会得到重赏。'乡邻中一个富裕的人告诉他：'从前有个人认为甘美的食物是豆类、枲麻、蒿苗，对乡里的富人赞不绝口。乡里的富人拿这些东西尝一尝，口中像被虫子咬了，肚子也剧痛起来，众人都讥笑他埋怨他，他大为惭愧。你呀，就是这类人！'"

【原文】

杨朱曰："丰屋美服①，厚味姣色②，有此四者，何求于外？有此而求外者，无厌之性。无厌之性，阴阳之蠹也③。忠不足以安君，适足以危身；义不足以利物，适足以害生。安上不由于忠④，而忠名灭焉；利物不由于义，而义名绝焉。君臣皆安，物我兼利，古之道也。鬻子曰⑤：'去名者无忧。'老子曰：'名者实之宾⑥。'而悠悠者趋名不已⑦。名固不可去？名固不可宾邪？今有名则尊荣，亡名则卑辱；尊荣则逸乐，卑辱则忧苦。忧苦，犯性者也；逸乐，顺性者也，斯实之所系矣。名胡可去？名胡可宾？但恶夫守名而累实⑧。守名而累实，将恤危亡之不救⑨，岂徒逸乐忧苦之间哉？"

注释

①丰屋：大屋。《说文》："丰，大屋也。"

②厚味：味道甘美，即美好的饮食。姣色：绝色女子。

③阴阳：天地。蠹（dù 肚）：害虫。

④安上：安宁君王。由于：出之于。

⑤鬻（yù 玉）子：姓鬻，名熊，周朝初年人，祖籍楚国。刘勰《文心雕龙》："鬻

熊知道,文王咨询;遗文余事,录为鬻子。"《汉书·艺文志》载有《鬻子》二十二篇(存目)。

⑥名者实之宾:《老子》一书无此语,出自《庄子·逍遥游》:名为宾,实为主,名附从实,实支配名。

⑦悠悠者:许多人。

⑧恶夫:厌恶。累实:牵累实体。

⑨恤(xù 叙):顾虑,忧虑。

【今译】

杨朱说:"高大的住宅,华贵的衣服,甘美的食品,漂亮的女子,有这四样东西,还要向外追求什么呢?有这四样东西以后仍然继续向外追求,是贪得无厌的性情。贪得无厌的性情,是天地的害虫。忠诚不足以让君王安宁,正足以危及自身;正义不足以让事物受益,正足以危害生存。让国君安宁不出于忠诚,'忠'这词儿可以让它消失;有益于事物不出于正义,'义'这词儿可以让它废弃。君王臣子全都安宁,外物自我互相受益,这是古代为人处世的办法。鬻子说:'抛弃名声的人没有任何忧虑。'老子说:'名声是实体的宾客。'然而,许许多多的人追求名声从未停止过。难道名声本来就不可抛弃,名声本来就不可附从吗?今天,有了名声就立即尊贵荣耀,没有名声就立即卑下屈辱;尊贵荣耀的就安逸快活,卑下屈辱的就忧愁痛苦。忧愁痛苦违反人的天性,安逸快活顺应人的天性,可见,名声确实是实体所维系着的。名声怎么能够抛弃,名声怎么能够附从呢?只不过应该厌恶死抱着名声不放而损害实体这种做法。守名而累实,顾虑事物危险败亡得不到拯救,难道这种顾虑仅仅处于安逸快活与忧愁痛苦之间吗?"

说　符

第　八

【题解】

《说符》为《列子》最后一篇。前面七篇，分别从不同的方面论述了人生观、社会观、宇宙观等问题，第八篇则从“验证”的角度谈论事物的发展规律和事物的逻辑结果，这就带有归纳总结的性质。

“说”，即论说；“符”，即符合，验证。所谓“说符”，就是对事物加以事实上的或逻辑上的验证。验证的基本内容是事物“倚伏相推”的关系。之所以要验证，是由于“事故无方”；怎样验证，则是掌握“变通之会”。

本篇的旨意是：说明人们的任何思想言行，都必须受到验证，而验证的目的，是为了符合于“道”。用关尹子对列子的话来说，就是“稽度皆明而不道也，譬之出不由门，行不从径也。”这当然是不可能的。所以其要义在于，“度在身，稽在人”。必须坚持应有的为人标准，必须认真地对自己的思想言行进行验证，这才符合于“道”的要求。

对于验证，强调四个方面：一是人自身的验证。“人爱我，我必爱之；人恶我，我必恶之”，这样做的结果，必然是善有善报，恶有恶报。二是“道”的验证。当人们不能自觉验证的时候，“道”便无时无处不在起作用，使一定的思想言行必有一定的验证。三是“时”的重要。“凡得时者昌，失时者亡”。无论是自我验证还是“道”的验证，都必须在某种有利时机的条件下，在特定的偶然机遇下，才有明显的成效，否则便导致错误发生，乃至导致彻底失败。四是强调“持后”。这是一种保持成效，巩固胜利的决定性步骤和方法，因此得出结论，“善持胜者以强为弱”，这样就能永远处于谨慎、明察的有利地位，不致被小胜、不致被外物冲昏头脑和扰乱心智。

本篇的寓言和故事多达30个。若归类，可以分为：一、说明“恃道而不恃智巧”的；二、逢其时则昌，失其时则亡的；三、名实应相符，不能因名害实的；四、居后持胜，慎善自处的；五、名利善恶相随，应以善待人的；六、治身治国，终归符验的。

【原文】

子列子学于壶丘子林。壶丘子林曰：“子知持后①，则可言持身矣②。”列子曰：“愿闻持后。”曰：“顾若影，则知之。”列子顾而观影：形枉则影曲③，形直则影正。然则枉直随形而不在影，屈申任物而不在我④，此之谓持后而处先。

注释

①持后：保持居后状态，引伸为谦让，不争先恐后。

②持身：保持身体的端正状态，引伸为内心纯正，不为外物困扰。可言持身：《老子说》：“后其身而身先。”意即身体处于后面，反而可以转化为处于前面。

③枉：折，曲折。形枉：形体曲折。影曲：影子曲折。

④屈：弯曲。申：同“伸”，伸直。

【今译】

列子在壶丘子林门下学习。壶丘子林说：“你明白保持居后的道理，我就可以进一步讲保持身体端正的状态了。”列子说：“愿意听您说‘持后’的道理。”壶丘子林说：“回过头去看一看你的身影，就会明白了。”列子回头看自己的身影：身体弯曲的时候，影子跟着弯曲，身体伸直的时候，影子跟着伸直。然而，影子无论是弯曲还是伸直，是由于身体的曲直造成的，并不在影子自身；进一步说，事物或处世，不论是弯曲还是伸直，是由于事物或外界环境决定的，并不在于个人想怎样就能怎样。这就是说，保持居后状态，可以转化为处于领先状态。

【原文】

关尹谓子列子曰："言美则响美①，言恶则响恶；身长则影长，身短则影短。名也者②，响也；身也者③，影也。故曰：慎尔言，将有和之；慎尔行，将有随之。是故圣人见出以知入，观往以知来，此其所以先知之理也。度在身④，稽在人⑤。人爱我，我必爱之；人恶我，我必恶之。汤武爱天下，故王；桀、纣恶天下，故亡，此所稽也。稽度皆明而不道也，譬之出不由门，行不从径也。以是求利，不亦难乎？尝观之神农、有炎之德，稽之虞、夏、商、周之书，度诸法士贤人之言⑥，所以存亡废兴而非由此道者，未之有也。"

注释

①言美：说话的声音美好动听，引申为话说得美（内容）。响：回声，反应。响美：回响就美好，引申为反映就美好。

②名：名声，名誉。

③身：应为"行"。据王叔岷《列子补正》："'身'当作'行'，下文'慎尔行，将有随之'，即承此言。今本作'身'，涉上文'身长则影长，身短则影短'而误。"

④度：尺度，这里指衡量人的标准。度在身：标准在于自身。

⑤稽（jī 机）：考查，检查，验证。

⑥度（duó 夺）：测量。法士：遵循法则行事的人。

【今译】

关尹对列子说："话说得动听美好，回音也就动听美好；话说得粗俗难听，回音也就粗俗难听。身材很高，影子也就变长；身材短小，影子也就短小。名声这东西，就跟回音差不多；个人的行为，就跟影子差不多。所以说，言语慎重的人，将有人附和他；行为慎重的人，将有人追随他。因此，圣人一旦听见声音就能够知道有相应的回音，看到过去的情形就能够预知未来的情形，这正是圣人之所以先知先觉的缘故。掌握衡量人的标准在于自身，对于人们言行的考察在于别人。谁喜爱我，我必然喜爱他；谁憎恶我，我必然憎恶他。商汤、武王热爱普天之下的人民，所以成为国君；夏桀、商纣嫌恶普天之下的人民，所以把国家弄到败亡的地步，这是经过验证了的事实。验证以及行为标准都明白无误，却又并不说出来，并不去实施，就好比出去不经过门，行步不经过路一样。用这种做法去追求利益，岂不是太困难了吗？我曾经鉴察神农、炎帝的德操,验证虞、夏、商、周的典籍,之所以存亡兴废而不由这条规律决定的,还没有过。"

【原文】

严恢曰[①]:"所为问道者为富,今得珠亦富矣,安用道?"子列子曰:"桀、纣唯重利而轻道,是以亡。幸哉余未汝语也!人而无义,唯食而已,是鸡狗也。彊食靡角[②],胜者为制,是禽兽也。为鸡狗禽兽矣,而欲人之尊己,不可得也。人不尊己,则危辱及之矣[③]。"

注释

①严恢:人名。生平不详。

②彊(qiǎng 抢):同"强",强力,强行。靡(mǐ 米):应为"摩"。靡角:摩角,即角逐,角斗。

③危辱:危险屈辱。

【今译】

严恢说:"人们之所以要学'道',是为了生活富裕。假定今天我得到珠宝,生活也富裕起来了,还用得着'道'吗?"列子说:"桀、纣这种人唯利是图,对'道'轻视,因此身败国亡。太幸运了,我还没有对你说什么哩!人如果没有'义',只为填饱肚子,纯然是鸡狗罢了。争食好斗,胜者控制局面,纯然是禽兽罢了。本性已经是鸡狗禽兽了,而要想让别人尊重自己,根本做不到。当别人不尊重自己的时候,那么危险和屈辱就到来了。"

【原文】

列子学射,中矣[①],请于关尹子[②]。尹子曰[③]:"子知子之所以中者乎?"对曰:"弗知也。"关尹子曰:"未可。"退而习之。三年,又以报关尹子。尹子曰:"子知子之所以中乎?"列子曰:"知之矣。"关尹子曰:"可矣,守而勿失也[④]。非独射也,为国与身,亦皆如之。故圣人不察存亡[⑤],而察其所以然。"

注释

①射:射箭。中:射中靶子。学射,中矣:意思是,是箭随便射中的,不是能够按一定要求射中的。

②请:请别人听,即告诉。

③尹子:即关尹子,疑缺一关字。王重民《列子校释》:"古书或称'关尹',无称为'尹子'者。"

④守而勿失:心平体正,从内心上严格要求自己,掌握之所以射中的规律,那么放矢之前就能期望箭矢,一经发射就无不中靶。

⑤存亡:这里指国与身的存或亡。

【今译】

列子学习射箭,射中了靶子,便请关尹子指点。关尹子说:"你知道你之所以射中的原因是什么吗?"列子回答说:"不知道。"关尹子说:"箭虽射中了,但还不行。"列子回去反复学习。三年以后,又向关尹子报告射箭的情况。关尹子说:"你知道你之所以射中的原因是什么吗?"列子回答说:"知道了。"关尹子说:"这就行了,保持住这种技巧,不能遗忘了。不光是射箭要这样,对于治国和修身也都应该如此。所以圣人大都不考究客观事物是否存在还是消亡,而要考究之所以存在或消亡的原因是什么。"

【原文】

列子曰:"色盛者骄①,力盛者奋,未可以语道也。故不班白语道失②,而况行之乎③?故自奋则人莫之告。人莫之告,则孤而无辅矣。贤者任人,故年老而不衰,智尽而不乱。故治国之难,在于知贤而不在自贤④。"

注释

①色:面色,气色。色盛:面色血气旺盛,俗语说肝火旺盛即此意。

②班:同"斑"。班白:头发斑白。不班白:头发尚未斑白。语道:对人说"道"这东西。

③行:行动,实践。而况行之:俞樾《诸子平议》:"上文曰:'色盛者骄,力盛者奋,未可以语道也。'然则色力方盛之人不可以语道,必待班白之人方可语之。若不班白而语道,未有不失者矣。所谓'不班白语道,失'也。"

④知贤:知道别人是贤才。自贤:自己认为自己是贤才。

【今译】

列子说:"肝火旺盛的人必然骄纵,力气很大的人必然逞强,不可能跟他们谈论'道'。所以不到头发斑白而谈论'道',就有差错,哪里还谈得到诉诸行为实践呢?所以逞强好胜的人,不会有人劝告他。别人不劝告他,那么他就孤独而无人帮助了。贤明的人恰当地任用别人,因此年纪老了精神仍然不会衰弱,智力用完了思想仍然不会昏乱。所以,治理国家最艰难之处在于知道社会上众多的贤才,并不在于仅仅认为自己是贤才。"

【原文】

宋人有为其君以玉为楮叶者①,三年而成。锋殺茎柯②,毫芒繁泽③,乱之楮叶中,而不可别也。此人遂以巧食宋国。子列子闻之曰:"使天地之生物,三年而成一叶,则物之有叶者寡矣。故圣人恃道化而不恃智巧。"

注释

①楮:(chǔ 楚):又称构树,落叶乔木,叶子卵形,叶上有毛。以玉为楮叶:用玉雕刻成一片楮叶。

②锋:应为"丰",即肥大。殺(shài 晒):瘦小。柯:草木的枝茎,这里指叶柄。

③毫芒:细毛。繁泽:繁多而润泽。

【今译】

宋国有个人用玉石为国君雕刻出一片楮叶,用了三年时间才完成,无论是茎脉、叶柄的肥瘦和大小,还是叶毛、柄刺的多少和光洁,相混在真的楮叶之中,谁也辨别不出来。这个工艺匠人便用这种技巧在宋国不愁食用。列子听到以后,说:"如果让天地生育万物,三年才长出一片叶子,那么万物之中有叶子的树木就太少了。所以圣人是仰仗自然的化育,并不仰仗智慧和技巧。"

【原文】

子列子穷,容貌有饥色。客有言之郑子阳者,曰①:"列御寇盖有道之士也，居君之国而穷，君无乃为不好士乎？”郑子阳即令官遗之粟。子列子出，见使者，再拜而辞。使者去。子列子入，其妻望之而拊心曰[②]：“妾闻为有道者之妻子，皆得佚乐[③]，今有饥色，君遇而遗先生食[④]。先生不受，岂不命也哉？”子列子笑谓之曰：“君非自知我也[⑤]。以人之言而遗我粟，至其罪我也[⑥]，又且以人之言，此吾所以不受也。”其卒，民果作难[⑦]，而杀子阳。

注释

①郑：国名。子阳：人名，《吕览·观世篇》注：“子阳，郑相也，一曰郑君。”

②望：这里有“责怪”之意。拊（fǔ 府）：拍击。拊心：拍着胸口。

③佚（yì 艺）：同“逸”。佚乐：逸乐。

④遇：恩遇，这里指登门拜望。遗（wèi 味）：赠给。遗先生食：送粮食给先生吃。

⑤自知：自己认识到，自己觉悟到。

⑥罪我：让我受罪，加罪于我。

⑦作难：作乱。民果作难，而杀子阳：事见《吕览·适威篇》：“子阳好严极也，有过而折弓者，恐必死，遂应猘狗而弑子阳。”

【今译】

列子贫穷，脸上有饥饿之色。有人对郑国宰相子阳说：“列御寇是一个有‘道’的人，居住在您的国家而这么贫穷，您难道是因为不喜爱这种有‘道’的人吗？”郑子阳立即派官员给列子送去粟米。列子走出来见了使者，谢了又谢，婉言拒绝接受。使者走了。列子回到屋里，他老婆很不满并且拍着胸口，说：“我听别人说过，有‘道’者的妻室儿女都生活得很安乐，现在我们面有饥色，子阳先生派人来探望，还送来粮食，您却拒绝接受，难道命运决定该这样下去吗？”列子笑着对老婆说：“子阳先生并不是自己认识到要赠送东西给我。现在因为别人对他说了几句话便拿粟米给我，等到要问罪于我的时候，又同样因为听了别人的话就可以这样做，这也就是我拒绝的原因。”后来，郑国人民作乱，便把子阳杀掉了。

【原文】

鲁施氏有二子[①]，其一好学，其一好兵[②]。好学者以术干齐侯[③]；齐侯纳之为诸公子之傅[4]。好兵者之楚,以法干楚王[5];王悦之,以为军正[6]。禄富其家[7],爵荣其亲。施氏之邻人孟氏,同有二子,所业亦同[8],而窘于贫。羡施氏之有,因从请进趋之方[9]。二子以实告孟氏。孟氏之一子之秦,以术干秦王。秦王曰:“当今诸侯力争,所务兵食而已[10]。若用仁义治吾国,是灭亡之道。”遂宫而放之[11]。其一子之卫,以法干卫侯。卫侯曰:“吾弱国也,而摄乎大国之间。大国吾事之,小国吾抚之,是求安之道。若赖兵权[12],灭亡可待矣。若全而归之,适于他国,为吾之患不轻矣。”遂刖之而还诸鲁[13]。既反,孟氏之父子叩胸而让施氏[14]。施氏曰:“凡得时者昌,失时者亡。子道与吾同,而功与吾异,失时者也,非行之谬也。且天下理无常是,事无常非。先日所用,今或弃之;今之所弃,后或用之。此用与不用,无定是非也。投隙抵时[15],应事无方,属乎智。智苟不足,使君博如孔丘,术如吕尚[16],焉往而不穷哉?”孟氏父子舍然无愠容[17],曰:“吾知之矣。子勿重言[18]!”

注释

①鲁:国名。施氏:姓施的人,为虚拟之姓氏。

②兵:兵戎,这里指军事或战争。

③术:这里指学问、学术。干:干预,这里指谋取。齐侯:指齐国之君王,春秋战国时各国君王均称诸侯。齐侯为泛指,不定指齐国的某君王。

④纳:收纳,这里指任用。

⑤法:指军事上的谋略,如战略战术之类。

⑥正:通“政”。军正:管理军事事务的官。

⑦禄:禄位,又为做官而享有的薪俸。禄富:当官而致富。

⑧业:行业,职业。业亦同:指孟氏二子与施氏二子从事的职业一样。

⑨进趋:前进,趋走,这里指谋取功名利禄的步骤或办法。

⑩所务:所迫切要做的事。兵食:军队、粮草。

⑪宫:古代酷刑之一,阉割生殖器。

⑫权:权谋,谋略。兵权:军事上的谋略。

⑬刖(yuè 月):古代酷刑之一,断足之刑。

⑭叩胸:拍着胸脯。让:责怪。

⑮隙(xì 细):漏洞,机会。投隙:乘着机会,或为“钻空子”。抵:到达。抵时:行动的时机。

⑯吕尚:人名,姜姓,字望,一说字子牙。武王伐商时,任统兵的师氏,被尊称

为师尚父。在牧野(今河南省境内)会战中,受命向商纣王挑战,获得胜利。为西周著名的能征善战的军事指挥家。

⑰舍(shì 是):同“释”,消释。愠(yùn 运):气恼。

⑱重(chóng 虫):再次,反复。

【今译】

鲁国的施家有两个儿子,一个爱好学问,一个爱好军事。爱好学问的,便用学说去打动齐侯;齐侯任用了他,派他当几个公子的师傅。爱好军事的,去到楚国,便用军事策略打动楚王;楚王很满意,命他为止军之官。高官厚禄使施家十分富有,爵位荣耀使亲友十分光彩。施家的邻居孟氏也有两个儿子,所学习的与施氏的两个儿子相同,学说和谋略没法施展以致家境贫穷。孟氏羡慕施氏的富有,便去请教谋取功名利禄的方法步骤。施家两个儿子就把真实情况告诉了孟氏。孟氏的一个儿子到秦国去,用所掌握的学说打动秦王。秦王说:“目前各国诸侯正凭着武力争霸,迫切要做的事就是征兵囤粮罢了。如果拿仁义一套学说来治理秦国,走的是自取灭亡的道路。”于是对他施以宫刑,放他回去了。另一个儿子到卫国去,用军事策略去打动卫侯。卫侯说:“卫国弱小,受制于大国之间。对于强国就恭奉,对于弱国就抚慰,这是我们求得安全的措施。如果凭借军事谋略,卫国灭亡就指日可待了。假使让你安安稳稳地回去,受到别国的任用,对于卫国的祸患就不会很轻。”于是把他的脚砍断,送回鲁国去。两个儿子回到家以后,孟家父子捶着胸脯责怪施氏。施氏说:“大凡掌握了时机的人就兴盛,错过了时机的人就危险。你兄弟俩所学的与我兄弟俩相同,但是所取得的功效与我俩根本不同,是由于错过了时机,并非行动上发生偏差。何况社会上没有无论到哪里都正确的道理,也没有无论到哪里都做错的事情。过去使用的办法,可能今天就用不上;今天用不上的办法,可能以后又用上了。这里讲的用或不用,不是固定地认为‘用’就对,‘不用’就错。掌握时机,行动适时,应变事务,没有一定的方法,这属于聪明才智。倘若智力不足,即使像孔丘一样学问渊博,像吕尚一样善于用兵,到什么地方去不仍旧穷困吗?”孟氏父子心头的疑团解开了,没有一点气恼的样子,说:“我完全明白了。请你不必再说什么了!”

【原文】

晋文公出[①]，会欲伐卫，公子锄仰天而笑[②]。公问何笑。曰："臣笑邻之人有送其妻适私家者[③]，道见桑妇，悦而与言。然顾视其妻，亦有招之者矣[④]。臣窃笑此也。"公寤其言[⑤]乃止。引师而还，未至而有伐其北鄙者矣。

注释

①晋文公：名重耳，春秋时晋国君王。城濮之战大胜楚军。在践土（今河南荥阳东北）大会诸侯，成为霸主。出：出兵，出兵打仗。

②公子锄：晋文公之子，名锄。

③私家：已嫁之姐妹之家。

④招：招呼，这里有言语传情之意。

⑤寤：通"悟"，醒悟。

【今译】

晋文公出师会盟诸侯，将要讨伐卫国。公子锄对于此事仰天大笑。晋文公问他笑什么。公子锄说："我是笑邻居把他的老婆送到姐夫家去，路上遇见采桑妇人，表示欢喜，便同她说了些话。突然回头看见自己的老婆，也有人向她逗引招手儿。我自个儿就笑这件事。"晋文公从他的话里醒悟过来，便停止了出兵伐卫。率领着部队回国，还没有到达营地，就有征伐晋国北方领土的事情发生了。

【原文】

晋国苦盗[①]，有郄雍者[②]，能视盗之貌，察其眉睫之间而得其情。晋侯使视盗，千百无遗一焉。晋侯大喜，告赵文子曰[③]："吾得一人，而一国盗为尽矣，奚用多为？"文子曰："吾君恃伺察而得盗，盗不尽矣，且郄雍必不得其死焉。"俄而群盗谋曰："吾所穷者郄雍也。"遂共盗而残之[④]。晋侯闻而大骇，立召文子而告之曰："果如子言，郄雍死矣！然取盗何方？"文子曰："周谚有言：察见渊鱼者不祥，智料隐匿者有殃。且君欲无盗，莫若举贤而任之；使教明于上[⑤]，化行于下[⑥]，民有耻心，则何盗之为？"于是用随会知政[⑦]，而群盗奔秦焉。

注释

①苦盗:苦于盗贼之患。

②郄(xī 西)雍:人名,郄当作郤。郤,晋大夫叔虎的封邑,以邑名为姓氏。

③赵:国名。文子:人名,据说姓辛,名钘,为老子弟子,与孔子同时。

④共盗而残之:所有的盗贼一块儿把他杀掉。

⑤教:教化,指政治昌明。

⑥化:教化,指风尚良好。

⑦随会:晋国宰相。随,古邑名,以邑名为姓氏。知政:主持国家政务。

【今译】

晋国苦于盗贼造成的祸害。郄雍这个人,却能看出盗贼的相貌,从眉眼中掌握盗贼的真实情况。晋侯派他去察看盗贼,千百个中没有一个搞错的。晋侯非常高兴,对赵文子说:“我得到一个人,却使全国的盗贼都没有了,还用那么多捕盗的人干什么呢?”文子说:“您仅仅凭着察视就缉拿住盗贼,盗贼却并未除尽,而且郄雍这个人一定不会有好下场的。”不久,一伙盗贼暗地谋划,说:“我们之所以走到山穷水尽的地步,就因为郄雍这个人。”于是共同劫持郄雍并加以杀害。晋侯听了此事,大吃一惊,立刻召见文子并对他说:“果然如你所说的那样,郄雍被杀死了。那么,缉捕盗贼又采用什么办法呢?”文子说:“周朝有句谚语说:察看出深渊里游鱼的人不吉祥,预料到隐藏者的人有祸殃。再说您要让晋国没有盗贼,还不如选拔贤才并且加以任用;使圣人的教化在上层得以推行,使良好的风尚在民间得以形成,老百姓有了羞耻之心,谁还愿去做盗贼呢?”于是,晋侯命令随会主持国政,盗贼便纷纷逃到秦国去了。

【原文】

孔子自卫反鲁,息驾乎河梁而观焉[①]。有悬水三十仞[②],圜流九十里[③],鱼鳖弗能游,鼋鼍弗能居,有一丈夫,方将厉之[④]。孔子使人并涯止之曰[⑤]:“此悬水三十仞,圜流九十里,鱼鳖弗能游,鼋鼍弗能居也。意者难可以济乎[⑥]?”丈夫不以错意[⑦],遂度而出[⑧]。孔子问之曰:“巧乎?有道术乎?所以能入而出者何也?”丈夫对曰:“始吾之入也,先以忠信;及吾之出也,又从以忠信。忠信错吾躯于波流,而吾不敢用私,所以能入而复出者,以此也。”孔子谓弟子曰:“二三子识之!水且犹可以忠信诚身亲之,而况人乎?”

注释

①息驾:车马歇息。

②悬水:瀑布。仞(rèn 任):一仞为古时的八尺或七尺。

③圜(huán 环)流:漩涡。

④厉:涉。《列子释文》:“厉,涉水也。”

⑤涯:通“崖”。并涯:顺水崖而行。

⑥意者:者无意义,即想来。济:渡。

⑦错:通“措”。不以错意:并不在意。

⑧度:通“渡”。

【今译】

孔子从卫国返回鲁国的途中,让车马在河梁上歇息,便四下观览。有条瀑布达二三十丈,漩流达九十里,鱼鳖难以在这里游动,鼋鼍难以在这里生存,却有一个男子正要在这里游过去。孔子便叫人沿着水崖去劝阻他,说:“这条瀑布二三十丈,漩流九十里,鱼鳖难以游动,鼋鼍难以生存。想来你是难以游过去吧?”男子不以为然,便在水上游动起来,接着上了岸。孔子问他,说:“你游水的技巧很高明吧?有道术吧?你之所以能够入于水又出于水,是靠什么本领呢?”男子回答说:“刚才我下到水中,是抱着诚意;等到我走上岸来,还是抱着诚意。诚意让我的身体措置在波涛激流之中,我却不敢怀着任何私心杂念,之所以能入水中又上到岸来,就是这么个缘故。”孔子对学生们说:“你们几个小子记好了!水尚且能够抱着诚意亲近,何况于人呢?”

【原文】

白公问孔子曰[①]:“人可与微言乎[②]?”孔子不应。白公问曰:“若以石投水何如?”孔子曰:“吴之善没者能取之[③]。”曰:“若以水投水何如?”孔子曰:“淄、渑之合[④],易牙尝而知之[⑤]。”白公曰:“人故不可与微言乎?”孔子曰:“何为不可?唯知言之谓者乎!夫知言之谓者,不以言言也[⑥]。争鱼者濡[⑦],逐兽者趋,非乐之也。故至言去言[⑧],至为无为[⑨]。

夫浅知之所争者，末矣。”白公不得已[10]，遂死于浴室[11]。

注释

①白公：姓白，名胜，春秋时楚国大夫。楚平王之孙，亦称王孙胜。任巢大夫，号白公。楚惠王十年（公元前479年），起兵杀死令尹子西、司马子期，控制楚都。后被打败，自缢而死。

②微言：秘密之言。张湛注：“微言，犹密谋也。”

③没者：潜水之人。

④淄、渑：两水名，见《仲尼篇》第11段注释③。

⑤易牙：又作狄牙，名叫巫。长于调味，相传曾烹其子为羹以献齐桓公。春秋时齐桓公宠幸之近臣。

⑥言言：愿意为转述别人的话，这里指言语表达。

⑦濡（rú如）：沾湿。

⑧至言去言：极好的话不在于说出来。

⑨至为无为：极好的行为不在于有什么具体行动。

⑩已：完全。不得已：不能完全领会孔子说话的意思，同时也包含形势所迫，只好作乱的意思。

⑪死于浴室：自缢于浴室。事见《史记·楚世家》：“……白公自立为王，月余，会叶会来救楚，楚惠王之徒与共攻白公，杀之，惠王乃复位。”

【今译】

白公问孔子，说：“人能够与旁人谈论秘密吗？”孔子不回答他。白公又问：“假如用石头扔到水里，怎么样呢？”孔子说：“吴国的潜水好手可以把石头找回来。”白公说：“假如水放进水中，又怎么样呢？”孔子说：“淄水和渑水汇合在一起，易牙只要尝尝就能区别。”白公说：“人就根本不能与旁人谈论秘密了吗？”孔子说：“怎么会不能呢？只是要领会得到话语中的意思就行！领会到了话语的意思，可以不必用言辞表达。捉鱼的人打湿身上，驱兽的人尽快奔跑，他们并不是乐于这样做。因此，极好的言语不用言语表达，极好的行为不用采取行动。智力低浅的人所争取的只是细末的东西，失去了根本。”白公没有完全领会孔子说话的含义，迫于形势在楚国作乱，最终自缢在浴室里面。

【原文】

赵襄子使新稚穆子攻翟[1]，胜之，取左人中人[2]；使遽人谒之[3]。襄子方食而有忧色。左右曰:“一朝而两城下,此人之所喜也;今君有忧色,何也?”襄子曰:“夫江河之大也④,不过三日;飘风暴雨不终朝⑤,日中不须臾。今赵氏之德行,无所施于积⑥,一朝而两城下,亡其及我哉!”孔子闻之曰:“赵氏其昌乎!夫忧者所以为昌也,喜者所以为亡也。胜非其难者也;持之其难者也。贤主以此持胜,故其福及后世。齐、楚、吴、越皆尝胜矣,然卒取亡焉,不达乎持胜也。唯有道之主为能持胜。”孔子之劲⑦,能拓国门之关⑧,而不肯以力闻。墨子为守攻,公输般服⑨,而不肯以兵知⑩。故善持胜者,以强为弱。

注释

①新稚穆子:又称新稚狗,晋国大夫,襄子家臣。翟(dí 敌):即“狄”,古代民族之一。

②左人、中人:古邑名,在今河北省境内。

③遽(jù 句)人:传送公文、信件的人。

④江河之大:这里的江河,实指潮水。

⑤飘风:旋风。

⑥施于积:有积累而施于人。据俞樾《诸子平议》认为,“施”为衍文,因“于”字之误而重写。

⑦劲:这里指力量。

⑧拓(tuò 唾):举。

⑨公输般:春秋鲁国人,故称鲁般,一作鲁班,著名木工匠人。曾为楚惠王制造登城云梯以攻宋,墨子亲往劝阻。

⑩以兵知:拿军事上的作为让人知道,或以军事知名。

【今译】

赵襄子派新稚穆子攻打翟,取得了胜利,占领左人和中人两地;新稚穆子叫送信人赶快向赵襄子报捷。赵襄子正在用餐,听了消息以后现出忧虑的神色。近侍不解地问:“一个上午便攻下两座城,这是人们都高兴的消息;现在你却忧虑起来,是为什么呢?”襄子说:“潮水虽大,只不过三天就消退;旋风暴雨不可能持续一早上,中午的太阳也不过是一会儿。目前赵氏的德行积累太少,无法让人受益,尽管一个上午占领两座城,败亡可能很快就来到了!”孔子听到以后,说:“赵氏可能更加昌盛了!能忧虑未来就是今后昌盛的原因,高兴过早就是败亡的原因。胜利,并不是难以做到的;巩固胜利,才是最困难的。贤明君王用这种办法巩固胜利,就能让幸福传之后代。齐、楚、吴、越这些国家都获得过胜利,却终归灭亡了,就因为不领悟巩固胜利的办法。唯有有'道'的贤明君王才能够巩固胜利。"孔子的力量能够举起国都城门的门闩,却不愿拿力量显示自己以让人知道。墨子能坚守阵地打败敌人进攻,能使造云梯攻城的公输般信服,墨子却不愿拿军事上的功绩让人知道。所以,善于巩固胜利的人,总是拿自己的强大当作弱小来对待。

【原文】

宋人有好行仁义者,三世不懈[①]。家无故黑牛生白犊,以问孔子。孔子曰:"此吉祥也,以荐上帝[②]。"居一年,其父无故而盲,其牛又复生白犊。其父又复令其子问孔子。其子曰:"前问之而失明,又何问乎?"父曰:"圣人之言先迕后合[③]。其事未究[④],姑复问之。"其子又复问孔子。孔子曰:"吉祥也。"复教以祭[⑤]。其子归致命[⑥]。其父曰:"行孔子之言也。"居一年,其子又无故而盲。其后楚攻宋[⑦],围其城。民易子而食之[⑧],析骸而炊之[⑨];丁壮者皆乘城而战[⑩],死者大半。此人以父子有疾,皆免。及围解而疾俱复[⑪]。

注释

①三世:三代。

②荐:进献祭品。黑与白,均为纯色,适宜于作牺牲,以进献上帝,孔子故有此言。

③迕(wǔ 五):违背,逆反。合:适合,应合,即取得应验效果。

④究:究竟,结果。

⑤复教:又一次教。以祭:用牺牲作祭品。

⑥致命:这里指转达孔子的意见,"致命"为礼节上用语。

⑦楚攻宋:楚庄王二十年(公元前 594 年)发生之事。《列子释文》:"许慎注《淮南子》云:楚庄王时围宋九月。"

⑧易子:交换子女。这里指卖掉子女。

⑨析骸:分解尸骨。据《左传·宣公十四年》:"敝邑易子而食,析骸以爨。"炊:烧火煮饭。

⑩丁壮:强壮的人员。乘城:登上城墙。

⑪疾俱复:这里指眼疾完全恢复正常。张湛注:“此所谓祸福相倚也。”

【今译】

宋国有一个人喜好施行仁义,三代都勤于此事。家里不知什么缘故,一头黑牛生出一头白色牛犊,便赶快去请问孔子。孔子说:“这是吉祥的表现,就用这白牛犊来祭祀上帝好了。”过了一年,他的父亲不知什么原因眼睛瞎了,而黑牛又生一头白牛犊。父亲又叫儿子去请问孔子。儿子说:“上次去请问的结果,你的眼睛瞎了,还有什么必要再问呢?”父亲说:“圣人说的话,开始不一定应验,后来就会应验的。这件事情的究竟还不明确,姑且再请问一次。”儿子又去请问孔子。孔子说:“这同样是吉祥的表现。”于是再教他杀掉小白犊作为祭品。儿子回到家里,转述了孔子的话。父亲说:“就照着孔子讲的去做好了。”又过一年,儿子的眼睛也不明原因地瞎了。后来,楚国攻打宋国,把京城包围起来。宋国老百姓只好交换子女来煮吃,又把尸骨辟开当柴烧火做饭;强壮的人员登上城墙参加战斗,死伤半数以上。这家人由于父亲和儿子都是瞎子,免于派去参加战斗。等到解除了包围,父子的眼疾全都痊愈复明。

【原文】

宋有蘭子者①,以技干宋元②。宋元召而使见其技,以双枝长倍其身③,属其踁④,并趋并驰,弄七剑,迭而跃之⑤,五剑常在空中。元君大惊,立赐金帛。又有蘭子又能燕戏者⑥,闻之,复以干元君。元君大怒曰:“昔有异技干寡人者,技无庸⑦,适值寡人有欢心,故赐金帛。被必闻此而进⑧,复望吾赏。”拘而拟戮之,经月乃放。

注释

①宋:国名。蘭子:以杂耍技艺浪游江湖的人。旧注,释蘭为妄。蘭子者,以技妄游者也。

②干:谋求。宋元:应为宋元君或宋元王,脱漏一“君”字或“王”字。

③双枝:两条树枝。

④属:连接。踁:小腿。

⑤迭:重迭。弄七剑:不断地舞弄七把短剑。跃:跳跃,这里指把七剑抛上

空中。

⑥燕戏:轻功杂戏。身如飞燕,以示轻功,故名燕戏。

⑦庸:通“用”。无庸:没有用。

⑧闻此:指听说宋元君赏赐金帛之事。

【今译】

宋国有个走江湖玩杂耍的人,以他的技艺求见宋元君。宋元君召见了他。这人的技艺是用一对树枝,比身体长一倍,把树枝与小腿缠结起来,脚与树枝同时奔跑;又舞弄七柄短剑,不断地抛向空中,总有五柄短剑在空中闪跃。宋元君非常惊奇,立即赏赐金帛给他。又有一个走江湖玩杂耍的人,有着燕子飞翔一般的轻功,听到宋元君赏赐金帛的事,也用技艺求见宋元君。宋元君勃然大怒,说:“上次有人用让人奇异的技艺求我接见,其实那技艺没有什么用处,但恰逢我内心高兴,所以赏赐了金帛。现在来的那人一定是听到有赏赐便要求进见,想再求得我的赏赐。”宋元君下令把他拘捕起来,准备处以死刑,经过一个多月才释放了他。

【原文】

秦穆公谓伯乐曰①:“子之年长矣,子姓有可使求马者乎②?”伯乐对曰:“良马,可形容筋骨相也③。天下之马者④,若灭若没,若亡若失⑤,若此者绝尘弭辙⑥。臣之子皆下才也⑦,可告以良马,不可告以天下之马也。臣有所与共担缠薪菜者⑧,有九方皋⑨,此其于马,非臣之下也。请见之。”穆公见之,使行求马⑩。三月而反,报曰:“已得之矣,在沙丘⑪。”穆公曰:“何马也?”对曰:“牝而黄⑫。”使人往取之,牡而骊⑬。穆公不说⑭,召伯乐而谓之曰:“败矣,子所使求马者!色物、牝牡尚弗能知⑮,又何马之能知也?”伯乐喟然太息曰⑯:“一至于此乎⑰!是乃其所以千万臣而无数者也⑱。若皋之所观,天机也,得其精而忘其粗,在其内而忘其外;见其所见,不见其所不见;视其所视,而遗其所不视。若皋之相马,乃有贵乎马者也。”马至,果天下之马也。

注释

①秦穆公:即嬴任好,春秋时秦国国君。伯乐:相传为古代善于相马的人。

②姓:通“生”。子姓:众子孙。

③形容:体形、外貌。相:看,这里的“相”,有选择、鉴别的意味。

④天下之马:这里指天下最好的马。

⑤若灭若没,若亡若失:灭、没,绝迹;亡、失,逃匿。

⑥绝尘:不沾染尘土。弭:消除。䠞:同“辙”,这里指马蹄。

⑦下才:下等之人才,即才能低下,谦词。

⑧共:通“供”。缠:应为纆。纆(mò 末)。《说文》:“纆,索也。”即绳索。菜:《列子释文》:“菜,当作采,古字通用。”担纆薪菜:《列子释文》认为,此为“两事”:担纆者,负荷什物;薪菜者,以给炊也。即挑担拾柴。

⑨九方皋(gāo 高):胡怀琛《列子张湛注补正》:“九方,姓;皋,名。”相传为古代善于相马的人。

⑩使行:派其外行,即派其出差。

⑪沙丘:地名,在今河北境内。

⑫牝(pìn 聘):雌性。黄:这里指纯黄色的马。

⑬牡(mǔ 亩):雄性。骊(lí 离):纯黑色的马。

⑭说:同“悦”。

⑮色:这里指毛。物:这里指杂色。

⑯喟(kuì 溃):叹息。

⑰一至于此:以至于此,竟然到这种地步。

⑱千万臣:意思是超过我千万倍。

【今译】

秦穆公对伯乐说:“你的年纪已经这么老了,子孙中还有能够派出去挑选良马的人吗?”伯乐回答说:“良马能够从外表的体态、筋骨看出来。至于天下的千里马,好像绝迹了,又好像逃匿了,这种千里马,奔驰起来似乎离了地面,四蹄不着尘土。我的子孙才能低下,只能派他们挑选良马,却不能够教他们挑选天下的千里马。我有个曾经同我一块儿挑担卖柴的朋友,名叫九方皋,这个人相马的本事不在我之下,请您接见他。”穆公接见九方皋,派他外出挑选千里马。去了三个月,向穆公报告说:“挑选到了,在沙丘那里。”穆公说:“什么样的马呀?”九方皋回答说:“母马,毛色纯黄。”穆公派人去牵马,却是公马,毛色纯黑。穆公不高兴,叫伯乐进来,说:“糟糕了,你所推荐去挑选马的人,竟然连马的毛色是什么,公母都分辨不出来,又哪里谈得上能挑选良马千里马呢?”伯乐长叹一声,说:“达到这样一种地步了啊!这正是相马能力超过我千万倍而难以计数的地方哩。如九方皋之所看视的,是天机不显的妙处,掌握的是内质之精,往往忽略外表之粗,重在蕴藏体内的力量而忽略表现在体外的现象;见到的乃是天机妙处,不去看那些可以不看的毛色公母之类;只看所应当看的关键之处,而有意不看那些不必看的地方。九方皋的相马本事,在于寻找到比一般良马可贵的妙处。"九方皋选定的马牵来了,果然是一匹天下难得的千里马。

【原文】

楚庄王问詹何曰①:"治国奈何?"詹何对曰:"臣明于治身而不明于治国也②。"楚庄王曰:"寡人得奉宗庙社稷③,愿学所以守之④。"詹何对曰:"臣未尝闻身治而国乱者也,又未尝闻身乱而国治者也。故本在身⑤,不敢对以末⑥。"楚王曰:"善!"

注释

①楚庄王:即芈(mǐ 米)旅,春秋时楚国国君。在邲(今河南荥阳东北)打败晋军以后,一度成为霸主。

②治身:修身,重视个人德行的修养。

③宗庙:这里指家族的祖宗神庙。社稷:国家,指楚国。

④所以:这里作"怎样"解释。守:保持,巩固。

⑤本:植物的根部,这里指根本、基础。

⑥末:植物尖端枝叶,这里指无关紧要的细微末节。

【今译】

楚庄王问詹何,说:"国家应该怎样才治理得好呢?"詹何回答说:"我只懂得修养身心,对于治理国家就不懂了。"楚庄王说:"我现在能够祭祀宗庙和能够拥有国家,极愿意学到怎样保持宗庙、巩固国家的本领。"詹何回答说:"我还没有听到过身心修养好了反而使国家混乱了的,也还没有听到过身心修养不好反而使国家治理了的。所以根本在于修养身心,也就不敢向您说些无关紧要的话。"楚庄王说:"讲得很有道理!"

【原文】

狐丘丈人谓孙叔敖曰①:"人有三怨,子知之乎?"孙叔敖曰:"何谓也?”对曰:“爵高者人妒之,官大者主恶之[2],禄厚者怨逮之[3]。”孙叔敖曰:“吾爵益高,吾志益下[4];吾官益大,吾心益小[5];吾禄益厚,吾施益博[6]。以是免于三怨,可乎?”

注释

①狐丘丈人:狐丘,邑名;丈人,长老。孙叔敖:又名芳敖,春秋时楚国令尹,以节俭著称。

②主:主人,这里指人君。

③逮:抓住,这里指临身。

④下:这里指谦恭、卑下。

⑤小:这里指谨慎、小心。

⑥施益博:施舍更广泛。

【今译】

狐丘丈人对孙叔敖说:“人常常遭受三种怨气,您知道这些吗?”孙叔敖问:“是哪‘三怨’呢?”狐丘丈人回答说:“爵位太高,受人忌妒;当官过大,君王厌恶;俸禄丰厚,怨恨临头。”孙叔敖说:“我的爵位越高,我的欲望越低下;我的官当得越大,我的内心越谨慎;我的俸禄越丰厚,我对别人的施舍越广泛。用这种办法免除‘三怨’行了吧?”

【原文】

孙叔敖疾将死,戒其子曰:“王亟封我矣[1],吾不受也,为我死[2],王则封汝。汝必无受利地[3]!楚、越之间,有寝丘者[4],此地不利而名甚恶。楚人鬼而越人禨[5],可长有者唯此也。”孙叔敖死,王果以美地封其子。子辞而不受,请寝丘。与之,至今不失。

注释

①亟(jí及):通“数”。俞樾《诸子平议》:“亟者,数也。”亟封:数次分封。

②为(wèi谓):犹“如”。为我死:如果我死去。

③利地:有利的地方。

④寝丘:地名,在今河南境内。寝:丑陋,丑恶。

⑤楚人鬼:楚国人信奉鬼神。禨(jǐ几):吉祥。《列子解》:“禨,祥也。”越人禨:越国人祈祷吉祥。

【今译】

孙叔敖病危,快要死了,告诫他的儿子,说:“楚王好几次要分封地域给我,我不愿意接受。假如我死了,楚王就要把地域封给你。你必定不要去接受有利可图的好地域!楚国和越国的交界处有寝丘这个地方,这里无利可图而名声又不好。当地的楚人相信鬼神,而当地的越人习惯于祈祷吉祥,可以长期拥有不变的就只有这里了。”孙叔敖死了以后,楚王果然拿好的地域封给他的儿子。他的儿子辞谢不接受,请封给寝丘。楚王封寝丘给他,这个地方直到目前都为他的后代所拥有。

【原文】

牛缺者[①],上地之大儒也[②],下之邯郸[③],遇盗于耦沙之中[④],尽取其衣装车,牛步而去。视之,欢然无忧悋之色[⑤]。盗追而问其故。曰:“君子不以所养害其所养[⑥]。”盗曰:“嘻!贤矣夫!”既而相谓曰:“以彼之贤,往见赵君。使以我为[⑦],必困我。不如杀之。”乃相与追而杀之。燕人闻之,聚族相戒,曰:“遇盗莫如上地之牛缺也!”皆受教[⑧]。俄而其弟适秦,至关下[⑨],果遇盗。忆其兄之戒,因与盗力争;既而不如,又追而以卑辞请物[⑩]。盗怒曰:“吾活汝弘矣[⑪],而追吾不已,迹将著焉[⑫]。既为盗矣,仁将焉在?”遂杀之,又傍害其党四五人焉。

注释

①牛缺:姓牛,名缺,秦国人。

②上地:地名,在今河北境内。

③邯郸:地名,战国时赵国的京城,在今河北省境内。下之邯郸:《吕氏春秋·必已篇》高诱注:“秦在西方,故称下之邯郸。”

④耦沙:河流名,又称耦水,在今河北境内。

⑤悋(lìn 赁):同“吝”,吝啬。

⑥不以所养:指用来养身的物资(如衣物等)。害其所养:指物资之类损害所保养的身心。这句话旧注认为有误字。“不以所养”应为“不以所以养”才讲得通。

⑦使以我为:为后少一“事”字。陶鸿庆《读列子札记》:“‘使以我为’下脱‘事’字。”应为“使以我为事”。

⑧受教:接受教训。

⑨关:地名,即函谷关,在今河南境内。

⑩卑辞:低声下气的言语。请物:请归还财物。

⑪弘:通“宏”。

⑫迹:踪迹,指强盗的踪迹。

【今译】

牛缺,是上地这地方的一个大学者,下到邯郸去,在耦沙境内遇到一伙强盗,把他的衣服车马全部抢掠走了,牛缺便步行而去。看牛缺被抢后还欢欢喜喜地没有丝毫可惜的神色。强盗赶来问他是什么原因。他回答说:“读书人不拿资养身体的东西来损害自己特别要保养的身心。”强盗说:“嘻!他还真贤德哩!”接着互相商量说:“用他这种贤明,去晋见赵国君王,赵君可能因此派他来同我们周旋,必然会使我们难以对付。倒不如杀了他。”于是追赶上去,把牛缺杀死了。燕国人听到这样的事,立即聚集家族的人互相告诫,说:“今后遇到强盗,不要再像上地的牛缺那样了!”族人全都接受了这个告诫。不久,燕人的兄弟到秦国去,到了函谷关下,果然又遇到强盗。他想起行前兄长的告诫,便同强盗用力争斗;不久就抵挡不住,又赶上去低声下气地请求归还他的东西。强盗愤怒地说:“我让你保全性命,气量够宏大的了,你还要不停地追赶我们,我们的行迹就将暴露出来。既然做了强盗,还顾什么仁义道德呀?”于是动手杀了他,又连同他的伙伴四五人一起杀害。

【原文】

虞氏者[①],梁之富人也[②],家充殷盛[③],钱帛无量,财货无訾[④]。登高楼,临大路,设乐陈酒,击博楼上[⑤],侠客相随而行[⑥],楼上博者射[⑦],明琼张中[⑧],反两㩉鱼[⑨],而笑。飞鸢适坠其腐鼠而中之[⑩]。侠客相与言曰:“虞氏富乐之日久矣,而常有轻易人之志[⑪]。吾不侵犯之,而乃辱我以腐鼠。此而不报,无以立慬于天下[⑫]。请与若等戮力一志[⑬],率徒属[⑭],必灭其家为等伦。”皆许诺。至期日之夜,聚众积兵,以攻虞氏,大灭其家。

注释

①虞氏:作者虚拟的人物。

②梁:国名。《淮南子·人间训》高诱注:“梁,今之陈留浚仪也。”在今河南开封。

③家充:家境充盈,意即家庭富足。据《淮南子·人间训》,“充”后有“盈”字。

④訾(zī 资):估量,限量。

⑤击:博技。《列子释文》:“击,打也,如今双陆棋也。”据《列子集释》引《古博经》:“博法为二人相对,坐向局,分为十二道,两头当中各为水。用棋十二枚,六白六黑。又用鱼二枚置于水中。其掷采以琼为之。琼畟(cè 侧)方寸三分,长寸五分,锐其头,钻刻琼四面为眼,亦名为齿。二人互掷采行棋。棋行到处即竖之,名为骁棋,即入水食鱼,亦名牵鱼。每牵一鱼获二筹,翻一鱼获三筹。若已牵两鱼而不胜者,名曰被翻双鱼。彼家获六筹为大胜也。”博,赌博。

⑥侠客:这里指游客中有武艺的人。

⑦楼上:应为楼下。王重民《列子校释》:“‘楼上’当作‘楼下’。此谓虞氏于高楼设乐陈酒击博赌胜之时,侠客相随,行经楼下,适有飞鸢坠腐鼠而中之,因疑虞氏在楼上所故为而以为辱也。若侠客已行至楼上,则不得有此误会矣。此盖因上文‘击博楼上’句而误。”此说当从之。

⑧明琼:游戏或赌博工具。张湛注:“明琼,齿五白也,射五白得之,反两鱼获胜。”张中:这里指博中,或作“报采获中”。

⑨𩶉(tā 他):比目鱼。反两𩶉鱼:意即中了两次彩头,或连胜两次。

⑩鸢(yuān 渊):鹰。飞鸢适坠其腐鼠:飞鹰抓住的腐鼠恰好落下来。

⑪轻易:轻蔑,轻视。志:这里作思想感情讲。轻易人之志:有着轻视别人的思想。

⑫慬(qín 勤):勇气。

⑬戮(lù 路):合并。戮力:共同努力。一志:一心,同心。

⑭徒属:同伙。等伦:同辈之人。

【今译】

虞氏,是梁国的富翁,家庭富足昌隆,金钱布帛多得无法计量,财产货物同样无法计量。登上高楼,面临大路,设置乐队,摆着美酒,楼上的人们下棋掷骰尽情欢乐。侠客们互相跟随着来到这里,楼上的赌徒在张弓射靶,掷骰的人高叫着中彩,连续的胜利便开怀大笑。这时,一只老鹰爪下坠落腐鼠,恰巧击中一个侠客。这个侠客对其他人说:“虞氏富足欢乐的日子太久了,常有轻视别人的念头,我们不侵犯他,现在他却拿腐鼠来侮辱我们。这种怨恨不报，我们就不可能在天下树立起敢作敢为的名声。我请求与大家同心协力，率领同伙，一定灭除他全家所有的人。”其他人同意这个侠客的意见。到了约定日期的晚上，集合同伙，汇集武器，便向虞氏发起攻击，把虞家全消灭了。

【原文】

东方有人焉，曰爰旌目[①]，将有适也，而饿于道。狐父之盗曰丘[②]，见而下壶餐以餔之[③]。爰旌目三餔而后能视[④]，曰："子何为者也？"曰："我狐父之人丘也。"爰旌目曰："譆[⑤]！汝非盗耶？胡为而食我[⑥]？吾义不食子之食也。"两手据地而欧之[⑦]，不出，喀喀然遂伏而死[⑧]。狐父之人则盗矣，而食非盗也。以人之盗，因谓食为盗而不敢食，是失名实者也[⑨]。

注释

①爰旌目：人名，一本作爰精瞀。

②狐父：地名，在今安徽境内。

③下壶：腰挂着的水壶。餐：这里同"掺"近义，作动词用。餔（bǔ 补）：同"哺"。下壶餐以哺之：用壶中的水泡在饭里喂他。

④三餔：喂了三次。

⑤譆（xī 熙）：蔑视人而发出的声音。

⑥食我：给我东西吃。

⑦据：这里指扶着。欧：同"呕"。《说文》："欧，吐也。"

⑧喀：吐声。喀喀然：大声喀吐出来的样子。

⑨名实：名称、实质。

【今译】

东方有个人名叫爰旌目，将到某一地方去，半路上饿倒了。狐父境内的一个强盗叫做丘的，看到了饿倒的爰旌目，就用腰间壶中的水泡上饭喂给他吃。爰旌目得到几口喂食以后便能睁开眼睛，问道："你喂我饭吃，你是干什么的？"狐父丘回答说："我是狐父地方的人，名叫丘。"爰旌目说："唉！你难道不是强盗吗？为什么还拿饭来给我吃呢？我光明磊落之人不吃你给的东西。"于是两只手扒在地上用力呕吐，吐不出食物，喀喀地挣扎着，接着便伏在地上，死去了。狐父境内有的人做强盗,吃的东西并不是“强盗”。由于人作了强盗也就认为吃的东西也是“强盗”,拒绝滋养身体的饮食,这就是错误地对待名称与实质。

【原文】

柱厉叔事莒敖公[①],自为不知己者[②],居海上。夏日则食菱芰[③],冬日则食橡栗。莒敖公有难,柱厉叔辞其友而往死之[④]。其友曰:“子自以为不知己,故去;今往死之,是知与不知无辨也。”柱厉叔曰:“不然。自以为不知[⑤],故去;今死[⑥],是果不知我也。吾将死之,以丑后世之人主不知其臣者也[⑦]。”凡知则死之,不知则弗死[⑧],此直道而行者也[⑨]。柱厉叔可谓怼以忘其身者也[⑩]。

注释

①柱厉叔:又称朱厉附,为莒穆公之相。莒(jǔ 举):国名,在今山东境内。敖公:莒国之君王,谥公君。

②自为:这里作自己认为或自己感觉到讲。不知己:不了解自己。陶鸿庆《读列子札记》:“自下当有‘以’字。”

③菱芰(líng jì 灵技):即菱角,果实可食。

④死之:为他而死,意即拼命为他效力。

⑤自以为不知:陶鸿庆认为“知”下当有“己”字。

⑥今死:《列子释文》认为,应作“今死而弗死”。

⑦丑:出丑,这里作羞辱讲。

⑧弗死:不为他而死。

⑨直道:直截了当的道理,也可释为正直。

⑩怼(duì 对):怨恨。

【今译】

柱厉叔为莒国敖公办事,认为敖公不了解自己,辞职而走,隐居在海岸边。夏天就采摘菱角来吃,冬天就打橡栗子来吃。莒国敖公发生危急情况,柱厉叔便辞别朋友前去拼死帮助他。朋友们对柱厉叔说:“你认为他不了解你,所以辞职离开;现在又要前去拼死相助,这种了解自己和不了解自己就无法区分了。”柱厉叔说:“不是这样。我认为他不了解自己,所以辞职而去;现在他有难我将拼死相助,是他真正不了解自己的表现。我准备为他作出牺牲,用这样的行动来羞辱此后的君主不了解自己的臣僚。”凡了解自己就为他拼死效力，不了解自己就用不着这么做，这是坚持正义之道的人的行为准则。柱厉叔可以说是由于怨恨而不顾自身的人。

【原文】

杨朱曰：“利出者实及[1]，怨往者害来[2]。发于此而应于外者唯请[3]，是故贤者慎所出。”

注释

①利出者实及：及应为“反”。反通“返”。俞樾《诸子平议》认为，“及”乃“反”字之误。《列子释文》也认为，“实及”应作“实反”。这里的“反”，返回之意，即有利于人的事做了以后，自己反而得到实际利益。

②往：送，拿去给人之意。来：意即临头或招来。

③请：应作“情”。张湛注：“请，当作情。情所感无远近幽深。”

【今译】

杨朱说：“利益施于别人，自己也能有实际收益；怨恨向别人发泄，自己也会招来祸害。从个人心里发出利益或怨恨，外界事物立即反应出来，只有精诚能深切体验，所以贤明的人对于自己表现的感情和言行都非常谨慎。”

【原文】

杨子之邻人亡羊[1]，既率其党[2]，又请杨子之竖追之[3]。杨子曰：“嘻！亡一羊何追者之众？”邻人曰：“多歧路。”既反，问：“获羊乎？”曰：“亡之矣。”曰：“奚亡之？”曰：“歧路之中又有歧焉，吾不知所之[4]，所以反也。”杨子戚然变容[5]，不言者移时[6]，不笑者竟日[7]。门人怪之，请曰：“羊贱畜，又非夫子之有，而损言笑者何哉[8]？”杨子不答。门人不获所命[9]。弟子孟孙阳出[10]，以告心都子[11]。心都子他日与孟孙阳偕入而问曰：“昔有昆弟三人，游齐、鲁之间[12]，同师而学，进仁义之道而归。其父曰：‘仁义之道若何？’伯曰[13]：‘仁义使我爱身而后名。’仲曰[14]：‘仁义使我杀身以成名。’叔曰[15]：‘仁义使我身名并全。’彼三术相反，而同出于儒[16]。孰是孰非邪？”杨子曰：“人有滨河而居者，习于水，勇于泅[17]，操舟鬻渡[18]，利供百口[19]，裹粮就学者成徒[20]，而溺死者几半。本学泅不学溺，而利害如此。若以为孰是孰非?”心都子嘿然而出[21]。孟孙阳让之曰：[22]“何吾子问之迂，夫子答之僻？吾惑愈甚。”心都子曰：“大道以多歧亡羊，学者以多方丧生。学非本不同，非本不一，而末异若是。唯归同反一[23]，为亡得丧。子长先生之门，习先生之道，而不达先生之况也[24]，哀哉！”

注释

①亡：遗失。亡羊：遗失羊。

②党：这里指一伙，或指若干人。

③竖(shù 树)：年轻的仆人。

④所之：所走，所去。

⑤戚然：忧思不展的样子。

⑥移时：一段时间，过一些时间。

⑦竟日：整日，全天。

⑧损言笑：不说话不欢笑。损：失去。

⑨不获所命：得不到所希望得到的指示。

⑩孟孙阳：杨朱的学生。

⑪心都子：与孟孙阳同为杨朱的学生。

⑫齐、鲁：古国名。在今山东、河北一带。

⑬伯：指大儿子。

⑭仲：指二儿子。

⑮叔：指小儿子。

⑯同出于儒：同样是出于儒家学说。

⑰泅(qiú 求)：浮水，游水。

⑱鬻渡：渡船谋生。

⑲利供百口：营利可供给百人生活。

⑳裹粮：携粮。成徒：形成一批徒弟。

㉑嘿(mò 墨)：同“默”。嘿然：一声不吭的样子。

㉒让：责备。

㉓归同反一：回到相同的道路，返回一致的道路。

㉔况：比喻。

【今译】

杨朱的邻居遗失一只羊，便领着一伙人去寻找，又请了杨朱的年轻仆人去追赶。杨朱问:“嘻! 遗失一只羊为什么请这么多人去追寻?”邻居回答说:“岔路很多。”人们回来了,杨朱问:“寻找到了吗?”邻居回答说:“逃走了。”杨朱问:“怎样逃走的呢?”邻居回答说:“岔路之中又有岔路,我们就不知道从哪里去追寻,所以也就回来了。”杨子脸色起了变化,有些忧虑,很久不说话,整天不带笑容。杨朱的学生感到不理解,就向他请教,说:“羊,是低贱的牲畜,又不是您老先生的,却长时间没有言笑,什么原因呢?”杨朱不予回答。学生们得不到先生的指教。有个学生孟孙阳走出来把这事告诉心都子。过了几天,心都子同孟孙阳一块儿进来,向先生请教:“过去有三兄弟,一起在齐、鲁之间游学,拜的同一个老师,修习好了仁义之道便回家来了。他们的父亲问:‘仁义之道是些什么内容?’大儿子说:‘仁义教我爱惜身体,把名声放到以后考虑。’二儿子说:‘仁义教我不怕牺牲而获得名声。’小儿子说:‘仁义教我保全身体和名声。’这三人的观点完全相反,却都出自儒家学说。哪个正确哪个不正确呢?”杨朱说:“有个人住在河岸边,谙习水性,敢于游水,以撑船摆渡营业,营利可供百人生活,成批的人带着粮食来学习技术,但是溺水而死的却有将近一半。本来是要学游水,并不是学溺水的,其结果获利的与受害的竟然是这样。你们认为谁对谁错呢?”心都子一言不发地走了出去。孟孙阳责备他,说:“为什么你向先生问得这样迂曲,而先生又回答得这么怪僻呢? 我愈加莫名其妙了。”心都子说:“大路上因为有许多岔路,羊就遗失了;学者因为治学的途径很多,也就消耗了生命。各种学说并非在根本上不同,并非根本观点不一致,其结论相差得如此之大。唯有归回到相同的途径上来,返回到一致的根本观点上来,才能做到不会消耗生命。你是先生的得意门生,学习先生的学术思想,却理解不到先生使用的比喻,可叹啊!”

【原文】

杨朱之弟曰布,衣素衣而出[①]。天雨,解素衣,衣缁衣而反[②]。其狗不知,迎而吠之。杨布怒将扑之。杨朱曰:“子无扑矣! 子亦犹是也。向者使汝狗白而往黑而来[③],岂能无怪哉?”

注释

①衣素衣:穿白衣服。第一个"衣"作动词用。

②缁(zī 资):黑色。衣缁衣:穿黑衣服。

③向:过去,以前。白:白狗。黑而来:黑狗回来。

【今译】

杨朱的弟弟杨布,穿上白衣服外出。适逢下雨,便脱去白衣服,穿上黑衣服回来。他家的狗认不出来,迎着杨布乱叫。杨布很生气,要追打它。杨朱对杨布说:"你不要追打了!你同它也差不多哩。假使先前让你的白狗出去,回来却变为黑狗,难道你能不感到奇怪吗?"

【原文】

杨朱曰:"行善不以为名而名从之;名不与利期而利归之①;利不与争期而争及之②:故君子必慎为善。"

注释

①期:期待,希望,相约。

②争:争执,纠纷。及之:到来,临头。

【今译】

杨朱说:"行善的人不是为求得名声,但名声接着就会到来;名声并不希望获得个人私利,但私利却归附而来;私利并不要求同纠纷相约,但纠纷却缠到身上。所以,君子务必慎重地做每一件善事。"

【原文】

昔人言有知不死之道者①,燕君使人受之②,不捷③,而言者死④。燕君甚怒其使者,将加诛焉。幸臣谏曰⑤:"人所忧者莫急乎死,己所重者莫过乎生。彼自丧其生,安能令君不死也?"乃不诛。有齐子亦欲学其道⑥,闻言者之死,乃抚膺而恨⑦。富子闻而笑之曰⑧:"夫所欲学不死,其人已死,而犹恨之,是不知所以为学。"胡子曰⑨:"富子之言非也。凡人有术不能行者有矣,能行而无其术者亦有矣。卫人有善数者⑩,临死,以诀喻其子⑪。其子志其言而不能行也⑫。他人问之,以其父所言告之。问者用其言而行其术，与其父无差焉。若然[13]，死者奚为不能言生术哉？”

注释

①昔人言有知不死之道：“言有”应为“有言”。陶鸿庆《读列子札记》认为“言有”二字误倒。即应为“昔人有言知不死之道”。

②燕君：燕国君王。受：接受，受业。

③不捷：不顺心，做不到。

④言者死：指第一句“有言”之人已死去。

⑤幸臣：又称宠臣，君王最宠信最贴近的臣僚。

⑥齐子：人名。

⑦膺（yīng 英）：胸。

⑧富子：人名。

⑨胡子：人名。

⑩卫人：卫国人。数：术数，数学。

⑪诀（jué 绝）：口诀，诀窍。

⑫志其言：牢记这话。

⑬若然：像这般样子。

【今译】

以前有人说自己知道不死的道术，燕国君王派人去请他传授，事情不顺利，说那话的人死了。燕王很生气，那被派去的人将被处决。宠幸的臣子劝说道：“人们忧虑的没有比死更急迫了，个人所重视的莫过于生命。他自己都完蛋了，还怎么能够让君王不死呢？”燕国君王就不再发出处决的命令。有个人叫齐子也想学习不死的道术，听到那会道术的人死了，就拍胸顿脚地表示后悔。有个富子的人听到这事，便嘲笑他，说：“你想学不死的道术，那人已经死了，而你还在后悔，真正是不懂得学习的目的是什么。”有个叫胡子的人接着说：“富子讲的不正确。有的人掌握道术不能实践，有这种情况；能实践却又不真正掌握道术，也有这种情况。卫国有人对数学有专长，临死前，以口诀形式告诉他的儿子。他儿子记住了口诀却不能实践。别人问他什么口诀，便拿父亲告诉他的口诀转告于人。问口诀的人用口诀去实践，达到与他父亲的数学专长不相上下的程度。倘若这是真实的，那么死者为什么不能说自己知道长生的道术呢？”

【原文】

邯郸之民，以正月之旦献鸠于简子[①]，简子大悦，厚赏之。客问其故。简子曰：“正旦放生[②]，示有恩也。”客曰：“民知君之欲放之，竞而捕之，死者众矣。君如欲生之[③]，不若禁民勿捕。捕而放之，恩过不相补矣[④]。”简子曰：“然。”

注释

①正月之旦：正月初一。鸠：斑鸠。简子：人名，即赵鞅，春秋末晋国正卿。

②放生：把小动物放掉，让其生还。

③生之：（斑鸠）活着。

④恩过：恩德、过失。补：补偿。

【今译】

邯郸的民众在正月初一那天向简子敬献斑鸠。简子非常高兴，全都给予重赏。有客人问他为什么这样重赏。简子回答说：“正月初一放生，表示对生命的恩惠。”客人说：“民众知道您要放掉这些小生命，也就竞相捕捉，死去的斑鸠太多了。您如果想让它们都活着，倒不如禁止民众向您敬献，不让民众捕捉。捕捉了又放生回去，恩惠补偿不了你的过失。”简子说：“确实应该这样。”

【原文】

齐田氏祖于庭[①]，食客千人。中坐有献鱼雁者[②]。田氏视之，乃叹曰：“天之于民厚矣！殖五谷，生鱼鸟，以为之用[③]。”众客和之如响。鲍氏之子年十二，预于次[④]，进曰：“不如君言。天地万物，与我并生类也。类无贵贱[⑤]，徒以小大智力而相制[⑥]，迭相食[⑦]；非相为而生之。人取可食者而食之，岂天本为人生之？且蚊蚋噆肤[⑧]，虎狼食肉，非天本为蚊蚋生人、虎狼生肉者哉？”

注释

①祖：古人出远门时祭祀路神称为“祖”，引申为送行。

②中坐:“坐中”之倒词,意为在坐之中。雁:即鹅,非为鸿雁。
③用:食。以为之用:拿来作为食用。
④预:参与。于次:在位置上是次等,即不能在主宾之座位。
⑤类无贵贱:指在各自所属的种类中没有贵贱之分。
⑥制:制伏,限制。
⑦迭相食:指这个吃那个,那个吃这个,互相不断地吃。
⑧蚋(ruì 锐):细小的昆虫。噆(zǎn 攒):咬,叮。

【今译】

齐国的田氏在庭中饯行,来宾有千余人。客人中有敬献鱼和鹅的。田氏看了以后,便感叹地说:“老天对于人民是太厚道了!生产出五谷,还生产出鱼、鹅这些东西来供大家食用。”众宾客如回音一样地随声附和。鲍氏的儿子只有十二岁,在偏坐席位上,起身说道:“并不像您说的那样。天地万物同我们人类同时生存,也都相类似。各个种类之间无贵无贱,只因大小不同智力不同互相钳制,一个不断地吃掉另一个;并不是互相间谁为了谁而生。人拿到可以食用的东西就食用,难道老天原本就为人而产生这些东西吗?而且蚊子昆虫叮咬人的肌肤,虎狼吞食人肉,莫非老天原本就为蚊子昆虫而生出人来,为虎狼提供人肉的吗?”

【原文】

齐有贫者,常乞于城市。城市患其亟也[①],众莫之与。遂适田氏之厩[②],从马医作役[③],而假食郭中[④]。人戏之曰:“从马医而食,不以辱乎[⑤]?”乞儿曰:“天下之辱莫过于乞。乞犹不辱,岂辱马医哉?”

注释

①亟:通“数”。《列子释文》:“亟,数也。”
②厩(jiù 救):马圈。
③作役:服务,指当帮手。
④假食:借食,这里指混饭吃。郭:外城。
⑤以:太。《列子集释》“以,太也。”

【今译】

齐国有个穷人,经常在城市里讨饭吃。市民们厌恶他多次乞讨,便不再施舍给他。他便到田氏的马厩，给马医当帮手，在外城混得点饭吃。人们嘲弄他，说："跟随马医得点饭吃，不以为耻辱吗？"乞儿说："天下最耻辱的事莫过于讨饭。讨饭尚且不认为耻辱，难道跟随马医作役反而耻辱吗？"

【原文】

宋人有游于道①，得人遗契者②，归而藏之，密数其齿③。告邻人曰："吾富可待矣。"

注释

①游：漫游，游玩。

②遗：弃，这里指已经作废。契：契约，契据。《列子释文》："契，刻木以记事者。"

③密：秘密。这里指以齿为标记。齿：张湛注："刻处似齿。"又《列子释文·伯峻案》："符契之合处在齿，所以别真伪也。"

【今译】

宋国有个人在路上游玩，拾得别人已经废弃了的契据，回到家中便收藏起来，悄悄地数着契据符合处的齿痕。对邻人说："我发财指日可待了。"

【原文】

人有枯梧树者，其邻父言枯梧之树不祥①。其邻人遽而伐之②。邻人父因请以为薪③。其人乃不悦曰："邻人之父徒欲为薪，而教吾伐之也。与我邻若此，其险岂可哉④？"

注释

①邻父：邻居的父亲，邻居老头。

②遽：急，迅速。

③请以为薪：请求伐下的枯梧作为柴火。

④险：危险，这里指用心险恶。

【今译】

有个人家的梧桐树枯萎了，邻居老头对他说，留着枯萎的梧桐树不吉利。那家人连忙把枯树砍掉了。邻居老头接着就请求给点枯树作为柴火。那家人便不高兴，说："隔壁老头只是想得到柴火才叫我们把树砍掉的。与我们做邻居，像这般险恶，难道是允许的吗？"

【原文】

人有亡鈇者①，意其邻之子②。视其行步，窃鈇也；颜色③，窃鈇也；言语，窃鈇也；作动态度④，无为而不窃鈇也。俄而扫其谷而得其鈇⑤，他日复见其邻人之子，动作态度，无似窃鈇者。

注释

①亡：遗失。鈇（fū 夫）：钺，通"斧"。

②意：想到，怀疑。

③颜色：这里指脸色或表情。

④作动：应为"动作"。

⑤扫（jué 决）：通"掘"。谷：山谷。

【今译】

有个丢失了斧头的人，老是疑心隔壁家的儿子偷的。看他走路的样子，像他偷的；看他的表情，像他偷的；听他讲话的声调，像他偷的；一切动作和态度，无不像偷斧的样子。不久，这个人到山坳里去挖土的时候，找回了丢失的斧头。以后再看那邻人的儿子，一切动作和态度，又都不像偷斧的样子。

【原文】

白公胜虑乱①，罢朝而立②，倒杖策③，錣上贯颐④，血流至地而弗知也。郑人闻之曰："颐之忘，将何不忘哉？"意之所属著⑤，其行足踬株埳⑥，头抵植木⑦，而不自知也。

注释

①白公胜：即王孙胜，楚平王之孙。虑乱：考虑叛乱。虑：思忖，筹划。

②罢朝:上朝结束。而立:独自站着。
③杖策:驱马用的棍子,一端有尖刺,能刺马的身体,使马向前奔跑。
④锻(zhuì 坠):赶马杖上端用来刺马的铁针。贯:穿。颐:面颊。
⑤属:意念集中在某一点。
⑥踬(zhì 智):被东西绊倒。株:树桩。埳:同“陷”,凹地。
⑦植木:树干。

【今译】

白公胜正思考着叛乱的事情,上朝结束了还独自站在那儿,手中的马杖倒垂着,顶端上的铁针刺破了脸面,血流到地下都没有发觉。郑国人听到这事以后说:“脸面都忘记了,还会有什么不能忘记的呢?”只要意念所集中,他行走时被树桩绊倒、踏进坑内、头抵树干,自己都不会知道。

【原文】

昔齐人有欲金者,清旦衣冠而之市[①],适鬻金者之所[②],因攫其金而去[③]。吏捕得之,问曰:“人皆在焉,子攫人之金何?”对曰:“取金之时,不见人,徒见金。”

注释

①清旦:早晨。衣冠:穿好衣服戴好帽子。之市:到市场上去。
②适:恰逢。鬻金:售金。
③攫(jué 决):抓取。

【今译】

从前齐国有个想得到金子的人,一清早就衣冠整齐地往市场上去,正好走进出售金子的店里,顺便抓取金子就走。官吏把他逮住,问他:“大家都在那儿,你怎么敢抓走别人的金子呢?”他回答说:“拿金子的时候,不见人,只见到金子。”

图书在版编目(CIP)数据

列子全译/王强模译注.—贵阳:贵州人民出版社,2008.12(2017.2重印)

(中国历代名著全译丛书)

ISBN 978-7-221-08387-6

Ⅰ.列… Ⅱ.王… Ⅲ.①道家②列子-译文 Ⅳ.B223.24

中国版本图书馆CIP数据核字(2008)第180209号

书　　名	列子全译
译　　注	王强模
责任编辑	袁华忠
特约编辑	程亦赤
装帧设计	余强
出版发行	贵州人民出版社
地　　址	贵阳市中华北路289号
印　　刷	三河市明华印务有限公司
版　　次	2009年3月第1版
印　　次	2017年2月第2次印刷
开　　本	787×1092mm　1/16
字　　数	219千字
印　　张	15
定　　价	37.00元